世界の鉄道紀行

小牟田哲彦

JN283885

講談社現代新書

2275

地図・時刻表作成：板谷成雄

本文中に掲載した時刻表は、著者自身が現地で直接確認した情報、各国鉄道会社の公式ホームページ及び市販の各種時刻表などの内容を総合的に判断して、独自に作成したものである。

はじめに

テレビ朝日系列でほぼ毎日放映されている『世界の車窓から』は、私が好んで観る数少ないテレビ番組である。特定の出演者もメッセージ性もなく、流れる車窓の風景や乗り合わせた人たちの様子が淡々と映し出されるだけの画面を見ていると、腰の下から線路の継ぎ目の音と振動が伝わってきそうな気がする。

映像を用いて同じ表現活動をすることはできないが、文章でそんな魅力的な鉄道旅行の世界を表現したい。そう思って、これまで折に触れて鉄道紀行作品を書いてきた。本文のあちこちに『世界の車窓から』の番組が引用されているのはその影響であり、本書はそうして世に出た過去の作品と書き下ろしから編まれている。

巻末に掲げた初出一覧の通り、本書に収めた二十作品の約半数は雑誌や新聞紙上で発表したものに大幅な加筆を施したものである。初出時期は二〇〇二年から二〇一一年までと幅広い。作品の旅行時期に至っては一九九五年が最も古い。当然ながら、時期が古くなるほど今後の旅行に役立つ情報は少なくなる。だいたい、世界中の鉄道を網羅し、本書でしばしば登場するトーマスクック社発行の時刻表も二〇一〇年に全世界版『Overseas Timetable』が、二〇一三年には欧州版『European Rail Timetable』も休刊となり、「トーマスクックの時刻表を片手に旅する」行為自体が過去の形態となってしまっている。

インターネット上に数え切れないほどの個人旅行記が綴られるようになり、活字の紀行作品が旅行の情報源として重視される時代ではなくなった。だが、明治や大正期の紀行文が今も色褪《あ》せないように、情報は古くなっても文学は必ずしも古くならない。紀行という分野が文芸の一角を成している所以《ゆえん》である。学問的な要素が薄い本書を新書として刊行する意義をあえて求めるとすれば、そのことを自他ともに再確認するところにあるのではないかと認識している。

ただし、本書が旅行情報として活用され得る側面を一切無視したわけではない。中央アジアのキルギスやアフリカのカメルーンなど、日本では鉄道専門誌でさえほとんど紹介されたことがなく本邦初公開となる（であろう）鉄道を舞台とした作品を多数収めている。また、交通事情も治安の程度も明らかでなく一人で乗るのはためらいそうな辺境の列車ばかりでなく、メキシコの観光列車やベトナムのホテル専用列車など、一般の外国人観光客にも高い人気を誇る列車の乗車記も織り交ぜている。

同行者の存在も、収録作品の選定に際して留意した。従来の鉄道紀行作品は著者が単身で、もしくは編集者と一緒に汽車に乗るケースが多かった。後者は作家特有の旅行環境だから別に措《お》くとしても、実際の旅行スタイルは夫婦での二人旅や子供連れの家族旅行、友人との小集団旅行など多様なはずである。二十本全てが身軽な一人旅ばかりでは浮世離れし過ぎた旅行記集になりかねないと考え、家族を伴った鉄道紀行の作品をあえて含めている。世界各国での、多様なスタイルの鉄道紀行を楽しみつつ、一読された方が次の旅行に向けた何らかの参考資料として活用されることがあればなお嬉しい。

思えば、二〇〇二年に鉄道ジャーナル社の季刊誌『旅と鉄道』で自分の紀行文が初めて掲載されたときから、「いつか自分の鉄道紀行作品を一冊の書籍にまとめたい」という希望を胸の奥底に抱き続けていた。本書は、その十二年越しの夢想を実現させてくれた前任の森田康氏（現『ヤングマガジン』副編集長）と、編集段階で私の細かい注文にも丁寧に応じていただいた後任の髙月順一氏、両編集者のお力添えの賜物である。とりわけ、「鉄道そのものには格別の知識を持たない」という髙月氏による種々の指摘やアドバイスは、鉄道誌に掲載されていた作品を新書化するにあたり、大いに有益であった。

二〇一四年（平成二十六年）七月

著　者

世界の鉄道紀行 ◆目次

カナダ
アメリカ合衆国
ワシントン
メキシコ
ブラジル
ベールの向こうの
旅順線(中国)
ハワイへ行って
汽車に乗る(アメリカ)
ベトナム北部の
ホテル専用列車(ベトナム)
ビコールトレイン
往来記(フィリピン)
家族で楽しむキュランダ
高原鉄道(オーストラリア)
テキーラ・エクスプレスの
酔狂な一日(メキシコ)
世界最高地点を行く
アンデスの鉄道(ペルー)
マチュピチュへの
登山列車(ペルー)
線路を走る南米奥地の
ボンネットバス(ボリビア)

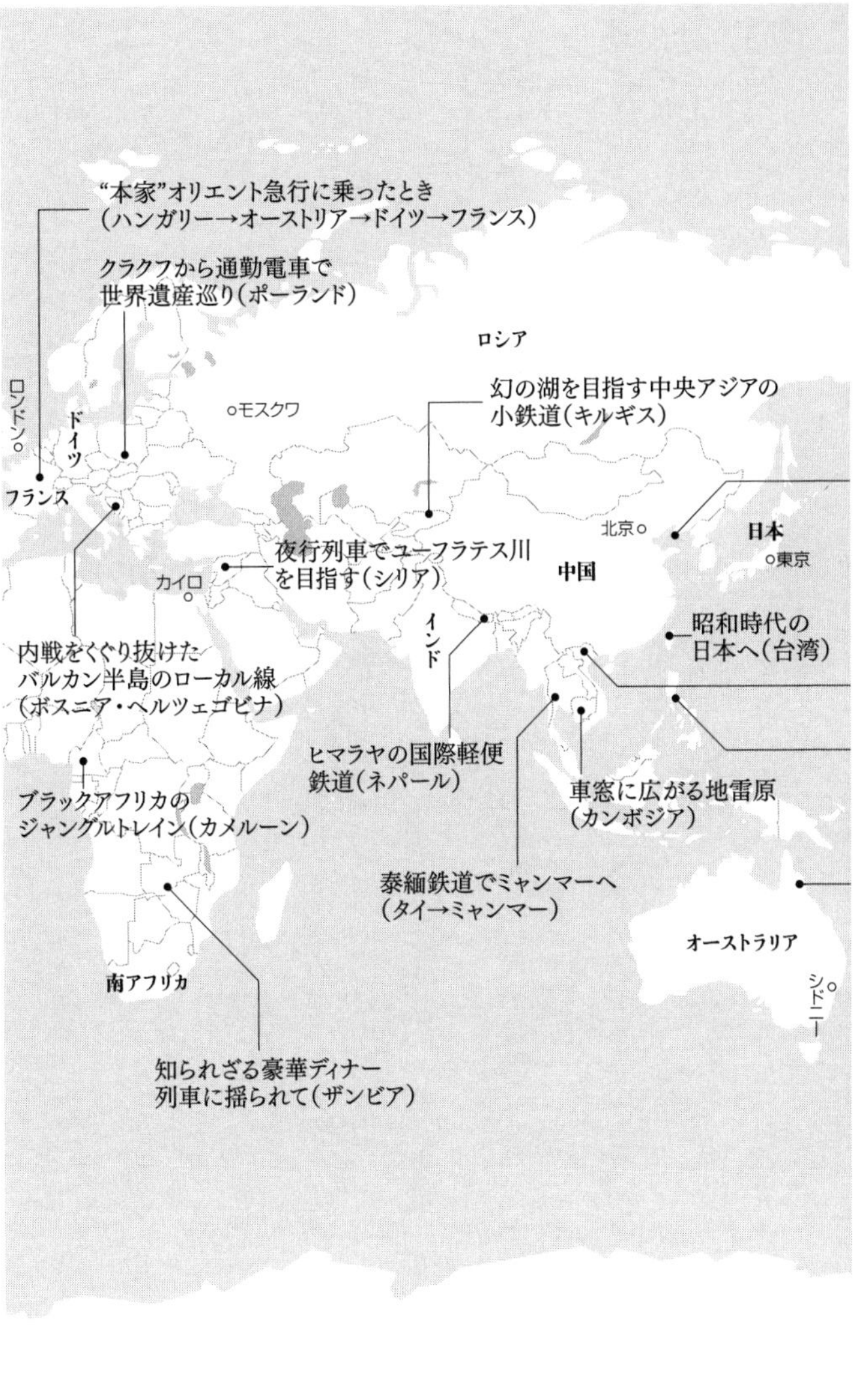
"本家"オリエント急行に乗ったとき
(ハンガリー→オーストリア→ドイツ→フランス)
クラクフから通勤電車で
世界遺産巡り(ポーランド)
ロシア
ロンドン
ドイツ
フランス
モスクワ
幻の湖を目指す中央アジアの
小鉄道(キルギス)
北京
日本
東京
中国
夜行列車でユーフラテス川
を目指す(シリア)
カイロ
インド
昭和時代の
日本へ(台湾)
内戦をくぐり抜けた
バルカン半島のローカル線
(ボスニア・ヘルツェゴビナ)
ヒマラヤの国際軽便
鉄道(ネパール)
車窓に広がる地雷原
(カンボジア)
ブラックアフリカの
ジャングルトレイン(カメルーン)
泰緬鉄道でミャンマーへ
(タイ→ミャンマー)
オーストラリア
シドニー
南アフリカ
知られざる豪華ディナー
列車に揺られて(ザンビア)

マチュピチュへの登山列車

▼ペルー

世界中に約千ヵ所存在する世界遺産のうち、日本で常にトップクラスの人気を集めるのが、日本から遠く離れた南米ペルーのマチュピチュ遺跡である。海外の世界遺産を特集する雑誌には必ずと言っていいほどマチュピチュが紹介されているし、遺跡の全景を隣の山の上から見下ろした写真が表紙を飾ることも少なくない。

この山上の遺跡へは市街地から自動車道路が通じておらず、現代では珍しく鉄道が唯一の交通手段となっている。そのような立地だったからこそ、二十世紀初頭まで発見されず今なお解明されていない謎を持つ神秘の遺跡となり得たのであろうが、おかげでマチュピチュでは、観光客向けの専用列車が古くから運行されてきた。

しかも、マチュピチュ行き列車の始発駅があるクスコの街も、かつてインカ帝国の首都として栄えた時代の面影と、その後に侵入してきたスペイン人が建設したコロニアルな街並みとが見事に融和し、街並み全体が世界遺産に指定されている。つまりこの鉄道は、目的地（マチュピチュ）と起点（クスコ）の双方が別々の世界遺産になっている、世界でも珍しい路線なのである。

ただ、著名な観光地を走り大勢の観光客を乗せて活況を呈している鉄道路線であるということは、現地へ行ってから気の向くままに列車に乗るのが難しいことをも意味する。

近年はマチュピチュ行き列車のバリエーションが豊富になり、自分が乗る列車の種類を選ぶことがマチュピチュ遺跡の旅の第一歩になっている。どの観光列車にも日本のJRでいうところの自由席はなく、全車指定席なので、観光シーズンには早めに予約しないと満席で列車に乗れず、したがってマチュピチュまで行く手段がなくなってしまうという。

マチュピチュの鉄道

運賃も、現地の物価に照らすとかなり高い。クスコ〜マチュピチュ間の地元客向けのローカル列車の運賃は二〇〇五年（平成十七年）八月時点で片道十五ソル（約五百三十五円）なのに、同一区間を走る観光列車の運賃は最低でも米ドルで片道四十一ドル六十五セント（約四千八百円）もする。並行する自動車道路がなく競争相手となる他の交通手段が存在しないこと、そして〝世界のマチュピチュ〟という強力なブランド力を背景にしていることが、かくも強気の運賃設定の一因であるのは間違いないだろう。

ならば、座席指定などなく当日に駅の窓口でのみ乗車券が販売される地元客向けのローカル列車に乗ってみよう……と考えてもそうはいかない。観光列車の合間を縫って運行されるローカル列車はペルー人専用となっていて、外国人は乗車できない。乗車券を購入する際にはペルー人全員が所持している公的な身分証明書を呈示しなければならないので、いかに日系人が多いとはいえペルー人を装うことはできず、外国人観光客がローカル列車の乗車券を購入することは不可能である。

世界に知られる神秘の空中遺跡よりもそこへ至る山岳鉄道への関心の方が強い私としては、準備なしで現地入りして、満席で何日も列車に乗れずにクスコで足止めを食うようなことは避けたい。幸い、日系人が多いペルーでは日本語が通じる旅行会社が多いので、列車の乗車券を買うときに細かい注文がしやすい。クスコからマチュピチュへ向かう列車の場合、進行方向に向かって左側の席の方が総合的にみて景色が良いとされており、そういう言い方で座席の指定をすることが容易にできるので有難い。

クスコの街は、夜も明け切らぬ早朝5時半頃になると、走る自動車の姿が多くなる。マチュピチュへ向かう観光列車は6時過ぎから断続的にクスコを発車する。各ホテルに泊まっているマチュピチュ観光の旅行者たちはそのいずれかに乗車するため、早起きして駅へ向かうのだ。このためクスコのホテルの朝はどこも早く、私の宿泊ホテルでは5時過ぎから朝食が取れるうえ、マチュピチュ遺跡周辺に滞在して翌日以降に戻ってくる宿泊客の荷物はきちんと保管しておいてくれる。

マチュピチュへ向かう列車の始発駅は、クスコ市街の南南西に位置するサン・ペドロ駅。駅前の中央市場はまだ閉鎖されているが、駅舎内はすでに観光客その他でごった返している。窓口には今日の空席がないかを尋ねる旅行者が数人並んでいるが、私を含め、大抵の客はすでに購入した切符を手に改札を素早く通り抜ける。

南米の陸上交通機関では総じて盗難の被害が多いと言われているが、この駅では改札での チケットチェックが不正乗車防止と防犯対策を兼ねているようで、ホームには職員と乗客以外は一切立入りできない。長距離列車の始発駅なら世界中のどこでも見られる地元の物売りの姿はなく、旅客は指定の車両にさっさと乗り込むしかない。外国人観光客向けの高額な観光列車を日常生活の足として利用するペルー人は皆無で、駅構内や列車内にはペルーの日常生活空間とは隔絶された雰囲気が漂っている。

私が日本から予約した乗車券に記載されている列車の名は「ビスタドーム」。二〇〇五年八月現在、マチュピチュ行きの観光列車で最もポピュラーな存在だ。「Vista」（スペイン語で「景観」のこと）の語を用いていることからわかるように、側面の窓が大きいだけでなく、全ての車両で天窓が左右に並び、眺望の良さをセールスポイントにした名物列車である。先頭車両の最前列席なら前方の視界も広く、あたかも運転席に座っているかのような眺望を楽しめる。

特に、これから私が乗るこの朝一番の列車は「プリメーラ・ビスタドーム」（「プリメーラ」とはスペイン語で「一等」のこと）と呼ばれ、他の時間帯のビスタドーム号より格上の専用車両が充当される。六両編成のスペイン製ディーゼルカーで、一両の乗客定員は六十名。号車番号は数字ではなく、先頭車からA〜Fの順に並んでいる。各車両に乗務員が二人乗っており、車両のドア前で再びチケットをチェックされる。天窓がある車内には眺望を阻害しないように網棚が設けられていないので、大きな荷物はドアのそばにある荷物置場に預けることになる。

我がビスタドーム号の隣には、次発列車のバックパッカー号も待機している。ネイビーブルーのアメリカ製ディーゼル機関車の後ろに客車が連なるこの列車は、その名の通り、節約旅行を旨とするバックパッカーが気軽に利用できるように、全車指定ではあるがビスタドーム号に比べて乗車賃が比較的安く抑えられている。ただし、往復の運行時刻はビスタドーム号の方が便利だし、スピードも遅い。客車もごく一般的な旅客車両で、さしたる特長はない。

6時ちょうど、ホームの鐘が鳴らされて定刻発車。私の乗るB号車の乗客数は定員の半分くらいだろうか。クラシック音楽が流れる車内では、頑張って早起きしてきた乗客の一部が朝寝に入っている。

だが、物言わぬ車窓はサン・ペドロ駅の出発直後の短時間に急展開を見せる。発車後わずか五分ほどで街外れに出てきたディーゼルカーは、いったん停車して進行方向を逆に変え、分岐する坂道を辿って急勾配を克服するスイッチバック方式で右後方の上り坂へゆっくりと進入する。まもなく、眼下にクスコの街並みが広がる。澄んだ空気の向こうにアンデスの山並みもよく望める。五分ほどで次のスイッチバック地点に到達し、再び進行方向が前に戻ってまた前進。

スイッチバックを重ねるうち、たった今通ってきた線路が丘の麓《ふもと》に見下ろせる。その線路の上に、ネイビーブルーのディーゼル機関車に牽引された客車列車が警笛を鳴らして現れた。6時15分にサン・ペドロを発車した次発のバックパッカー号だ。

クスコの街を取り囲む丘陵を上るうちに、クスコの街は車窓の左から右へと移動。この路線のスイッチバックは三段式が原則で、三回の三段式スイッチバックを経て標高三千六百七十八メートルの沿線最高地点に到達すると、今度は同一地点で急勾配の線路を半周させながら標高差を縮めるセミループ線を辿って、軽快に勾配を下っていく。

マチュピチュ遺跡は山奥の斜面に存在することから、よほどの高地にあると誤認されることが多いが、意外にもクスコ（三千三百九十九メートル）よりマチュピチュ遺跡の方が標高が低い（二千二百八十メートル）。そのマチュピチュ遺跡の麓にある最寄り駅プエンテ・ルイナスは標高千八百六十メートルしかない。「〜しかない」といっても日本の鉄道最高地点（JR小海線清里〜野辺山間、標高千三百七十五メートル）より五百メートルも高いのだが、とにかく、マチュピチュへ向かう列車はクスコ出発直後に最高地点に達すると、あとはほとんど下り坂を走るのである。

クスコの街は丘陵の向こうに消え、広々とした耕作地の先に聳《そび》える白銀の高峰を眺めているうちに、6時46分、最初の停車駅ポロイに到着し、三分停車。サン・ペドロ駅から十七キロしか進んでいないのに、山道をスイッチバックやセミループを繰り返しながら上下したので、四十六分もかかっている。

その昔、インカ帝国に侵入したスペイン人たちがインカの残党を追っていたとき、この地で「No podemos avanzar por hoy（今日はこれ以上進めない）」と言って進軍を断念したという。その「por hoy（今日は）」がポロイ（Poroy）という地名の由来だとか。

ホームと反対側の側線に、食堂車やラウンジ付きの展望デッキを備えた豪華客車が静かに待機している。雑踏のサン・ペドロ駅には姿を見せず、このポロイとマチュピチュの間を往復する「ハイラム・ビンガム」号の編成である。もともとは南アフリカで世界最高級の豪華列車として名高いブルー・トレインで使用されていた車両で、食堂車でのコース料理やマチュピチュ遺跡の入場料、英語ガイドなど観光に要するほぼ全ての費用を含めた乗車料金は往復四百七十六ドル（約五万五千円）！　それでも、日曜日を除く毎朝9時にこのポロイを発車するということは、神秘の空中遺跡の旅を豪華列車でのひとときで彩ろうとする旅行客がそれなりにいるのだろう。

こんな、ペルー人は誰も乗れないような贅沢《ぜいたく》列車をマチュピチュ観光用に走らせて外国人観光客を呼び込むようになったのは、この路線の沿革と関係がある。

この路線の当初の建設目的は、クスコの北方へ百七十キロ離れたキヤバンバという内陸の町で生産されるコーヒーやカカオを、クスコ経由で沿岸部まで輸送するところにあったとされる。一九〇七年に建設が始まり、一九二四年に運行開始。キヤバンバまで軌間九百十四ミリ（三フィート）の狭軌路線が到達したことで、大量のコーヒーやカカオがこの路線を通じて海外に輸出され、キヤバンバ地方の経済発展に大きく貢献したという。

当初は貨物輸送が主目的だった同路線が旅客輸送面でも大きく貢献することとなったのは、建設開始後の一九一一年にアメリカ人歴史学者ハイラム・ビンガムがマチュピチュ遺跡を発見したことによる。つまり、最初はマチュピチュ遺跡への観光需要など全く想定されていなかったのだ。それが、一九四八年にマチュピチュ遺跡から麓の同路線付近まで自動車道路が開通し、観光地として整備されると、クスコからマチュピチュへ通じる唯一の交通手段として大勢の観光客を運ぶ大役を担うこととなった。

一九七二年にペルー国内の鉄道網を統合したペルー国鉄が誕生すると、クスコ〜キヤバンバ間の路線は沿線の渓谷の名から「サンタアナ線」と呼ばれるようになった。その後、一九九九年に国鉄の分割・再民営化が実施され、サンタアナ線はトランス・アンデス鉄道に帰属して同社がインフラと車両を保有。それらを借り受けて運行業務を担っているのがペルー・レイル社という鉄道会社で、同社は英国資本のオリエント・エクスプレス・ホテルズ社の傘下にあるのだ。遠く南アフリカからこの南米の山奥まで豪華客車を持ってきて至れり尽くせりのサービスを提供したり、駅の防犯態勢が徹底的に厳重なのも、オリエント急行の運行会社仕込みと聞けば頷《うなず》ける。

なお、クスコ〜キヤバンバ間百七十キロのうち、キヤバンバ側五十キロの路線は一九九七年、大雨による土砂崩れによって同区間の路盤が流出するなど甚大な被害が発生。結局、そのまま路線は復旧されることなく一九九八年に廃線となった。マチュピチュ以北はイドロ・エレクトリカ（スペイン語で「水力発電所」のこと）までの区間がかろうじて残存し、現在はクスコ〜イドロ・エレクトリカ間百二十キロが同路線の営業区間となっている。これにより、開業以来続いてきたキヤバンバからのコーヒー・カカオ輸送は、今ではマチュピチュを経由しない迂回道路によるトラック輸送に完全に切り替わっており、貨物輸送に比して観光旅客輸送の重要性はさらに高まっている。

ポロイを出た列車はスピードを上げ、小川のせせら

ぎを車窓左に眺めながら、農家が点在する平坦な耕作地帯を快走。6時56分、朝食配膳の車内放送が入る。外国人観光客ばかりが利用するこの列車では、放送は常にスペイン語と英語の二ヵ国語で行われる。

朝食代は乗車券代に含まれている。朝食といっても簡単な軽食で、飛行機の機内食のようにトレーごと渡されるだけだが、飲み物の選択肢にコカ茶が入っているのはアンデスの鉄道らしい。

コカ茶とは、コカインの原料となるコカの葉で淹《い》れて飲むお茶のこと。コカには覚醒作用があるため、世界中のほとんどの国では麻薬扱いであり、日本でも麻薬及び向精神薬取締法という法律で麻薬として規制されている。

ところが、ペルーや隣国ボリビアなど南米の一部の国では、コカ茶は古くから庶民の間で日常的に広く愛飲されている。どこのホテルでも日本旅館での日本茶のごとく無料で気軽に出してもらえるし、商店ではティーバッグ式のコカ茶まで市販されている。高山病の症状を緩和する効果があるため、ペルーの高地を訪れる外国人旅行者には進んで飲む人が多い。

念のために付言すると、ペルーでコカ茶を飲んでも違法ではないが、ペルーのスーパーなどで買ったティーバッグ式コカ茶やコカの葉を日本に持ち帰れば麻薬輸入・所持で違法となる。また、南米にもコカを合法とする国と違法とする国が混在しているので、ペルーから他の国へ移動する際にはコカ茶を持っていないか、注意を要する。

列車は何度か地元客専用の駅を通過し、濃霧の中をくぐり抜けて、平野部から切り立った峡谷へと徐々に分け入る。川の流れが右側に移り、急角度の斜面が車窓に迫る。落石防止フェンスは断崖の一部を覆っているだけで、巨大な落石がそこらじゅうにゴロゴロ転がっている。険しい谷の底には、まだ朝日の光が届いていない。

7時34分、その幽谷の真ん中で停車してスイッチバック。急激に高度を下げ、谷底で再び停止して前進を始めたときには、峡谷を覆う断崖は遥か上空までほぼ垂直にそそり立っている。突兀《とっこつ》とした不毛の岩壁が列車の前方に幾重にも連なり、列車はその隙間を川の流れとともに蛇行しながらすり抜けていく。

ようやく前方の視界が開けてくると、8時02分、すっかり川幅の広くなったウルバンバ川を渡る。これはマチュピチュまでの区間で唯一の鉄橋で、以後はずっと車窓左手にウルバンバ川の流れを見ながらの汽車旅となる。

鉄橋通過後まもなく対岸の斜面にインカ時代の段々畑を一瞥《いちべつ》すると、8時09分、ウルバンバ川に面したオヤンタイタンボに到着。ホームは駅舎のある一面のみの小さな駅だが、ここからどっと乗客が増えてたちまちB号車は満席となった。オヤンタイタンボにはインカ時代の要塞とも言われる遺跡があり、マチュピチュ観光に組み込まれることも多い人気の観光地で滞在者も多いのだが、ここから乗客が急増する理由は他にもある。

マチュピチュへの自動車道路がないのはこのオヤンタイタンボから先で、クスコからここまでは、外国人も乗れる地元客用の乗合バスが走っている。このため、高額な交通費の支出を回避するため、クスコからここまではバスに乗り、列車利用区間をここからマチュピチュまでの往復に限定しようとする旅行者が少なくないのだ。ビスタドーム号利用の場合、オヤンタイタンボ発着の往復運賃はクスコからの七割弱。乗合バスの費用は全部合わせて五ドルもせず、オヤンタイタンボでの滞在費を含めても相当に安くなるうえ、オヤンタイタンボ遺跡の見物もできるということで、ここでの乗り継ぎコースは若者を中心に人気がある。

五分停車の予定が混雑で九分かかり、8時18分発車。オヤンタイタンボからの乗客にもすぐに、ポロイ出発後に供されたのと同様の軽食が配られる。

ここから先は自動車の入る道がないため、いよいよ列車の独擅場《どくせんじょう》となる。標高が下がったためであろう、ウルバンバ川を横目に分け入る峡谷には緑が増え、列車は木漏れ日の差

サン・ペドロ→イドロ・エレクトリカ間時刻表（2005年8月現在）

km	列車番号		51	41	31	61	33	21	55	1	57	59
	列車種別		V	PV	B	B◆	B	L	V	H	V	L
0	**サン・ペドロ（クスコ）**	発	…	600	615	…	700	715	…	…	…	…
17	ポロイ	〃	…	645	710	…	755	＊	…	900	…	…
▲	ウルバンバ	〃	600	‖	‖	…	‖	‖	…	‖	…	…
65	オヤンタイタンボ	〃	705	815	840	905	925	943	1030	1052	1455	2020
107	**マチュピチュ**	着	810	935	1010	1035	1055	‖	1145	‖	1615	‖
109	**アグアス・カリエンテス**	〃	…	…	…	…	…	1125	…	1220	…	2155
		発	…	…	…	…	…	1210	…	＊	…	…
112	プエンテ・ルイナス	〃	…	…	…	…	…	＊	…	1239	…	…
120	**イドロ・エレクトリカ**	着	…	…	…	…	…	1305	…	…	…	…

▲ ウルバンバ〜オヤンタイタンボ間は 22km
＊ 停車時刻不詳
◆ 4月〜10月のみ運行
V：ビスタドーム号　PV：プリメーラ・ビスタドーム号　B：バックパッカー号
H：ハイラム・ビンガム号（日曜運休）　L：ローカル列車（外国人乗車禁止）
※① マチュピチュ駅改修中はマチュピチュ駅発着の全列車がアグアス・カリエンテス仮乗降場（アグアス・カリエンテス駅より約200m クスコ寄りの本線上）で旅客扱い。
※② マチュピチュ駅改修中はハイラム・ビンガム号の1列車もアグアス・カリエンテス仮乗降場止まり。仮乗降場〜プエンテ・ルイナス間は回送扱い。

し込む木立の中を走る箇所が多くなる。

車内の温度もクスコ発車直後より上昇してきたので、私はホテルで着込んできたセーターをようやく脱いだ。ビスタドーム号には冷暖房機が付いていないので、冬季に当たる八月初旬は、早朝の出発直後の車内では防寒着が手放せない。

実は、列車に限らず、クスコの街でも一部の高級ホテルを除いて、暖房設備のない宿泊施設が少なくない。私の泊まっているホテルも、客室に暖房が欲しい場合には別料金でストーブを借りるシステムになっていた。

もっとも、明け方は十度以下まで下がるにもかかわらず、実際にストーブを借りている宿泊者はほとんどいなかった。欧米人の宿泊客が多い小さなホテルなのだが、そのホテルにしろこの列車にしろ、冬の朝晩の冷え込みをたかだか数ドルで使える暖房器具なしで乗り切ろうとする旅行スタイルに違和感を覚える旅人はいないのだろうか。

車窓の左に渓谷、右は天窓の向こうに万年雪を頂く高峰を望む絶景がしばらく続く。河原と線路の間にキャンプ場のような空間があり、トレッキングへ向かおうという集団が準備をしているのが見える。この辺りからマチュピチュまで数日かけて歩くトレッキングコースは「インカ・トレイル」と呼ばれており、地元のガイドをつけなければならず入山人数も制限されているため、観光シーズンは一ヵ月以上先まで予約がいっぱいになるほどの人気だという。

8時51分、岩盤を荒っぽくくり抜いただけのトンネルをくぐると、渓流沿いの信号場で上りのペルー人専用ローカル列車と出会う。四両の客車がほぼ満員に近いこの列車、なぜか時刻表には載っていない。世界中の鉄道情報を網羅したトーマスクックの時刻表によれば、ローカル列車はクスコ〜イドロ・エレクトリカ間百二十キロの全線に一日一往復設定されているだけだが、他にも区間列車が存在するらしい。

ローカル列車の客車の外観はバックパッカー号とほぼ同じネイビーブルーだが、内装はバックパッカー号よりさらに簡素な様子が窺える。製造国は多様で、ルーマニア製などに混じって日本の近畿車輌製車両も活躍している。昭和三十年代に大阪で製造されて太平洋を渡ってきた日本生れの客車たちが、四十年以上もの間、アンデスの山奥深くで沿線住民の貴重な足として走り続けているのである。

その後、谷底が広くなってスペースができるたびに、小さな信号場が現れる。信号場以外の場所では、走行中の列車の屋根上まで岩壁がせり出している。天窓からその様子が見えるので、いっそう迫力がある。そんな山峡の細道を、鬱蒼《うつそう》とした樹林に囲まれながらひた走る。

9時03分、オヤンタイタンボを出てから三度目の信号場で、オヤンタイタンボ行きの上りビスタドーム号と遭遇。プリメーラ型ではない従来型車両の中から、マチュピチュ遺跡付近で一泊した観光客たちが、こちらのプリメーラ型車両を物珍しそうに見ている。登山道でハイカー同士が遭遇したような気になる。

9時29分、信号場でもない林の中の線路上で停車。車内放送が「百四キロ地点」と告げる。目の前に川を渡る吊り橋があり、ハイカーらしい男性が十人以上、デッキから線路脇の地面に直接飛び降りた。

よく見れば「104㎞」という駅名標が木陰に建っている。ここはインカ・トレイルの中継地点で、野営を伴う本格的なトレッキングをする余裕はないがほんのちょっとだけトレッキング気分を味わいたいという人が、ここから歩き始めるらしい。そういう拠点ゆえに乗降扱いをするものの、集落から離れた密林の中で固有の地名などないため、クスコからの線路延長距離がそのまま駅、というか停留所名になっているのだ。

その百四キロ地点停留所を出ると、通過する列車のそばを歩くトレッカーの姿が頻繁に現れる。谷の対岸にインカ時代の遺構を望み、巨大なダムのそばを通過すると、蛇行する峡谷の前方に小さな集落が見えてきた。9時44分、線路が二手に分かれ、列車は平坦な左の線路に入る。分岐点から右側を望むと、錆びた線路の先の高台に改修中のマチュピチュ駅が見えた。

本来、観光列車はこの右の線路からマチュピチュ駅に入っていくのだが、一年以上前(二〇〇四年四月)にこの付近で発生した大規模な土砂崩れのために列車がマチュピチュ駅に進入できなくなり、観光列車は本線上のアグアス・カリエンテス駅の手前にある直線部分を仮乗降場とする状態が続いている。かつてキヤバンバ方面の北部路線を廃線に追い込んだように、しばしば発生する大規模な土砂崩れは、峻険《しゅんけん》な山岳路線ならではの悩みの種になっている。

土産物屋が並ぶ直線区間をソロリソロリと徐行した列車は9時46分、踏切の手前で停止。そこが、終点のアグアス・カリエンテス仮乗降場であった。ローカル列車は踏切の先にあるアグアス・カリエンテス駅に停車するのだが、マチュピチュ駅が使用できない場合であっても、なぜ観光列車をプラットホームがあるアグアス・カリエンテス駅まで進めずに、その目前の線路上で強引に旅客の乗り降りをさせるのか、そこまでして地元客と外国人観光客とを同じ場所で乗降させようとしない詳しい理由はわからない。

「アグアス・カリエンテス」とはスペイン語で「お湯」、つまり温泉を意味する。日本からの団体ツアーのほとんどはクスコからの日帰りでマチュピチュ遺跡を訪れるが、遺跡への拠点として賑わうこの麓町には温泉が湧出していて、クスコから日帰りせずにここで滞在する個人旅行者も多い。

人口わずか二千人の小さなこの温泉郷には三つの鉄道駅がある。観光列車が本来発着する高台のマチュピチュ駅。それから、十三キロ先のイドロ・エレクトリカまで直通する地元客専用のローカル列車が発着するアグアス・カリエンテス駅。

ただし、隣接するこの二駅がある町の中心部からマチュピチュ遺跡までは、山腹を蛇行する車道の入口から三キロほど離れている。その遺跡の入口に最も近いところに、プエンテ・ルイナス駅という三つめの駅がある。

アグアス・カリエンテス付近の鉄道駅位置図（2005年8月現在）

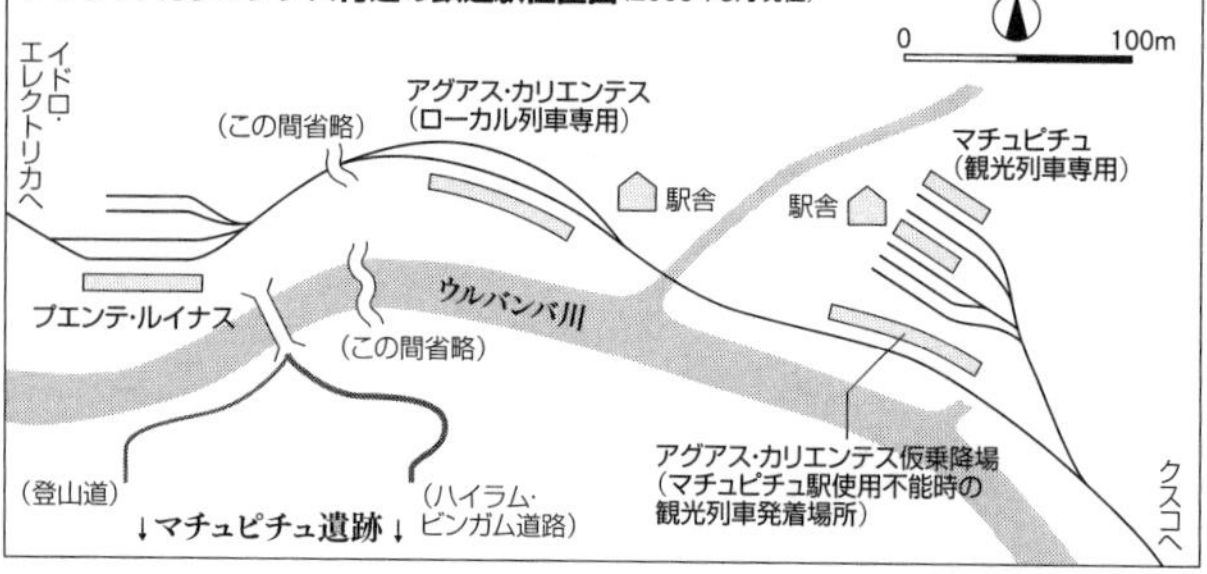

ビスタドーム号を降りた私は、アグアス・カリエンテス駅のホームに隣接する安宿に投宿して身軽になると、温泉よりも土産物屋よりも先に、線路の上をその三つめの駅へ向かってトコトコ歩いた。温泉街の中心をちょっと離れただけで途端に人の姿が見えなくなり、線路を歩く自分の足音がよく聞こえるようになる。

左頭上にマチュピチュ遺跡を見上げるような深い谷底に隠れるように、その駅はあった。「プエンテ・ルイナス」とは直訳すると「遺跡の橋」という意味だ。駅の真下にはウルバンバ川に架かる大きな橋があり、ここが約四百メートルあるマチュピチュ遺跡までの登り坂のスタート地点になっている。

以前は一般の観光列車もこの駅まで運行され、観光客はここでバスに乗り換えて遺跡へ向かっていた。だが現在は、ポロイからの豪華列車ハイラム・ビンガム号だけが唯一、このプエンテ・ルイナスまで足を延ばすだけ。一日一往復のローカル列車が発着するとき以外は人影もなく、付近に集落などない駅前には誰が利用するのか、老婆が座る小さな売店が一軒あるだけだ。かつて観光列車が踵《きびす》を接して発着し、世界中の外国人観光客で賑わったであろう駅構内は、昼間はクスコへ戻る観光列車の車両が車庫代りに留置されているだけで、往年の遺跡最寄り駅の面影はほとんど見られず一日中ひっそりとしている。

その後、駅や列車の探索ばかりでなく、人並みにマチュピチュ遺跡やアグアス・カリエンテスの温泉も訪れた。まともな紀行文であれば、世界に冠たるその遺跡の壮大さや異国の温泉体験を美文で縷々《るる》書き綴るべきところだが、本書の主たるテーマから外れるのでそれらは全て割愛し、話を一気に帰りの列車へと飛躍させていただく。

クスコ行きのプリメーラ・ビスタドーム号は、15時30分にアグアス・カリエンテス仮乗降場を出発した。復路もオヤンタイタンボまではほぼ満席。午後にマチュピチュへ向かう観光列車は少なく、途中の信号場や小駅ですれ違ったのは旧型ビスタドーム号とローカル列車の二本だけ。いずれもオヤンタイタンボからの区間列車だ。

16時59分、そのオヤンタイタンボに到着。クスコの旅行会社では往路のみオヤンタイタンボでの遺跡観光を盛り込み、帰りはこのビスタドーム号でクスコまで直行するツアーが

イドロ・エレクトリカ→サン・ペドロ間時刻表(2005年8月現在)

km	列車番号		60	54	56	42	32	62	52	34	22	2
	列車種別		L	V	V	PV	B	B◆	V	B	L	H
0	イドロ・エレクトリカ	発	…	…	…	…	…	…	…	…	1525	…
8	プエンテ・ルイナス	〃	…	…	…	…	…	…	…	…	＊	…
11	アグアス・カリエンテス	〃	545	…	…	…	…	…	…	…	1720	…
◭	マチュピチュ	〃	‖	830	1320	1530	1555	1620	1645	1700	‖	1800
55	オヤンタイタンボ	〃	720	1005	1440	1658	1739	1758	1810	1841	1917	1938
77	ウルバンバ	着	…	…	…	‖	‖	1910	‖	‖	…	‖
103	ポロイ	発	…	…	…	1831	1925	…	2022	＊	…	2125
120	サン・ペドロ(クスコ)	着	…	…	…	1920	2020	…	2123	2156	…	…

◭ マチュピチュ〜オヤンタイタンボ間は42km
＊ 停車時刻不詳
◆ 4月〜10月のみ運行
V：ビスタドーム号　PV：プリメーラ・ビスタドーム号　B：バックパッカー号
H：ハイラム・ビンガム号（日曜運休）　L：ローカル列車（外国人乗車禁止）
※ マチュピチュ駅改修中はマチュピチュ駅発着の全列車がアグアス・カリエンテス仮乗降場（アグアス・カリエンテス駅より約200mクスコ寄りの本線上）で旅客扱い。

催行されているため、往路のようにどっと空席ができることはない。

オヤンタイタンボを出ると、乗客にアフタヌーンティーが配られる。チョコレートケーキとクッキー、それにお茶。夕闇が迫り車窓を眺めるに適さなくなってきたこの時間帯から、乗客を飽きさせないための車内サービスが次々に開始される。

各席のお茶を乗務員が片づけた直後の17時36分、突然車内に音楽が流れ出し、覆面をかぶった民族衣装姿の男が通路を往復しながら踊り始めた。手近な白人女性の手を取って一緒に踊ると、車内からどっと笑い声が起こる。ひとしきり踊り終えると拍手喝采。乗務員は踊りの意味などを車内放送で解説する。その間に列車はウルバンバ渓谷の三段式スイッチバックを通過するのだが、車窓に関心を示している客はもはやほとんどいない。

ダンスショーが終わると、今度は男女一人ずつの乗務員が自らモデルとなって、アルパカ（南米に生息するラクダ科の哺乳類）の毛で織られたセーターなどを着て通路をファッションショーのようにゆっくりと歩いて往復。次々と着衣を変えて、何度もやって来る。歩き方もモデルウォーキングでサマになっている。アンデス名物のセーターやストールなどを土産として車内で販売するための展示ショーなのである。ショーの後で乗務員がワゴンに商品を載せて販売に来る。私の車両だけでなく、六両ある全ての車両で同じショーが実施されている。

ただ、この土産用ファッションショーの案内放送だけ、スペイン語・英語の放送に続いて、テープで日本語の案内放送が流された。約五十名の乗客がいる今日のB号車の中で、日本語テープを解するのは、車内を見渡す限り私一人と思われる。他の案内放送も全部日本語があるならともかく、土産販売のときだけ「どうぞお買い求め下さい」などと日本語放送を流すとはあざとい。私一人に対して買えと言っているように聞こえる。

ファッションショーの最後に先ほどの覆面男が再登場し、乗務員と一緒に乗客に一礼して車内ショーは終了。三十分弱のショーが終わった頃には日没時刻も過ぎ、車内も明るい蛍光灯が点灯されていた。

18時32分、ポロイ着。ここからクスコへは自動車の方が早く着けるため、クスコのホテルの送迎車が多数待機しており、B号車からも数人の観光客が下車した。

だが、せいぜい数十分の短縮のために復路の列車をポロイで降りてしまうのはもったいない。この先、クスコ到着直前の丘陵地にクスコの夜景が待っているからだ。

ポロイを出た列車は、暗闇の中でセミループを繰り返しながら勾配を上っていく。18時54分、夜景観賞のために車内が減光される。オレンジ色に煌《きら》めく星屑のようなクスコの夜景が右手下方に広がると、車内からは一斉に歓声が上がった。19時02分、左手に移って盆地全体を見下ろす位置に来ると、車内の照明は完全に消灯される。オレンジ・白・青の光が宝石をちりばめたように無秩序に瞬《また》く幻想的なイルミネーションに、乗客たちの発する低い感嘆の声が収まらない。

夜景を乗客に堪能させるようにスイッチバックをゆっくり、ゆっくりと丘陵を下ったプリメーラ・ビスタドーム号は19時24分、街外れにある最後のスイッチバックの手前で照明が再点灯。終点サン・ペドロの到着はそのわずか六分後の19時30分。マチュピチュ名物の観光列車は、本当に最後の最後まで乗客を楽しませてくれるのであった。

クラクフから通勤電車で世界遺産巡り

▼ポーランド

クラクフは、ポーランドの京都である。

首都ワルシャワから南へ約三百二十キロ、最速特急なら二時間半で到達できるこの中世ポーランド王国の古都は、第二次世界大戦における戦災を免れた古い街並み自体が三十年以上も前に世界遺産に登録され、大通りから細い石畳の路地にまで路面電車がゴトゴト走っている。さらに、近郊電車で足を延ばせる日帰り圏内にも世界遺産に登録された別々の史跡があり、それぞれに存在感を示している。同じ街に滞在しつつ、三つの異なる世界遺産のどこへ行くにも電車が足になるのだから、汽車さえあれば喜ぶ夫と衣食足りて鉄道を知らぬ妻から成る夫婦にとって、クラクフとは誠に都合が良い素敵な街である。

というわけで二〇〇七年（平成十九年）八月、私にしては珍しく、妻と二人で東ヨーロッパまでやって来た。すでに日本人はポーランドの観光査証（ビザ）が不要となって久しく、出入国審査も簡便になっている。冷戦時代よりも観光地での英語の通用度は高まり物価も比較的安いが、観光で訪れる日本人は西欧諸国に比べればまだまだ少ないらしい。

世界遺産といえば風光明媚な自然や歴史を重ねた伝統様式の建造物群などが思い浮かぶが、中には人類が忘れてはならない負の遺産も含まれている。広島の原爆ドームもその一例だが、ヨーロッパの負の遺産といえば、アウシュビッツ強制収容所の右に出る場所はない。わずか半世紀ほど前、ここで百五十万人にも上る人々の生命が、無造作に奪われた。アウシュビッツとはドイツ名で、ポーランドでの地名はオシフィエンチム。クラクフ中央駅から六十五キロ、地元客向けのローカル電車が一時間に一本程度の頻度で運行されている。

私たちは9時15分発のオシフィエンチム行き電車に乗った。東ヨーロッパの鉄道車両は冷戦終結から十年以上経ってだいぶ垢抜けてきた感があるが、この三両編成は共産主義時代に製造されたらしいポーランドの標準型二等電車。車体を明るい水色と黄色に塗り分けてはいるが、車両正面は無骨な顔つきをしているし、車内はやや煤《すす》けた感じがして薄暗い。

窓枠の上に「車窓からの物の投げ捨て禁止」などのマークがステッカーとして貼られて

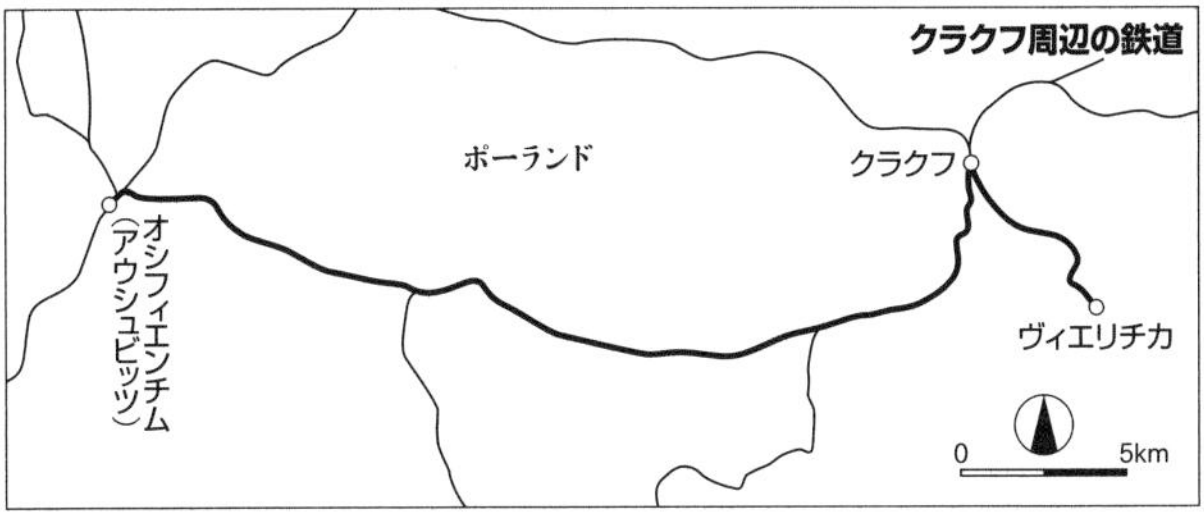

いる。そのマークの真横に、ナチスのカギ十字を斜線で消して〝ナチス禁止〟と表現している落書きがある。ずっと以前から書かれたままになっているようで、無用の落書きとして消そうとした気配がない。

　クラクフの市街地を離れると、電車は一つずつ小さな駅に停車しながら広々とした農村部や森の中を坦々と走る。10時00分、瀟《しょう》洒《しゃ》な山小屋風の駅舎を構えたクシェショビツェという駅で、錆びついた蒸気機関車が多数並んでいるのが見えた。廃車体とはいえ、二十一世紀になってなおこんな鉄道風景に接すると、ここがかつて共産圏であったことを実感せずにはいられない。

　クラクフ中央から一時間半あまり揺られ、10時54分、定刻より十四分遅れて終点のオシフィエンチムに到着。クラクフからの観光客が青空のホームにどっと溢れた。駅前のバスに乗り換えて博物館となっている旧収容所に到着すると、平日にもかかわらず大勢の見学者がすでに入場していた。

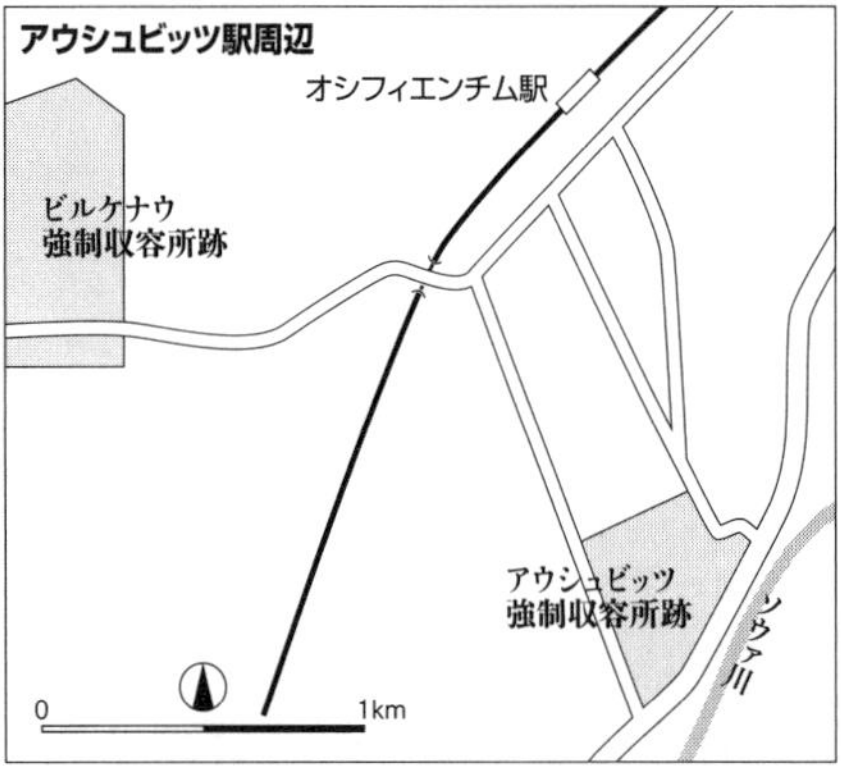

収容者から没収した衣服やメガネの山、人の毛髪で織られた絨毯、そして小さな工場のようなガス室……。私たちは、無言でそれらを見て回った。収容所の入口で記念写真を撮ったが、到底笑顔にはなれない。見学者の誰もが、同じ場所で同じように神妙な表情をしながら撮ったり撮られたりしている。

次に、〝第二アウシュビッツ〟と呼ばれるビルケナウ強制収容所跡へバスで移動。「死の門」と呼ばれる正面ゲートの真下をオシフィエンチム駅からの線路が通っていて、敷地内に引込線がまっすぐ続いている。

当時、貨車に押し込まれて欧州全土から移送されてきたユダヤ人たちはここで下車させられ、働ける者は強制労働へ、そうでない女性や子供、老人などはそのままガス室へ送られた。映画『シンドラーのリスト』に出てくるユダヤ人たちを乗せた貨物列車の収容所到着のシーンは、このビルケナウで撮影されたという。

私たちはその線路の上を歩いた後、「死の門」の頭上にある展望台に上った。真夏なのに、原野のような広大な敷地内を一望すると、心なしか寒々としてさえ見える。私たちは共に望んでクラクフ滞在の一日をアウシュビッツ訪問に割いたのだが、この日はポーランド滞在中、最も夫婦の会話が少なかった。

その翌日、気持ちを切り替えて、私たちはまたクラクフ中央駅から電車に乗った。クラクフからわずか十五キロ、三十分足らずで到達できる行き先なのだが、切符の自動販売機がないので窓口に並ぶ。ところが、私の発音が悪いらしく、目的地の地名を窓口の駅員に聞き取ってもらえない。代りに妻が並び直してようやく切符を手にする体たらくを演じた末に、13時44分始発の電車に何とか駆け込んだ。

オシフィエンチム行きと同じ近郊電車の発着ホームで出発を待っていたたった一両の電車は、市電を胴長に拡大したような姿をしていた。車内も路面電車のような雰囲気なのだが、それが中央駅の長大なプラットホームから平然と出発するので、東京駅の山手線ホームに都電が発着しているかのような奇妙な光景に映る。出発後も路面を走ることはなく、途中で急行列車とすれ違ったりする。市街地を離れた後は、森の中を悠然と進む。

狭い車内にひしめく乗客のほとんどが目指すのは、終点のヴィエリチカ・リネク駅。14時10分に定刻通り到着した発音の難しいこの終着駅は、一両の電車がちょうど収まる程度の小さな片面ホームがあるだけの無人駅で、クラクフ中央駅とは対照的に路面電車の郊外停留所らしい雰囲気を漂わせていた。

このヴィエリチカには、十三世紀半ばから七百年にわたって稼働し続けている岩塩の巨大な採掘場が地底深くまで広がっている。国際的な知名度はアウシュビッツに及ばないものの、一九七八年にユネスコが初めて認定したわずか十二ヵ所の由緒正しき世界遺産第一期生（？）の一つである。

私たちも、観光客の多さゆえ一時間半以上も待たされてからようやく入坑を許され、小さなエレベーターで地底へ。到達階は地下五十四階！　それでも、歩き始めたら坑内の階段を上ったり下りたりする。

試しに天井を触った指を舐《な》めてみると、しょっぱい。多くの人があちこちで壁や天井を触っては同じことをするだろうから、あまり衛生的な行為ではない。

圧巻は礼拝堂で、天井から下がるシャンデリアも祭壇も全て塩でできている。相当の手間と時間をかけてこれだけの精緻な彫刻を地底の奥深くに施したかつての鉱夫たちには、どこか江戸っ子の職人気質に通ずるものを感じる。

アウシュビッツとヴィエリチカへの列車往復が非日常への遠足とすれば、その拠点となるクラクフの路面電車は、一般市民の生活空間と世界遺産が融合している日常世界への足である。最近は新型の低床式車両も増えているが、共産主義時代の古い車両もまだ多く、朝から晩まで大勢のクラクフ市民で混雑している。

中央駅前からその市電に乗り、旧市街の外縁に沿って南下する。旧市街内部の交通手段は電気自動車と乗合馬車が中心で、通常の自動車の立入りは規制が厳しいらしい。

市電の路線の一部は、その旧市街の内部を横切っている。レンガ造りの洋館の狭間から姿を現し、時には乗合馬車と顔を見合わせながら、石畳の路地の向こうへ悠然と去っていく。歴史の長さの差は歴然としているのに、ややくすんで見えるブルーの旧型車両は中世の街並みに実によく溶け込んでいる。

そんなシーンに出会って街角で足を止めると、パイプオルガンやバイオリンの音色がしばしば風に乗って漂ってくる。古式ゆかしき教会の礼拝堂を利用して、地元のアマチュア演奏家たちが毎日コンサートを開いているのだ。

ある夜、私たちはそうした教会コンサートに足を運び、ヴィヴァルディの「四季」を聴いた。音響に優れた礼拝堂で名も知らぬ音楽家たちが奏でる旋律には、どこか宗教的な神々しさが伴っているように感じた。

教会音楽の余韻を楽しみながら、終演後に近くのオープンテラスでワイングラスを傾けていると、私たち二人のテーブルの目の前を、時折、乗合馬車だけが軽やかに駆けていく。ライトアップされた中世の街は、昼間とは全く別の世界のようだ。

これが、市民が普通に生活している現役の市街地というのだから恐れ入る。歴史ある街並みと市民生活が共存し、生きた音楽が日々街を彩る——。文化国家とは、こういう国をいうのではないかと思うのである。

幻の湖を目指す中央アジアの小鉄道

▼キルギス

つい最近まで、中央アジアは日本人観光客にとって、鉄のカーテンの向こうのさらに遥か雲煙の彼方にあるかのごとく、遠い遠いところだった。

自由な旅行ができなかったソ連時代はもとより、ソ連崩壊によって独立した各国はなかなか日本に大使館を開設しなかったため、日本人観光客が入国査証（ビザ）を取得するにはモスクワか北京の大使館へ足を運ぶ必要があった。しかも、ソ連時代はソ連のビザだけで中央アジア全域に有効だったのに、独立後は当然ながら国ごとにビザを取得する必要が生じた。さらに、現地の旅行会社で全てのスケジュールを確定させて費用を事前に払わなければならず、原則として個人の自由な旅行は認めないというソ連時代のスタイルはそのまま継承された。ソ連崩壊によって、ロシア本体から切り離された中央アジアは、ソ連時代よりもさらに観光旅行の手間がかかるようになってしまったのだ。

だが、日本人を含めた外国人観光客を増やしたいこれらの新興諸国は、二十一世紀になってようやく自由旅行の環境整備を始めた。旧東側諸国以外からの直行便を設定したり、在外大使館を増やしてビザ取得要件を緩和したり……。もともと、日本人に根強い人気があるシルクロードの途上に位置していて世界遺産など観光資源が豊富なこともあり、近年は旅行先として中央アジアの人気が徐々に高まっているという。

その中央アジアで、地味ながら日本人が最も旅行しやすいのがキルギスという小国だ。この地域では唯一、いわゆる旧西側諸国民に対して観光ビザの取得を免除しており、日本人はパスポートだけあれば簡単に入国できる。知名度が低く、日本から直行便があるわけでもないが、ビザ取得が不要だと、隣国のウズベキスタンやカザフスタンへの旅行者が「ちょっと寄ってみようか」という気になるようで、外国人観光客は着実に増えているらしい。

キルギスの首都ビシュケクは、国の北部国境近くに位置している。国内の地域は国土の中央付近に横たわる標高三千メートル級の山脈を挟んで南北に二分されていて、両地域に鉄道路線はあるものの、国内で南北の鉄道を直接結ぶ路線は存在しない。旅客営業をしているのも首都ビシュケクを中心とした北部国境付近の短距離路線だけだ。もともとソ連に

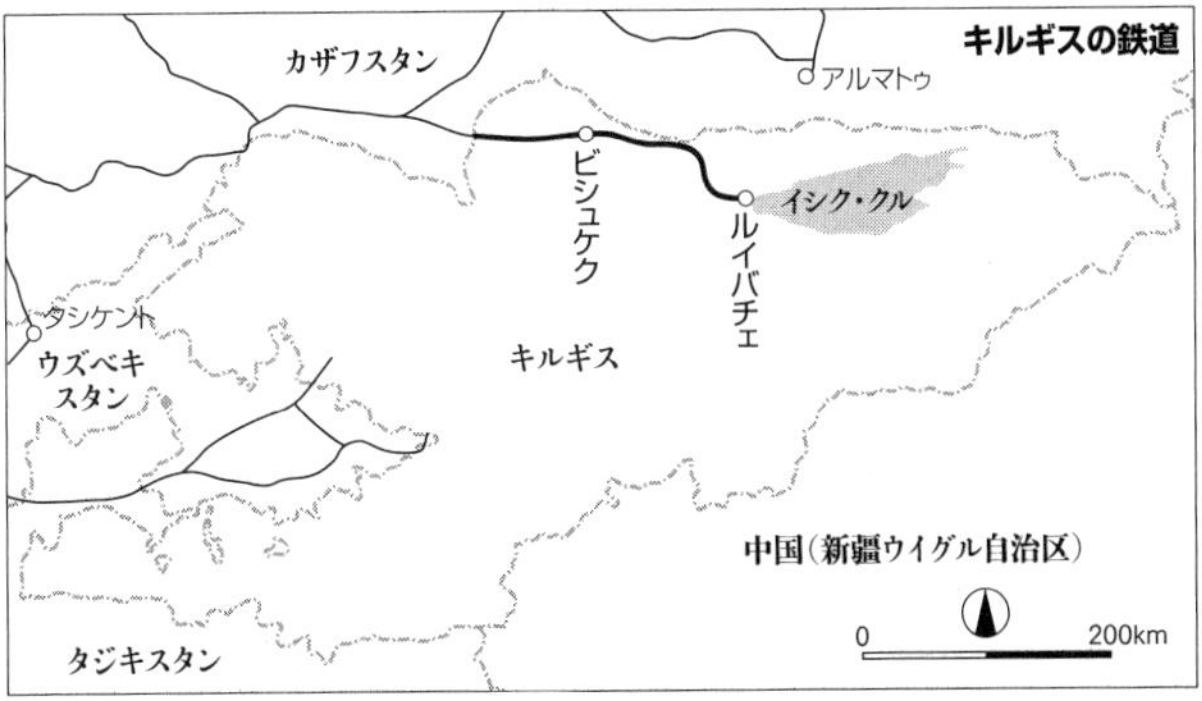

よる一元経営を前提にソ連邦全域の路線網が構築されていて、キルギス国内の交通網整備という発想が皆無に等しかったためであろう。

一般の旅行者にとって利用価値がほとんどないということもあり、キルギスの鉄道に焦点を絞って書かれた日本語の資料は乏しい。インターネット上でも、詳しい乗車記は日本出発前に見つけることができなかった。こういう国は最近では珍しい。

その正体不明のキルギス鉄道は、首都のビシュケクに二つの駅を持っている。市の中心街に近いビシュケク第二駅は、内外ともに薄緑色を基調とする明るい雰囲気を漂わせている。中央ホールで真上を見れば緑と青が鮮やかな紋様の天井画が目に入る。

もっとも、よく見れば絵の中央には、農民と労働者を象徴する鎌とハンマーを組み合わせたデザインの紋章と、ソ連時代の「キルギス・ソビエト社会主義共和国」

の略号がロシア式のキリル文字で描かれている。掲げられている時刻表も全てキリル文字。窓口のおばさんは列車の発車時刻を尋ねる私に、指を折りながら「ワン、ツー、スリー、フォー、ファイブ、シックス……」と声に出して数えてから「シックス」と答えてくれる。キルギス語とロシア語がわかれば事足りたソ連時代に教育を受けたキルギス国民のほとんどは、英語をほとんど解さない。このおばさんは、駅員として外国人と接する機会が増えたからであろうか、数の数え方だけは一から順番に声を出して覚えたらしい。

ホールに掲げられている時刻表はキリル文字だけだが、数字は万国共通のアラビア数字で書かれている。私は言語としてのロシア語はわからないがキリル文字は読めるので、地名を知っていれば用が足りる時刻表は読み取れる。なのに、列車の出発時刻をあえて駅員に尋ねたのは、時刻表の表示がモスクワ時間なのかビシュケク時間なのかを確認するためである。というのは、ソ連崩壊から十五年以上が経過した二〇〇六年（平成十八年）八月時点でなお、キルギスの鉄道はかつてのソ連国鉄の標準時刻であるモスクワ時間を使用しているのだ。ビシュケクの現地時間はモスクワより二時間遅いので、4時42分発という発車時刻表示は実際には6時42分を意味する。確かにビシュケク～モスクワ間には直通の国際列車が定期運行されているが、現在のキルギス国内に、モスクワ時間を意識して生活する人がどれほどいるのだろうか。

駅舎に面した長大な一番線ホームにはレーニン像が建っていた。構内に留置されているのは濃緑を基調とする旧ソ連や中国など共産主義諸国の国鉄標準カラー、いわば「共産色」とでも言うべき地味な外観をした無骨な客車ばかり。モスクワなど他国への長距離列車も国内だけを走る短距離列車も、みんな同じ種類の客車を使用しているらしい。たまたま国内の北のはじっこにソ連国鉄の路線のごく一部が存在したがために独立の国有鉄道となったに過ぎないキルギス国鉄には、自国の標準時を鉄道にも採用したりラテン文字を併記するようになった隣のカザフスタンやウズベキスタンに比べて、明らかにソ連時代の面影が今も根強く感じられる。

翌朝、夜明け前にタクシーを拾って、今度はビシュケク第一駅を訪れた。街の中心部から西へ外れたこの駅が、キルギス国鉄の東の終点ルイバチェ行き列車の始発駅となっている。第二駅より小さく、木々に囲まれて全容が見えない平屋の駅舎の中は、八月だというのに暖房が入っていた。

濃紺のソ連製ディーゼル機関車に連なる濃緑の〝共産色〟客車は六両。終点までは百六十一キロ、東海道本線なら東京から静岡にも届かない距離だが、その区間を走る客車はどれも二段式寝台が向かい合った四人用個室が九部屋ある寝台車だ。旧ソ連の鉄道線路は日本の新幹線が採用する国際標準軌（千四百三十五ミリ）よりもさらに広い千五百二十ミリの広軌で敷かれているので、車内の寝台も、一つ一つが大きくてゆったりしている。私が乗った五号車では個室を一人で独占できた。他の部屋を見ても、一両あたりの乗客は十人もいない。

小さな操車場のようで首都の第一駅らしからぬ閑散とした構内から、6時25分、モスクワ時間では4時25分の定刻通りに列車は動き出した。古びた民家と雑木林の中を徐行しながら走り、途中で客車二両分ほどの小さなホームが線路脇に設置されているところで停車。乗降客はなく、駅名もわからない。

6時35分、昨日訪れたビシュケク第二駅に到着。浮き輪を抱えた女の子やピクニックらしい家族連れなどがどっと乗ってきて車内は満席に近い状態に転じ、たちまちどの部屋からも楽しそうな会話の声が聞こえてきて賑やかになった。今日は平日だが、朝の通勤に利用していそうなビジネスマンの姿などなく、ほとんどが行楽客の様相だ。おそらく、彼らの目的地は終点のルイバチェであろう。

ルイバチェは国内最大の湖イシク・クルの最寄り駅で、その沿岸はソ連時代からリゾート地として名高かった。海がない中央アジアでは、キルギス国民のみならず隣のカザフスタンからも、家族で国境を越えてこのイシク・クルまで湖水浴に来るという。この列車の各客車に掲げられている行先表示板にも、「ビシュケク」「ルイバチェ」のキリル文字と号車番号だけでなく、カモメの群れが湖面を飛ぶ図柄があしらわれている。

定刻より一分遅れて6時43分にビシュケク第二駅を発車した我が列車は、朝日を浴びながら住宅密集地を走り抜けて、6時51分、アラメディンという最初の停車駅に着く。ロシア風の小さな駅舎がホームの前方にあるだけで、編成の後方ではホーム上に人影がなく、乗客にも乗務員にも全く動きがない。列車の動力設備が先頭の機関車にしかない客車列車では停車すると物音がせず、乗客の談笑の声だけが車内に響き渡る。

キルギス鉄道時刻表（2006年8月現在）

608	6050		km	列車番号		6051	609
425	1508	発	0	ビシュケクⅠ	着	520	1935
442	1525	〃	4	ビシュケクⅡ	発	510	1920
631	1731	〃	64	トクモク	〃	301	1736
717	…	〃	95	ビストロフカ	〃	…	1649
901	…	着	161	ルイバチェ	発	…	1447

＊ 全てモスクワ時間（キルギス時間より２時間早い）で運行。

6時56分、前方からトクモク発ビシュケク行きの上り列車が到着して行き違う。このビシュケク以東の区間にはモスクワなどからの国際列車は乗り入れず、毎日運行される旅客列車は朝にビシュケクからルイバチェへ向かい夕方に同じ道を戻る我が列車と、朝に中間地点のトクモクを出てビシュケクまで走り午後に同じ駅まで折り返す一往復、つまりたった今隣に到着したこの区間列車だけ。これでは、並行する沿道を頻繁に走る乗合バスではなくわざわざ鉄道を利用しようとする外国人旅行者など、乗車自体を目的とする私のような者を除けばいないのも無理はない。

停車中に、車掌が寝具を貸しに各部屋まで来る。有料なので私の部屋では誰も借りなかったが、他の個室では布団にくるまって朝寝をする旅客を見かける。昼間の列車でも昼寝用に寝具を貸すというアイディアは、日本でも昼間は使わない余った寝台車を特急列車に一両だけ連結して実施したら利用者がいるのではないかと思う。

各車両のデッキ付近では、サモワール（ロシア式の湯沸かし機）が湯気を吹いている。これも旧ソ連や中国など共産圏の客車に共通の設備で、乗客は自由にこの熱湯を使ってお茶やコーヒーを淹れたりカップラーメンを食べたりできる。ビシュケク第一駅の待合室の暖房といい、グラグラに沸騰したこのサモワールといい、これから外で泳ごうという旅客向けのサービスにはとても見えないが、昼夜の寒暖の差が激しいこの地域の夏には珍しくない光景なのかもしれない。


アラメディンを出ると、大規模な農耕地や草原が車窓に広がり始める。前方には標高三千メートル以上の冠雪したアラ・トー山脈の稜線が望める。

線路を横断しようとしていたらしい羊の群れが、羊飼いと一緒に線路脇で我が列車の通過を待っている。その線路際に定期的に現れる白い距離標の数値は「３８３０」などと大きな数字になっているが、これはモスクワを起点にしたキロ数である。

　8時28分に到着したトクモクは、区間列車の起終点。沿線最大の集落の最寄り駅だが、駅舎に面したホームの前方で若干の乗客の入替えがあっただけですぐに発車する。列車の左右に山並みが続き、白樺の雑木林を悠然と走り抜ける。窓から入る高原の清涼な空気と白樺の雰囲気は、どことなく夏の北海道を思わせる。途中にほとんど人家は見当たらず、トクモクの次のビストロフカまで一時間近くかかった。

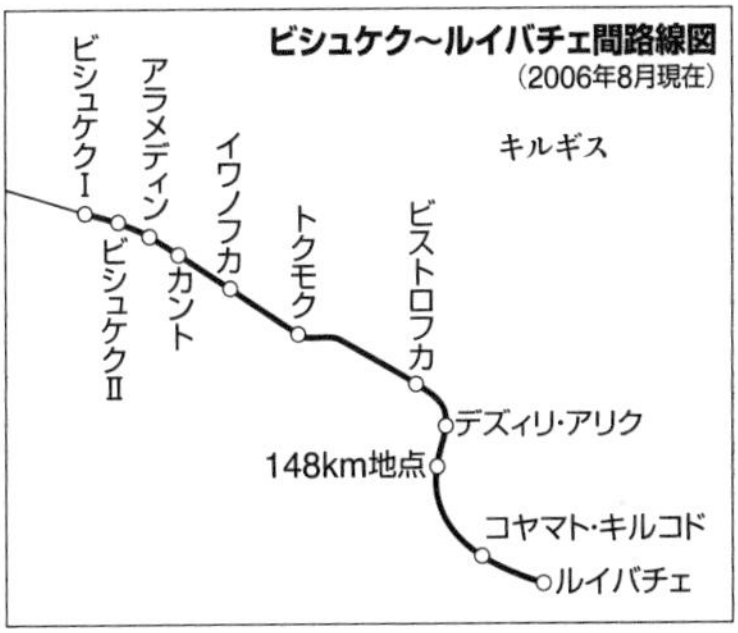

　その辺りから、車窓に明らかな変化が現れた。木々が生えていない茶色の丘陵が、女性的な曲線を青空に描いて列車の左右から迫ってくる。やがてその丘陵は赤褐色の断崖へと変貌し、その谷底に線路と並行して流れる青緑色の急流を見下ろしながら、列車は急速に勾配を上げつつ渓谷の中をゆっくりと進む。この付近は、広々とした原野の眺めが標準的な中央アジアでは珍しい峻険な山岳路線なのだ。
　最初は左手に見えていた渓谷は、10時20分にこの区間唯一の大型橋梁《きょうりょう》で跨《また》いで車窓の右側に移動。さらに三十分ほど坂道を上り続け、10時50分頃になってようやく高原の頂上に辿り着くと川の流れが緩やかになり、列車は逆にスピードを上げた。車窓は狭い峡谷から再び草原に戻り、11時01分、コヤマト・キルコドという駅に到着。半袖姿の男性駅員が駅舎から出てきて、機関車に向かって出発合図を送っているのが見えた。

青空の彼方に聳えていた山脈の稜線に代わって、右前方から穏やかな湖が近づいてきた。と同時に、単線の線路が足元からいくつも分岐して、港湾の操車場のような場所で11時13分、列車が停止。案内放送も何もなかったが、そこが終点のルイバチェ駅であった。

イシク・クルを目指す車内の行楽客は、駅前に待機していた乗合のミニバスに乗り換えてすぐに姿を消してしまった。一日一往復しか列車が来ない終着駅にしては巨大な石造りの駅舎の中に駅員の姿はなく、天井が高い待合室はガランとしている。

ルイバチェとはロシア語で「漁師」を意味するそうで、現在の町はキルギス語で同じ意味のバルクチュという名に改称されている。海がないキルギスの言葉にそもそも「漁師」という単語があるのだろうかと思うが、最新のトーマスクックの時刻表にもルイバチェという駅名の記載はなく、ただ「バルクチュ」と書かれている。

だが、ホームに降り立った私の目に飛び込んできたのは、駅舎の頭上に大きく掲げられた「ルイバチェ」というキリル文字であった。キルギスのローカル線は、かつて外国人が容易に乗れなかったソ連国鉄の雰囲気を、今もそのまま保存しているかのようである。

ハワイへ行って汽車に乗る

▼アメリカ

日本人にとって、海外バカンスの定番と言えばハワイが筆頭格であろう。マリンスポーツからゴルフやショッピングまで、年間を通じて何でも楽しめる世界的観光スポットだが、実はこの常夏の島で列車の旅も楽しめることを知る日本人は多くない。

だから、私がハワイへ行くと聞いた友人その他から、「お前がハワイへいったい何をしに行くのだ？」と異口同音に問いかけられた。汽車が走っていないところには全く関心がないと思われているらしい。確かに、弟が「ハワイで結婚式をする」と言って招待してくれたから行くことにしたわけだが、出発の日が近づくにつれて、ついでであるはずのハワイの汽車ポッポへの期待の方がどんどん膨らんでいった。

ハワイの鉄道として比較的著名なのは、オアフ島から飛行機で三十分のところにあるマ

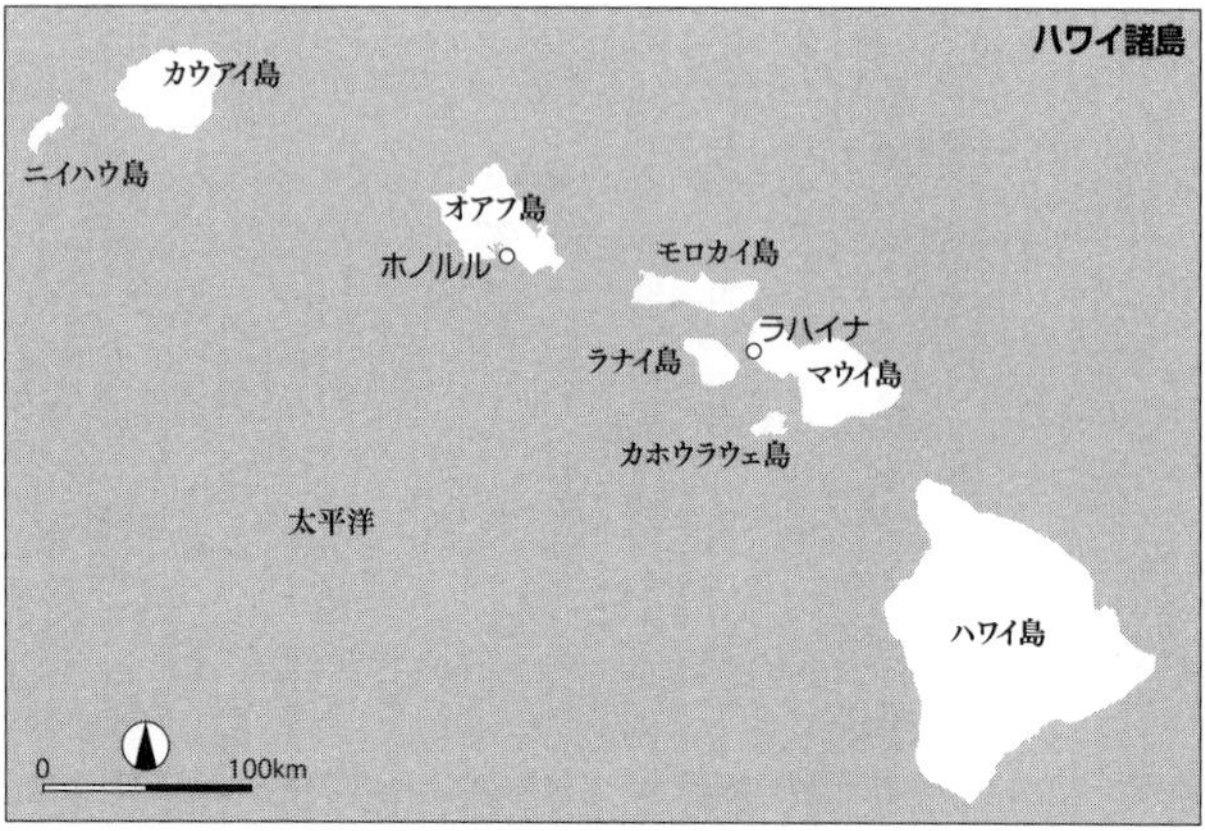

ウイ島のサトウキビ列車である。観光用に十キロほどの区間で運転しているに過ぎず実用の路線ではないが、蒸気機関車牽引の列車がほぼ毎日四往復も設定されていて、団体ツアーの島内観光コースにも組み込まれているという。

二〇〇九年（平成二十一年）七月初旬の週末、正午過ぎにホノルルから飛んできた私は、空港からタクシーに乗って、約四十キロ離れた西海岸のラハイナという街へ向かった。ラハイナは十九世紀半ばまでハワイ王国の首都だったところで、現在のサトウキビ列車はここが始発駅になっている。

ラハイナ駅では、13時発のプウコリイ行き列車が出発する直前だった。四両の客車を従えて、「マートル」（「ギンバイカ」という白い花のこと）の愛称名を側面に記した黒いSL三号機が煙を吐いている。

客車内には、日本人らしい団体ツアーの一団も乗車している。恰幅《かっぷく》の良いアロハシャツ姿の車掌が、一人でホームに現れた私を見て「乗るか?」と尋ねてきたが、この後にもまだ列車があるので首を振り、高らかな汽笛とともに出ていく列車を見送った。

私は空港から乗ってきたタクシーに再び乗り、プウコリイ駅へ行くよう指示。道路と並行する線路上を悠然と走るSLをあっという間に追い越し、途中でタクシーを停めて線路際に立ち、椰子並木《やしなみき》を背景にシュッシュッポッポと走るSL列車の通過を目の前で見送った。SLは乗るだけでなく、見るのも楽しい。

その後、再びSLを追い越して終点のプウコリイ駅に先回りした。片面のプラットホームに簡素な切符売場用カウンターが置いてあるだけの無人駅で、SLの向きを変える転車台はなく、その代り、大きな更地に三角形をした引込線が敷かれている。手前には車庫があり、古びた客車やディーゼル機関車が佇《たたず》んでいる。

そこへ13時35分、ラハイナからの三号機関車率いる列車がまた現れた。プウコリイ駅ホームを通過した列車は引込線に入るとすぐにSLが客車を切り離し、三角形の線路を前進・後進しながら向きを変えてラハイナ側に連結される。その様子を乗客は車内から、私は客車のそばに立って見ていた。

すると、向きを変えて客車に近づいてきたSLが突然、大量の蒸気を真横に噴き出し

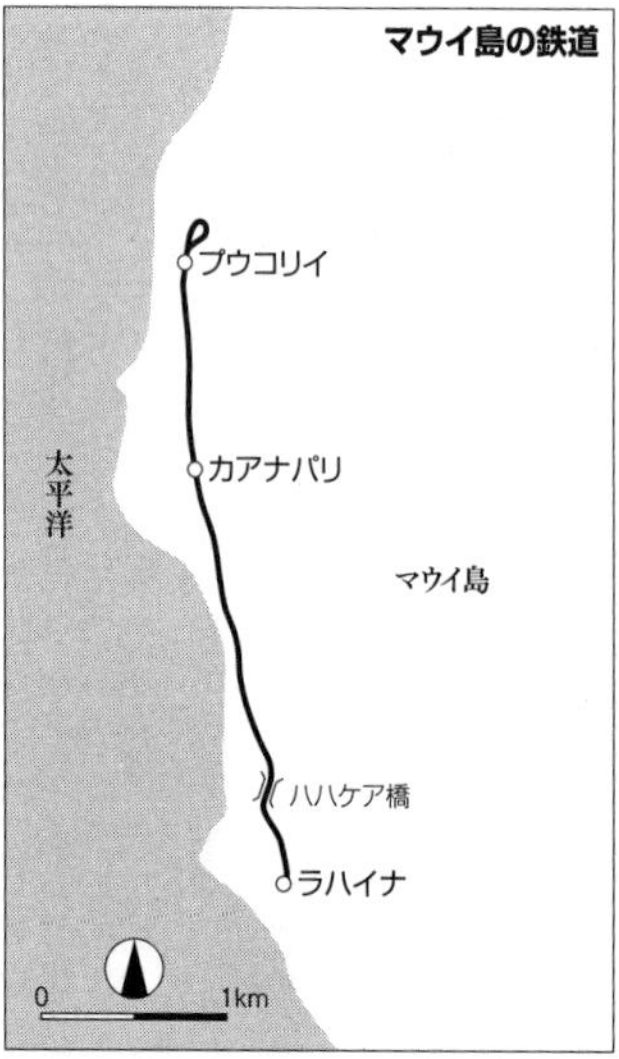

マウイ島の鉄道

た。客車内の乗客たちも線路際に立っていた私もかなりの水しぶきを浴びたが、乗客たちは面白がっている。列車到着のたびに行うイベントらしい。全身が濡れて笑顔の観光客を乗せた客車を反対側から再び牽引して、列車はようやくプウコリイ駅のホームに停車した。

折り返し運転となる13時45分発の上り列車に乗り込むと、五分遅れて出発。車の往来が激しい道路を挟んで、右側に紺碧《こんぺき》の海が広がる。窓がないオープンスタイルの客車内に心地好い風が吹き込む。先頭のＳＬは重油燃焼式なので、石炭の匂いはしない。

わずか四分ほどで中間駅のカアナパリに到着すると、そのＳＬに給水が行われる。その様子を見に来た乗客の前で、車掌はわざと派手に水を出してＳＬからドッと溢れるように見せている。若い日本人女性客たちが、その様子を見て歓声を上げている。

この車掌、日本人の乗客には「テリー」とカタカナで印字された日本語併記の名刺をくれるし、走行中は片言の日本語で車窓の見どころなどを教えてくれる。車内には日本語の列車案内文も用意されている。13時57分、カアナパリを発車。

この路線の現在の正式名称は「ラハイナ・カアナパリ&パシフィック鉄道」という。マウイ島では一八八三年から一九五三年まで軌間七百六十二ミリのサトウキビ列車が走っていたが、一九六九年に軌間九百十四ミリで観光鉄道として復活したのである。この列車の先頭に立つ三号機関車は一九四三年にペンシルヴェニア州ピッツバーグで製造され、オハイオ州の石灰石採石場で運用されていたものを譲り受けたものだという。

遠目に太平洋を眺めながらゴルフ場の中などを走り抜け、14時04分、沿線最大の見どころとされるハハケア橋という木製の橋に差しかかる。テリー車掌が「モウスグ、ハシ(橋)」「ジョウキ(蒸気)、出マス」と日本語で客車内をアナウンスして歩く。

右方向へ緩やかにカーブしながら、木で組まれた橋梁をギシギシと渡っていく。背が高い椰子の木の向こうに見える青い海とその先にぽっかり浮かぶラナイ島の眺めを、ＳＬが真横へ噴き出す大量の白い蒸気が遮る。

木橋の後は高台から海を見下ろす場所をゆっくりと下り、14時19分、ラハイナに到着。プウコリイから三十分弱、表定時速は二十キロ以下であった。

翌日は、オアフ島の保存鉄道を訪ねた。ワイキキビーチから車で三十分ほどの郊外へ出たエヴァというところにトロッコ列車の発着駅があるのだが、『地球の歩き方』にも載っておらず、マウイ島のSLに比べると知名度は低い。正午にワイキキ前のホテルからタクシーに乗ったら、運転手がこの鉄道の存在を知らず、運転手が私の所持する地図を見たり歩行者に道を尋ねたりして時間がかかった。ハワイの観光客向けタクシーでこういう経験をすることは滅多にないだろう。

マウイのSLは一人旅だったが、今日はホノルルで待機していた妻と娘が一緒である。生後八ヵ月の我が娘は、生まれて初めて乗る外国の列車がこのオアフ島の保存鉄道ということになる。叔父の結婚式で来たはずの異国の地で、何にも用事がないのにベビーカーごと汽車に乗せられ、おかしな父親の下に生まれたと思っているかどうかは、まだ喋《しゃべ》れないので定かでない。

ようやく見つけたエヴァ駅は、島内各地から集まってきた白人観光客で賑わっていた。日本人を含め、アジア系と思われる乗客の姿はない。『地球の歩き方』に載っていないせいだろうか。今回のハワイ滞在中に「他に日本人がいないハワイ」を経験したのは、ホテルの自室内を除けばここだけだ。

この路線は、オアフ鉄道という廃線の一部であった。オアフ鉄道はハワイがアメリカに

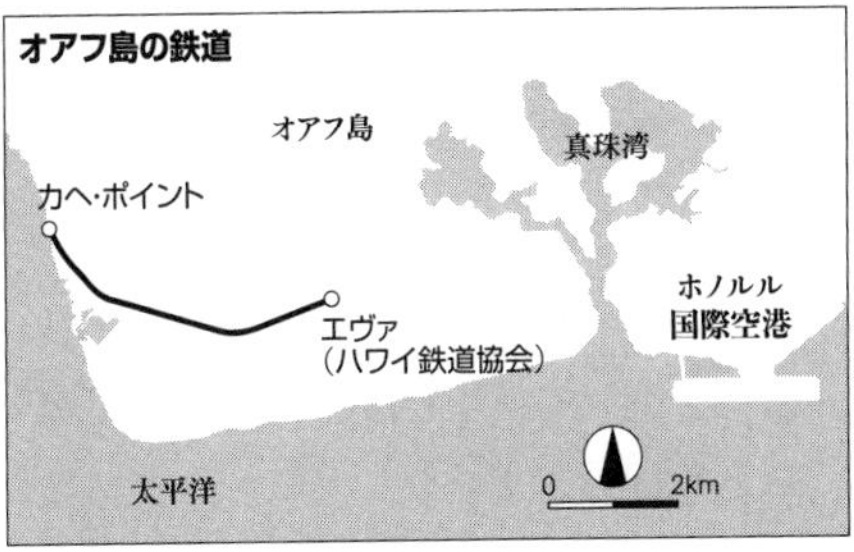

併合される前の一八八九年にホノルルから真珠湾までの区間が開通。以後、軌間九百十四ミリの産業用軽便路線として、島内各地に路線が延長された。貨物列車だけでなく、沿線住民向けの旅客列車や、休日には観光客向けの展望車付き急行列車まで走っていたという。第二次世界大戦直後にほとんどの区間が廃止となったが、地元の有志によってハワイ鉄道協会という非営利組織が設立され、オアフ島の鉄道の歴史を今に伝えるべく動態保存運転を行っているのである。

そのようなボランティアに近い運営方式のため、列車が走るのは毎週日曜の13時と15時の二回だけ。この乗車機会の少なさも、マウイのＳＬに比べて日本人に知られていない一因と思われる。牽引するのもＳＬではなく米海軍払下げの凸型ディーゼル機関車で、鉄道愛好家ならともかく、一般の観光客にとっては地味な印象が否めない。

ただ、エヴァの車両庫には、朽ちかけた多数の古典客車に混じって、一九〇〇年に製造された展望デッキ付きの特別客車が大切に保存されていて、こちらは毎月第二日曜日に限り、予約と特別料金で実際に乗車できる。ハワイ王朝最後の女王リリウオカラニも乗ったとかで、文化財級のクラシックなVIP車両の旅を体験できるとあって人気が高いそうだ。あいにく、今日は第一日曜日のため車庫に眠っていたが、シックなダークグリーンの外観と、窓の外から覗き見えるマホガニーや真鍮《しんちゅう》を用いた重厚な車内を物珍しそうに眺める観光客の姿が絶えなかった。

肝心のトロッコ列車には、昔懐かしい厚紙式の硬券切符に鋏《はさみ》を入れて、順序良く整列乗車する。客車は一九四〇年代に米軍が製造したという屋根なしの貨車（無蓋貨車）を改造したもので、屋根とベンチを取り付けた五両編成。いずれの客車もほぼ満席となり、13時05分、鐘の音と警笛を鳴らしてエヴァのホームを発車した。廃車や保存車両が雑然と並ぶ車両庫を左に見て、荒地の中をゆっくりと走る。

車内は木製のベンチが左右両側に背中合せで並べられている。列車の横から前方を見ようとしたら、乗務員から「立たないように」と注意された。走行中は安全確保のため立ち上がらないように、というルールになっているという。確かに、軌間が狭く車体が小さいため、ベンチを中央に並べたトロッコの中は歩くこともままならない。娘が乗っているベビーカーをそのまま車内に運び込んだので、私たちの客車内はさらに狭くなっている。

もっとも、この国では小さな子連れ家族をさまざまな場面で優遇する習慣が根付いているようで、長い行列を免除されたり両親ともどもも特別席を用意してくれたりするし、他の利用者もそれを当然視してくれるのが有難い。人生初の海外鉄道乗車の感慨も覚えずベビーカーの中ですやすや眠る娘を、近くの席の男の子が覗きこんでニコニコしているし、家族連れの親が私たちに「どこから来たの？　この子はいくつ？」と話しかけてきて会話が始まることもしばしば。私の隣に座っていた中年男性は、「親父が昔、横田基地に勤務していたよ」と言って笑った。

快晴とあって車窓の右遠方の青空には緩やかな丘陵の稜線を望むことができるが、左側は雑木林や工場が続く。灌木《かんぼく》と繁みが広がる荒れ果てた原野は、ワイキキ付近の喧噪《けんそう》とは別世界である。

出発から二十五分ほど経った頃、ゴルフ場や整地された芝の庭を持つ高級住宅が並ぶ一角を通り抜けたところで、ようやく車窓左手にエメラルドグリーンのハワイの海が現れた。列車はまもなく海岸線に迫り、磯に波が砕けるさまや穏やかな浜辺を間近に眺めながら貿易風を全身に浴びて走る。

その海岸線と車道に挟まれた小さな木立の中で、13時43分、トロッコ列車は停車した。エヴァから九・七キロ離れたカヘ・ポイントという場所で、線路はまだ先へ続いているが列車の運行区間はここまで。単線鉄道なので、今度は機関車が客車を最後尾から押してエヴァに戻るのだ。

駅ではないので、ここで下車することはできない。乗務員から各客車の乗客に対し、全員で一斉に立ち上がって、時計回りに客車内を半周して着席場所を変えるように指示が飛ぶ。往路と復路で、全ての乗客が海側と山側の両方の車窓を楽しめるように、という配慮である。私たちも狭い車内でベビーカーを押して海側から山側へ回った。

九分間だけ停車して、13時52分に逆方向へ動き出す。相変わらず、ガタガタと揺れてスピードは上がらない。午後の陽気と揺れ具合、そして海辺を離れれば単調な景色が続き、程良い眠気に誘われる。

そんなとき、先ほどの高級住宅地の中で、子供が白亜の邸宅から飛び出してきて、芝の上を走って我がトロッコ列車と競走を始めた。やや退屈していた乗客たちが、歓声を上げて応援する。途中までは子供の足の方が速かったと言えば、列車ののんびり具合が理解できるだろうか。快適な設備、派手なアクティビティー、そして優雅な結婚式場とも全く無縁だが、ハワイにはこんなところもあるんだな、と思わせてくれる二時間弱のオアフ鉄道紀行である。

世界最高地点を行くアンデスの鉄道

▼ペルー

二〇〇六年にチベットへの鉄道が開通するまで、世界で最も高い場所を走る鉄道と言えば、ペルーのアンデス中央鉄道であった。標高五千メートル近い高地での比類なき雄大な車窓は、世界中からやって来た旅行者を魅了し、「世界で最も高い場所を走る鉄道」としての名声を不動のものとしていた。

アンデス中央鉄道は、日本では「ペルー中央鉄道」という名で知られてきた。これは、作家・宮脇俊三が一九八四年（昭和五十九年）に乗車した際の紀行文『アンデスの高山列車』（『汽車旅は地球の果てへ』一九八九年、文春文庫所収）で同鉄道がそう呼ばれている影響が大きい。何しろ、同作品が発表されてから二十年以上が経過しているにもかかわらず、日本語によるまとまった乗車記録や紀行作品が他にほとんど存在しないのだ。この路線での旅客列車の運行機会が著しく減少して、行きずりの旅行者が気軽に乗れる状況ではなくなっ

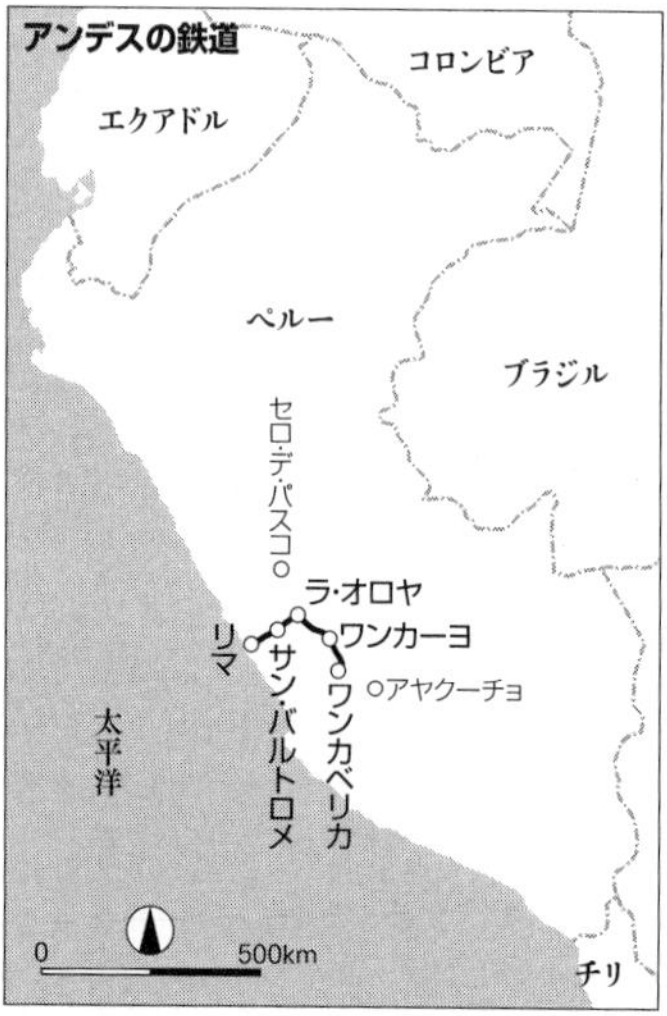

てしまったからである。

ペルーの鉄道の歴史は一八五一年五月十七日、首都のリマから太平洋に面した港湾のカヤオまでの十四キロが開通したことに始まる。これは、日本の鉄道開業（一八七二年、新橋〜横浜間）より二十一年早い。当時の日本は徳川第十二代将軍家慶《いえよし》の治世で、ペリーが黒船を率いて浦賀に来航したのはその二年後のことであった。

もともとこの鉄道は、ペルー中部からの鉱物輸送を目的として計画された。アンデス山脈の懐深く、標高三千七百二十六メートルの高地にあるラ・オロヤでは銅や錫《すず》が産出する。これをカヤオ港へ運搬するために、峻険な山岳地帯を横切る鉄道が建設されたのだ。ラ・オロヤまでの二百二十二キロが全通したのは一八九四年。その後、路線はラ・オロヤから二手に分かれ、一九〇四年には百三十二キロ北方のセロ・デ・パスコまで、一九〇六年には百二十四キロ南方のワンカーヨまでの路線が開通している。

標高五千メートル近い高地から海抜ゼロメートルの港湾までの間を、わずか二百キロあまりで結ぶという空前絶後の山岳路線は、建設時に多大な費用と犠牲を伴っただけでなく、開業後も高地での困難な線路保守や、一九三五年に開通した並行道路を走る自動車との競争などに苦しみ、採算は厳しかった。財政難の末、民営だったペルー国内の鉄道は一九七二年に国有化され、ペルー国鉄として再スタート。カヤオ〜ワンカーヨ間を中心とする路線網は中央鉄道という管理局の下で運営されることとなる。前掲『アンデスの高山列車』で用いられている「ペルー中央鉄道」という呼称は、この体制下での路線名である。

その後、一九八一年に全株政府所有の株式会社となるなどの変化はあるものの、基本的には公営鉄道としての時期が続いたが、一九九九年になってペルー国鉄は再び民営化される。その際、国内に散在する路線は四つの新会社に分割され、中央鉄道のカヤオ〜ワンカーヨ間三百四十七キロはアンデス中央鉄道となって現在に至っている。

なお、ラ・オロヤ〜セロ・デ・パスコ間百三十二キロの路線は、一九七四年以来、国営のペルー中央鉱山公社の管理下にあったが、一九九九年のペルー国鉄再民営化と同時にアンデス中央鉄道に統合されている。

一九八〇年代までは、リマ〜ワンカーヨ間三百三十二キロに一日一往復の昼行定期列車が走っていた。だが、一九九二年に、当時ペルー国内で活発だった反政府ゲリラが貨物列車を対象とした線路爆破テロを起こし、中央鉄道は半年近い運休を強いられる。のちに週一往復に減便されて一度は復旧したものの、結局、旅客の利用減少なども手伝い、程なく定期の旅客列車は姿を消した。リマ〜ワンカーヨ間の場合、旅客列車は定時運行でも当時約九時間を要したが、並行する国道を走るバスを利用すれば約六時間しかかからず、しかもバスの方が運行本数も多いため、利便性の面でも勝負にならなかったものと思われる。それ以来、アンデス中央鉄道では定期の旅客列車は運行されておらず、基本的には貨物専用線となっている。

ただ、首都のリマから六十二キロ東方のサン・バルトロメまでは、週末を中心に観光専用列車が時折運行されるため、片道二時間程度の軽い汽車旅を楽しむことはさほど困難ではない。二〇〇五年の場合、六月から十月まで隔週の日曜日にリマから一往復が運行されている。

これに対してサン・バルトロメの先、標高四千七百八十二メートルに及ぶ世界の鉄道最高地点を通ってラ・オロヤや終点のワンカーヨまで旅客列車が走る機会は、現在では非常に少ない。「トレン・デ・ラ・シエラ」（スペイン語で「山岳列車」）という愛称を持つワンカーヨ行きの列車は、二〇〇四年には六・七・八・十月に各一往復、二〇〇五年は七・八・十月に各一往復が運行しただけだった。しかも、二〇〇五年の当初の運行予定日は七月末のたった一回しか発表されず、八月と十月はその一度きりだったはずの運行後に急遽追加された日程である。

その貴重な年一回（となっていたはず）のワンカーヨ行き特別列車の乗車券を、私は幸運にも入手できた。運行日は二〇〇五年（平成十七年）七月二十八日、ペルー共和国にとって百八十四回目の独立記念日である。チベット鉄道がまだ開通しておらず、「世界で最も高いところを年一回だけ走る列車」に乗るために、世界中から観光客が集まってきていた。前回の運行は前年（二〇〇四年）の十月だったから、実に九ヵ月ぶりの旅客列車ということになる。

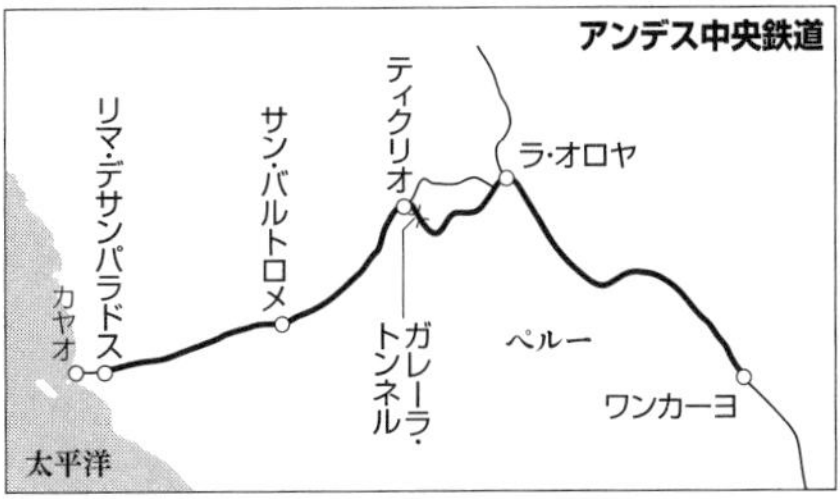

アンデス中央鉄道の〝リマ中央駅〟とも言うべきデサンパラドス駅は、スペイン統治時代の面影を残す官庁街に程近いペルー政庁の真裏にある。独立記念日は、政庁やその付近で実施される記念行事のために警察が未明から厳重な警備態勢を敷いていて、一般の自動車は駅から遠く離れた大通りで通行止めにされてしまう。

南半球のペルーでは、七月は冬の真っ最中。タクシーなどで駅に向かう「山岳列車号」の乗客は、駅から遠く離れた場所で車を降りて、静寂に包まれた夜明け前の官庁街を歩かなければならない。

兵士や警察官ばかりが随所に立つ厳戒態勢の政庁前から脇道へ入ったその突き当たりに、アンデス中央鉄道デサンパラドス駅舎が建っていた。今や一ヵ月に多くても二〜三回しか旅客列車が発着しないが、小さいながらも正面中央の最上部に時計塔を配したクリーム色の瀟洒な石積み駅舎は、政庁をはじめとするリマ旧市街のコロニアルな景観に違和感なく溶け込んでいる。

だが、その数少ない旅客列車発着日であるにもかかわらず、乗客は駅舎の中には入れず、駅舎の脇の通用門から細長い歩道に列を作って、小雨のぱらつく早暁の寒空の下で駅構内への入場をじっと待っている。

実は、観光列車の運行日であっても、乗客は駅舎の中には入れない。デサンパラドス駅舎はすでに鉄道駅としての機能を有していないのだ。滅多に列車が来なくなった駅舎は、不定期の文物展示ギャラリーなどに転用されているのである。この日、デサンパラドス駅舎の正面には、漢字で「中国少数民族文化展」と大書された垂れ幕が下がっていた。

乗車前日、駅舎を見物に来たらこの展覧会が入場無料で開催中だったので、これ幸いと駅舎の中に入った。正面入口から大きな吹抜けのホールへ階段を下りていくと、宮殿様式の柱が四方を取り囲み、天井には鮮やかなステンドグラス。

ホールに並ぶ展示品やパネルの裏にはホームへと通じる扉があり、隙間からホームを覗くことができる。頭上には「SALIDA」（スペイン語で「出口」のこと）という標識が下がっている。かつて中央鉄道の乗降客は、ここを通ってホームに出入りしていたのであろう。だが、鉄製の扉には太い錠前がかけられ、鉄道旅客のためにこの出入口が利用されている様子はない。現在、観光列車の発着時には、旅客は駅舎横の通用口を通ってホームに出入りする方式になっている。リマの玄関駅であるデサンパラドス駅舎は、今や鉄道利用者と全く無縁の存在なのだ。

中央ホールに隣接する個室は展覧スペースに供されていて、この出入口以外に存在する鉄道駅としての面影は、駅舎の出入口付近に残された、乗車券売場と思われる小さなボックスだけ。それも、もう何年も前から閉め切って使用していないように思われた。

6時半、ようやく空が白み始めた頃、通用門が開けられた。駅舎の脇を通って、ホームに停車する「山岳列車号」と対面。昨年（二〇〇四年）十月以来、九ヵ月ぶりに運行されるワンカーヨ行きである。年に三回しか走らないのに客車を保有しているのはもったいない気もするが、隔週で走るサン・バルトロメまでの日帰り列車もこの車両を利用しているのだろうか。

ただ、ワンカーヨ行きはサン・バルトロメ行きと異なり、客車に一等・二等の区別はない。今日の編成はディーゼル機関車が赤と黄色に塗り分けられた客車六両を牽引する七両編成。客車の銘板を確認したところ、前三両は一九五二年英国シェフィールド製、後ろ三両は一九八二年ルーマニア製となっていた。アンデス中央鉄道の軌間は千四百三十五ミリ、日本の新幹線と同じ国際標準軌なので、機関車も客車も図体が大きい。

車内は車両によって微妙な差はあるが、基本的にはいずれも四人掛けのボックスシートで、各ボックスには真っ白なテーブルクロスに覆われたテーブルが設置されている。食事や飲み物などは乗務員が座席まで運んでくれるシステムだ。

出発前の短時間で駅構内を見学するが、始発駅なのにホームは駅舎側の一番線のみ。側線は一本もなく、中央ターミナルの趣きはどこにもない。アンデスの山奥から鉱石をカヤオ港へ運ぶために造られた中央鉄道にとって、旅客専用駅などもともとどうでもよい存在なのだろう。スペイン語で「放棄される」を意味する「デサンパラドス（Desamparados）」という単語が駅名となっているのが、どこか示唆的にすら感じられる。

霧雨に包まれた山岳列車号は7時11分、出発を告げるホームの鐘の音に送られて、うら寂れたデサンパラドス駅を静かに離れた。

単線非電化の路線はリマ市内の下町を貫いている。廃棄物処理場や貧民街のような埃《ほこり》っぽい場所を、列車は「プァーン」という大きな警笛を鳴らしっ放しにして走る。

7時37分、最初の通過駅となるサンタ・クララ駅のホームが車窓を掠《かす》める。側線に居並ぶ貨車に混じって、一両だけ古びた客車が鎮座している。おそらくはもう使用されることのない、かつての定期列車用客車と思われる。

駅自体は人口密集地の中にあり、茶褐色のレンガを積んだ粗末な人家がひしめいている。ただ、定期運行の旅客列車がない以上、駅は大勢の近隣住民の日常生活とは全く関係ない存在と化している。忘れ物のように放置されているあの客車をこの近所の住民が最後に利用したのは、どのくらい前のことだろうか。

この付近は、リマとワンカーヨとを結ぶ国道が線路の右側に並行して続いている。その道路に面した白壁に、「FUJIMORI」という文字が大書されているのをたびたび見かける。似顔絵が描かれている場合もある。

ペルーを旅行すると、現地の人はこちらが日本人であると知るや、フジモリ元大統領の名を挙げる人が非常に多い。会う人会う人にスペイン語の発音で「フヒモリ」の名を連呼され、車窓に繰り返し現れては消える「フジモリ」の名を見ると、支持するかどうかは別にして、氏の存在そのものがペルー人の中で日本のイメージと強く結びつけられており、多くの国民の間で大きな存在感を有していることは確かによくわかる。

8時を過ぎた頃、乗務員が朝食の注文を取りに来る。チーズチキンバーガーとコーヒ

アンデス中央鉄道時刻表(2005年)

1	*71*		km	列車番号		*72*	*2*
830	830	発	0	**リマ・デサンパラドス**	着	1810	1900
レ	レ	〃		サンタ・クララ	発	イ	イ
レ	レ	〃	12	ヴィタルテ	〃	イ	イ
レ	レ	〃		ワヤカン	〃	イ	イ
レ	レ	〃	24	ニャニャ	〃	イ	イ
レ	レ	〃		チャクラカーヨ	〃	イ	イ
※①	レ	〃	40	チョーシカ	〃	イ	※①
※②	1030	着	62	**サン・バルトロメ**	〃	1600	※②
※①	…	発	89	マトゥカナ	〃	…	※①
※①	…	〃	105	ヴィソ	〃	…	※①
※①	…	〃	106	タンボラケ	〃	…	※①
レ	…	〃	109	アルリ	〃	…	イ
レ	…	〃	113	サン・マテオ	〃	…	イ
レ	…	〃		カクレー	〃	…	イ
レ	…	〃	121	リオ・ブランコ	〃	…	イ
レ	…	〃		コパ	〃	…	イ
レ	…	〃	127	チクラ	〃	…	イ
レ	…	〃	132	サルタクナ	〃	…	イ
レ	…	〃	139	カサパルカ	〃	…	イ
レ	…	〃	141	パックス	〃	…	イ
レ	…	〃	141 ※③	ジョンストン	〃	…	イ
レ	…	〃	146	チンチャン	〃	…	イ
レ	…	〃		ティクリオ	〃	…	イ
※②	…	〃	159	ガレーラ	〃	…	※②
レ	…	〃	165	ヴィスカス	〃	…	イ
レ	…	〃	180	ヤウリ	〃	…	イ
レ	…	〃	184	マール・トゥネル	〃	…	イ
レ	…	〃	192	カット・オフ	〃	…	イ
1500	…	〃	208	ラ・オロヤ	〃	…	1030
レ	…	〃		ワリ	〃	…	イ
レ	…	〃		パチャカーヨ	〃	…	イ
レ	…	〃		リョクリャパンパ	〃	…	イ
レ	…	〃		タンボ	〃	…	イ
レ	…	〃		ハウハ	〃	…	イ
レ	…	〃		ワマリ	〃	…	イ
レ	…	〃		マタワシ	〃	…	イ
レ	…	〃		コンセプシオン	〃	…	イ
レ	…	〃		サン・ヘロニモ	〃	…	イ
1900	…	着	332	**ワンカーヨ**	発	…	700

※① 運転停車(乗客は車内で待機)
※② 観光停車(乗客は車外へ出られる)
※③ パックス〜ジョンストン間の距離は200mなので、整数での距離表示は両駅ともリマから141kmとなる。
1/2列車…「Tren de la Sierra」(山岳列車号)。1列車の2005年の運転日は7/28、8/27、10/29の3回。2列車の運転日は全て1列車の3日後。
71/72列車…2005年は6月から10月までの隔週日曜日運転

ー、オレンジジュースだけで十五ソル（約五百三十九円）もする。三ソル（約百八円）前後で定食が食べられる市価に比べるとかなり高い。年間数回だけの観光列車としての性格がよく現れているが、街の中では見向きをしなくても、汽車の中で供されるとつい手を出してしまうのは私の習性なのでやむを得ない。

リマからのごみごみした市街地がようやく途絶え、茶色い大地に緑が増え始めた。左に渓流を見ながら緩やかな勾配をゆっくりと上っていく。その勾配の中腹に、巨大なターミナルが出現し、8時15分、構内中央のプラットホームに停車。標高八百六十メートルの別荘地、チョーシカである。

欧米人の乗客が何人か集まって、左側の車窓に注目している。見ると、ホームの向こうにある留置線の一番奥に、ワインレッドのレトロな客車が二両、それぞれ独立して停車している。洗浄線に入っているのは中間車、その隣に佇んでいるもう一両は片側が開放式の展望デッキになっている。気品のある色調の外装や展望デッキを見るだけで、特別な車両であることが窺える。展望車の車体の側面には、「19」という車両番号と「Paquita」という文字が見える。「パキータ」とはスペインを舞台にしたバレエ作品の名であり、その登場人物である娘の名でもある。

このパキータと名乗る十九号客車は一九三〇年に建造された英国スタイルの貴賓車で、

車内には重厚な調度品が配され、バスタブまで備わっているという。大統領専用客車と言われるが、ペルーの大統領が汽車で移動するなんてことがあるのだろうかとも思う。

それにしても、欧米人の乗客たちは貴重な車両をよくぞ見つけたものだ。後からだんだん判明してきたが、乗車機会が極端に少ないこの列車の乗客は、概ね半分くらいが外国人観光客、それも熱心な鉄道愛好家で占められているらしい。出身国はヨーロッパが多いが、私の他にも日本人、さらにアジアからは台湾から来たという若者もいた。情報が限られている中で、各自が雑誌や詳細な地図などさまざまな資料を持参してきている。

チョーシカに貴賓車がいるという情報も、誰かが事前に得ていたのかもしれない。国籍は違っても同好の士であることはすぐにわかるので、相互に資料を見せ合ったり窓側の席を譲り合ったりして、せっかくの貴重な乗車機会を皆で最大限楽しむために一致団結（?）する空気が車内に醸成されている。

わずか七分間の停車でチョーシカを後にすると、それまで山腹の視界を閉ざしていた濃霧がようやく晴れ、今日初めて、青空と太陽が顔を覗かせた。山の斜面には立ち枯れのようなサボテンが点在するのみで、あとは土塊ばかりが剝き出し。車窓左手に傾斜の緩い渓谷が続く。

平地は姿を消して地勢が険しくなり始める。8時44分、今日最初のトンネルを一分以上かけて通過。何度か小さな村落を通過するたびに、もはや遺跡となり果てつつあるプラットホームを目にする。

何度目かの集落は緑に覆われた小さな平地にあり、そのわずかな平坦地に、スイッチバック式のサン・バルトロメ駅が設けられていた。9時03分到着、標高は千五百十三メートル。日本の鉄道最高地点であるJR小海線の千三百七十五メートルをすでに上回っている。ここでリマを出てから初めて、乗客が車外に出ることを許された。

小さな木造駅舎を備えたサン・バルトロメ駅には転車台があり、先頭に立っていたディーゼル機関車が方向転換のためにこの転車台の上に移動する。ディーゼル機関車が方向転換するとは珍しい光景だが、作業員が三人がかりで台を押して回転させていく。

機関車が編成の最後尾に連結され、方向転換が無事完了すると、9時16分、山岳列車号は逆向きに動き出す。今通ってきた線路を右下に見下ろし、左側の坂道へと進入。このサン・バルトロメまではほぼ二週間に一度の割合で観光列車がやって来るが、ここから先は、旅客列車の運行機会がほとんどなくなってしまった〝幻の鉄道〟同然の区間となる。

九ヵ月ぶりの旅客列車は、サン・バルトロメまでにも増していっそう峻険な山道を上り始めた。

山の形をなぞるようにカーブを繰り返しながらゆっくりと勾配を上っていくと、眼下に今来た線路が見下ろせる。サン・バルトロメの駅もたちまち小さな点のようになって、谷の下に遠ざかる。線路が山峡に描く弧線は百八十度近くにまで広がり、一望する谷の全景はジオラマのように見える。車内の乗客も、その雄大な車窓をカメラやビデオに収めようと落ち着く暇がない。一瞬たりとも目が離せないほど、絶景の連続なのである。

単線の線路は、長いトンネルは基本的に利用せず、谷底を流れるリマック川の渓流に合わせるように右へ左へと蛇行する。谷の形を縁取るようにカーブすると、いつのまにか川の対岸に移動していたりする。その過程でも少しずつ高度を上げている。傾斜面は植生がほとんどない不毛の地なので、上り坂になった線路が列車の前にひたすら続く様子がよく見通せる。窓の下の傾斜面は吸い込まれそうなほどに切り立っていて、脱線したらしい車両が崖下に転がっている場面にも出くわす。

見晴らしの良い丘の上まで来たと思ったら、前方に新たな山並みが現れる。眼下には通り過ぎてきた線路が二重、三重に谷底へと連なる。浮世を離れたような壮大な景観だが、そんな山の中にも小さな村落が存在する。10時03分、そうした村落の一つ、マトゥカナに到着。標高は二千三百九十メートル。セミループ線を何度も繰り返して上ってきたが、それでもまだ、四千七百八十二メートルに達する最高地点、ガレーラ・トンネルのほぼ半分でしかない。

マトゥカナ駅は小さいながら駅舎もあり、広い側線を有している。転車台も健在だ。村の人たちが、久々にやって来た旅客列車を珍しそうに眺めている。

客車のドアは開けられないまま、10時06分発車。引き続き、リマック川の渓谷を左手に見ながら砂礫《されき》の斜面を上っていく。

列車を取り巻く乾燥した岩肌の傾斜の角度が、少しずつ急になってきた。峡谷の幅が狭まり、車窓に対岸の岩壁が圧迫感を持って迫るような場所が多くなってきた。

10時23分、そんな険しい渓谷の途上で停車。車内放送が「ただいまヴィソに到着。スイッチバックする」と告げる。間髪容れず、列車は後ろ向きのまま徐行運転で坂道を上っていく。四分ほどで坂の頂上にあるトンネル前で停止し、再び前進を始めると、たった今上ってきた線路が崖の下へと消えていく。三段式スイッチバックである。

アンデス中央鉄道では、こうした三段式スイッチバックが頻繁に繰り返される。それらのスイッチバックは、中央鉄道の建設企画者の名を取って「ミーグス式V字駅」と呼ばれている。

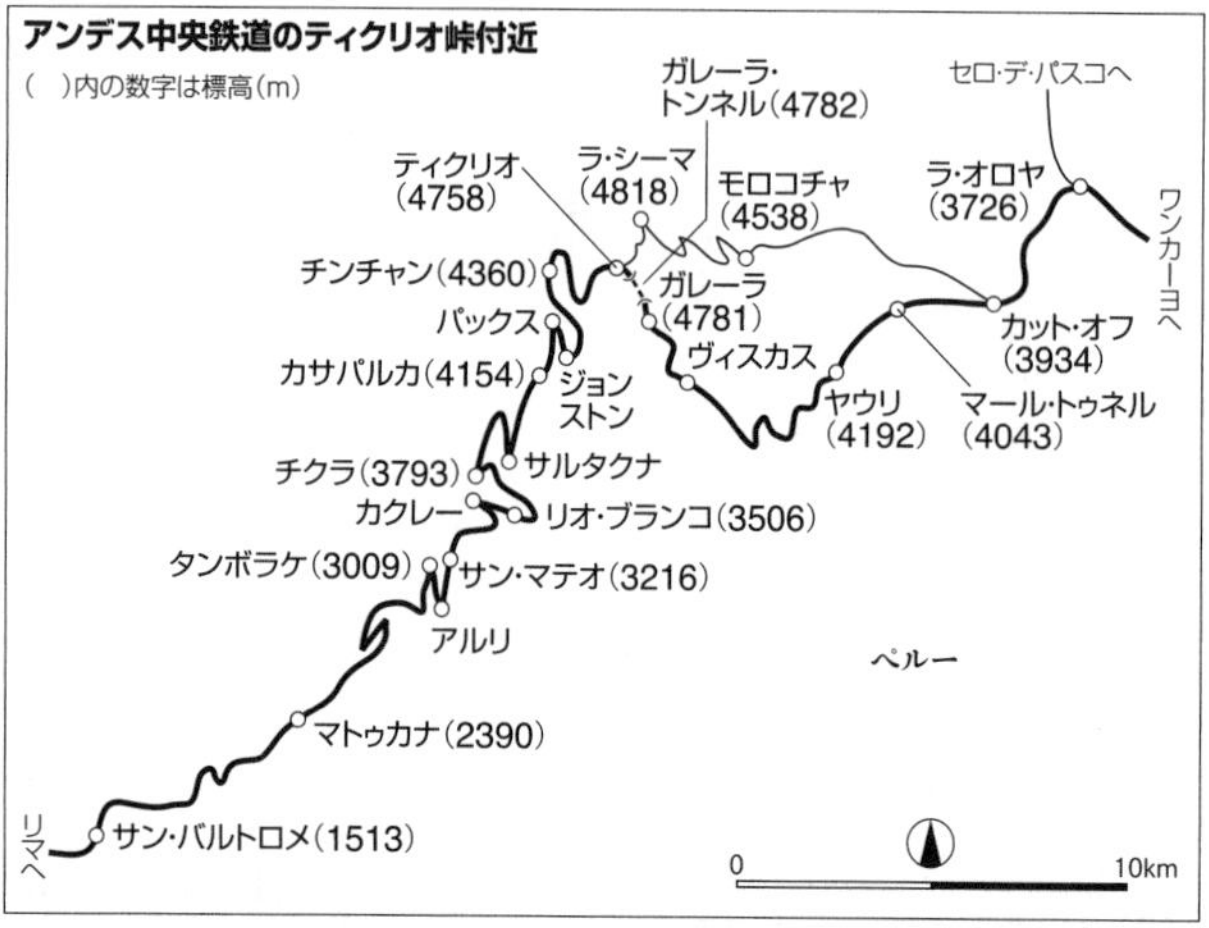

アンデス中央鉄道のティクリオ峠付近

十九世紀末に中央鉄道の建設を企画したアメリカ人技師のヘンリー・ミーグスは、最大で四十四パーミルに達するアンデスの急勾配を克服するために、トンネル六十九ヵ所、鉄橋五十八ヵ所、そして二十二ヵ所のスイッチバックを採用した。三段式スイッチバックの場合、最初に停車して後ろ向きで勾配を上り、坂の頂上で再び前向きになって進むが、中央鉄道のスイッチバックは第二段階である後ろ向きでの走行距離が長い。このため、ミーグス技師は、方向転換時に機関車の向きを変えて先頭に付け替えられるように、スイッチバック駅には転車台を設置し、駅の配線をV字形に設計したのである。

もっとも、現在では機関車の向きをいちいち変える必要はないようで、サン・バルトロメで方向転換したディーゼル機関車は三段式スイッチバックに差しかかると、編成の最後尾から連なる貨車や客車を押し上げていき、そのまま再び先頭車となって前進を続けるようになっている。リマ～ワンカーヨ間にはサン・バルトロメのスイッチバックを除き、こうした三段式スイッチバックが全部で六ヵ所存在する。

谷底のリマック川は、いつのまにか水が枯れている。線路際には、崖の上から落ちてきたのか、巨石がゴロゴロ転がっている。少し視界が開けて平地ができると、まるで砂漠の中のオアシスのように濃緑の木々が集まり、10時41分、標高三千九メートルのタンボラケ着。駅のすぐ先でまたスイッチバックし、編成の最後尾を先頭にした推進運転で急坂をゆっくり上る。近隣で産出するらしい鉱石の採掘施設のような場所で停止し、再度前進。一度の三段式スイッチバックで、一気に相当の高度をかせぐ。眼下には谷底に張り付いたようなタンボラケ駅が遠望できる。

だが、山道を上っても上っても、また新たな山が現れ、まるで列車がアリ地獄を這い上がるかのように、いつまで経っても列車は岩壁の中腹をへばりつくように走り続ける。切り立った断崖の角度はついに垂直近くにまで達している。その峻険ぶりは函谷関《かんこくかん》も物ならず、万丈の山・千仞《せんじん》の谷が前に聳え後《しりえ》に支《さそ》う「箱根八里」の歌詞の様相を呈している。霧が谷を閉ざすこともなく、山を巡る小さな雲は低い位置を流れ、高山植物の植生が見られるようになってきた。

狭まった幽谷を鉄橋で跨ぐ場所も増えてきた。車内放送が、アメリカ製の旧式鉄橋を渡るので車窓に注目されたし、と告げる。鉄骨を組んだ古めかしい鉄橋が、JR山陰本線の余部《あまるべ》鉄橋（鎧～餘部間）のようにすっくと聳え立ち、列車は谷の空中を優雅に舞うかのようにゆっくりと横断する。11時15分、何度目かの鉄橋の上で、今度は列車が停止。乗客は、吸い込まれそうな高さの脚下を窓から見下ろして歓声を上げる。この橋は、アンデス中央鉄道の数ある鉄橋の中でも最も美しいと言われるインフェルニーリョ橋。停車の理由はもちろん、乗客サービスだ。

この路線の大きな特色は、「線路が前進せずに上昇する」ところにある。長大なトンネルをほとんど通らず、起伏の激しい地形になるべく逆らわずに、スイッチバックやセミループを繰り返しながら、ぐんぐんと標高を上げていく。十数分前に通過した駅や線路が車窓の遥か眼下に見下ろせるということは、その位置に上ってくるまで、列車は実質的にはほとんど前へ進んでおらず、ひたすら上へ上へと高度をかせぐことに徹しているわけだ。そして、丘陵の高い位置まで来れば、谷の全体と山々の狭間からさらに遠方の峰々を望むことができる。そんな場面が途切れることなく続くのである。直線距離ならば、リマから半分以下の距離で到達できるだろう。

そうやってアンデスの懐深くへと入り込み、11時38分、標高三千七百九十三メートルのチクラを通過。富士山（標高三千七百七十六メートル）よりも高い位置まで来ているが、こんな高地にも整備された村落があり、中心部にある広場では独立記念日のお祭りが賑やかに行われている。列車は町の外れでまた三段式スイッチバック線を上り、さらに高い位置から町が広がる盆地を一望しつつ、その盆地の外縁をなぞるように、オメガ（Ω）型のカーブを描いて走る。

富士山を高度の一目安とするのは私が日本人であるからだが、その富士より高い場所まで来ると、どうしても気になるのが高山病である。低地に住む人間が急に高地に上ったとき、気圧が低く酸素が少ない環境に身体が順応しない場合に起こる症状で、最悪の場合は死亡する。効果的な治療方法はない。『アンデスの高山列車』を著した宮脇俊三が、ペルー中央鉄道の乗車に際して最も恐れていた病気でもある。

私はチベットへ行ったときに高山病になったことがあるが、悪寒や吐き気にひどく苦しめられた。もう二度とあんな症状にはなりたくなかったが、「世界最高地点を行く山岳鉄道」の誘惑に負け、懲りもせずにこうして高山鉄道の乗客になっている。

尋常ならざる高度に達していることは、車内でも実感できる。リマから持参した菓子袋が気圧の低下によってパンパンに膨らんでいて、もう少し放っておいたら破裂しそうな状態だ。酸素ボンベを持った女性が車内を巡回している。ただ、幸いなことに今のところはかすかな頭痛を感じる程度で、体調に大きな異変はない。重篤患者が出現した様子もない。やがて標高はついに四千メートルを突破し、12時18分、標高四千百五十四メートルのカサパルカを通過。貨物列車が待機している。乾燥した褐色の山肌ばかりが目立つ尾根の彼方に、初めて白銀の雪山の姿が見えた。

標高四千三百六十メートルのチンチャンを出ると、線路は大きな弧を描いて反転する。チンチャン駅やその前後に延びる通過したばかりの線路が渓谷の右下に延々と続き、段違い平行棒のようにしばらく並んで走る。

ティクリオ峠の頂上が迫り、車窓に変化が生じ始めた。頭上まで聳える断崖の岩山は姿を消し、緩やかに波打つ薄緑色の草原が広がる。人家はほとんど見当たらず、アルパカの群れがのどかに草を食《は》んでいる。草原のあちこちに池とも湖ともつかない水溜《みずたま》りが点在し、澄み切ったそのブルーの水の色は神々しくさえある。

ふいに、左側の岩陰から線路が現れた。標高四千七百五十八メートルのティクリオ駅で

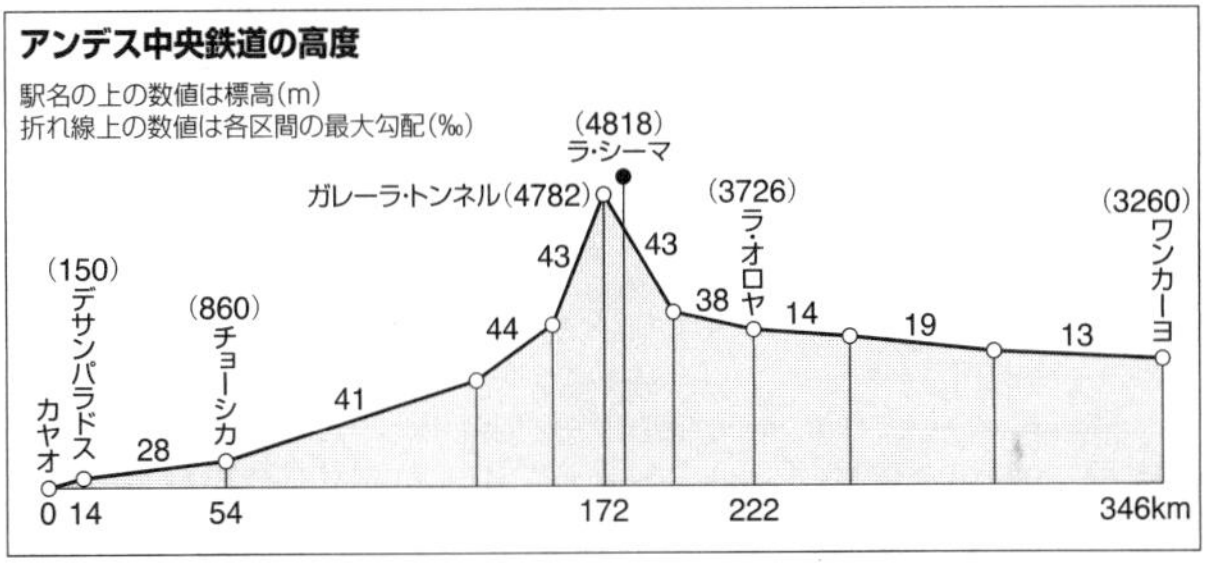

アンデス中央鉄道の高度

ある。ここで、中央鉄道の線路は二手に分かれる。我が山岳列車号は南側のガレーラ・トンネルを経由するが、これとは別に、北側のラ・シーマを経由する別線が存在し、ラ・オロヤの手前十六キロにあるカット・オフという駅で再度合流する。この別線の途上にあるラ・シーマの標高は四千八百十八メートルで、これは青海《チンハイ》チベット鉄道が開業に至っていない現時点における正真正銘の世界最高地点とされている。

ただ、この別線は貨物専用線なので、旅客列車は定期便が運行されていた時代から経由しなかった。それゆえ、鉄道の高所ランキングでは、一般旅客が到達できないため注釈付きで世界一とされるケースが少なくない。

とはいえ、世界で最も高いところを走る鉄道には違いないので、せめてその合流地点をこの目で確認したいと思っていたのだが、左手から出現したその別線の線路は、本線との合流直前で断ち切られていた。これでは列車は別線に立ち入ることすらできない。どうも、かなり前から廃線、あるいは休線となっている様子である。

この別線はモロコチャ支線と呼ばれていて、ティクリオの百四十三キロ先にあるモロコチャ鉱山地区から、銅やモリブデンといった鉱石を運搬する貨物列車が運行されていた。ただ、本線と合流するティクリオでは線形の関係上、リマやカヤオ港とを結ぶ列車は進行方向を逆にする必要があり、直通運転のネックとなっていた。モロコチャ鉱山地区は廃鉱になったわけではなく現在でも開発が行われていることからすると、鉱石運搬が自動車輸送に切り替わって鉄道の存在意義が失われてしまったのかもしれない。

モロコチャ支線が廃線同然ということになると、ラ・シーマはもはや厳密な意味でも世界の鉄道最高地点とは言えないことになる。『鉄道ギネスブック』（日本語版は一九九八年にイカロス出版より発行）や『ゲージの鉄道学』（鉄道史研究会著／岡雅行・山田俊明編、二〇〇二年・古今書院）によれば、ラ・シーマに次ぐのはボリビア国鉄にあるコンドール駅で、その高さは四千七百八十七メートルだが、こちらも現在は旅客列車の運行がなく、貨物列車ですら健在かどうか明らかでない。数は少ないとはいえこうして旅客列車が走るガレーラ・トンネルが、実質的な世界の鉄道最高地点と称されるのはそのためだ。コンドールの現状がはっきりしないので断言はできないが、名目上はコンドールに次いで世界第三位とされるガレーラ・トンネルが、すでに名実ともに世界一である可能性もある。

モロコチャ支線との元・合流地点を通過してすぐの12時55分、列車はそのガレーラ・トンネルに突入する。車内放送で案内があるわけではないが、サン・バルトロメからゆっくりと坂道を上り続けてきた列車は、トンネルの暗闇の途中で急に重石《おもし》が取れたように足取りが軽くなった。標高四千七百八十二メートル、世界の鉄道最高地点を通過したのだ。

わずか三分ほどで一キロあまりのトンネルを抜けると、荒涼とした原野の中に駅があった。ガレーラ駅である。12時59分到着、標高は四千七百八十一メートル。二〇〇五年七月時点において、旅客駅としてはここが世界で最も空に近い駅である。このガレーラ駅の標高については四千七百七十七メートルという説もある。標高の数値に複数の見解があること自体、人跡未踏の未知なる世界との感を強くする。

嬉《うれ》しいことに、乗客にサン・バルトロメ以来の下車が許された。「世界で最も高い駅」であることは、乗客の誰もが知っている。多くの乗客が車外へと飛び出した。

平屋の駅舎があり鉄道員が常駐しているが、周辺に人が住んでいるわけではない。構内には無蓋貨車や箱型の有蓋貨車が列をなして側線に留置されている。実態は駅というより信号場である。前方にさらなる高峰はもう見えず、線路はこの先、下り坂となって草原の彼方へと続いている。

線路の上をちょっと歩いただけなのに、すぐに息切れする。車外でタバコを吸おうとした乗客が「火がつかない」と話している。いずれも酸素が少ない証拠だ。13時10分、わずか十一分の滞在時間はあっというまに経過し、ガレーラを発車。観光列車なのだからもう少し停車時間に余裕があってもいい気がするが、あまり長い間乗客を車外で自由にさせると、急に高地に上ってきた乗客がはしゃぎ回って、高山病で体調を崩しかねないという配慮があるのかもしれない。

ガレーラからは草原の中を軽快に下っていく。列車のスピードが、ガレーラまでとは段違いに速くなった。高い位置から前方の草原全体を見下ろすと、人家や雑木林といった障害物がないので、相当に遠い位置まで視界が広がり、線路が草原の真ん中を貫いている様子をはっきりと展望できる。線路の長さではまだ一キロ以上先と思われるセミループ線の遥か先に、貨物列車がこちらの列車との行違いのために待機しているのが見える。草原に大きな曲線を描きながら徐々に高度を下げて接近し、13時23分、最初の視認から五分以上経ってようやくその貨物列車の待つヴィスカス駅を通過。

ただ、海に面している海抜ゼロメートルのカヤオから一気に上昇してきたガレーラ以前と異なり、ラ・オロヤ側は終点のワンカーヨまで千五百メートルほどしか下がらない。そのため、ガレーラ付近の最大四十三パーミルの勾配区間を除くと、セミループやスイッチバックはほとんどない。

13時35分、アルパカやリャマ（アルパカと同じくラクダ科の哺乳類）の群れが線路上にまで広がっている場所で三段式スイッチバック。下るのは今日初めてで、サン・バルトロメから繰り返されたミーグス式V字駅もここが最後である。スイッチバックの直後にあるヤウリ通過は13時48分。標高は四千百九十二メートル。

さらに13時54分、モロコチャ支線のラ・オロヤ側分岐点であるカット・オフも通過。左後方から接近してきた支線は、ティクリオ同様、こちらでも合流地点で線路が断絶していた。モロコチャ支線が事実上廃線となっているのはもはや明らかであった。


14時を回り、ようやく昼食が始まった。三号車の一部が小さな厨房になっていて、そこから料理が各座席のテーブルまで運ばれる。チキン&ポークかミート・ローストの二者択一だが、いずれにしても、二十八ソル（約千五円）という値段はペルーでは法外だ。朝食の十五ソルでも十分高いのに、街の中でその二倍近い額を払って食事する場所を見つけるのは至難の業である。さすがに、出てきた料理は一般の食堂よりもずっと上品な味だったが。

豪勢な昼食の間も列車は草原の坂道をどんどん下り続け、14時29分、巨大な製錬所を併設した標高三千七百二十六メートルのラ・オロヤに到着。アンデス中央鉄道沿線では起終点のリマとワンカーヨを除くと最大の鉱山都市で、三万人以上いる住民の大半は鉱山関係者とその家族だという。駅構内には石灰石などを満載した貨車がズラリと並んでひしめいている。

ここで、リマから六両の客車を牽引してきた先頭のディーゼル機関車が交替する。ワンカーヨからの貨物列車が到着するのを待って、15時03分出発。

ラ・オロヤからワンカーヨまでは急峻な山越えなどもなく、緩やかな下り道となる。ラ・オロヤの巨大な製錬所を後にすると、車窓左手に、川幅が広く水量も豊富なマンタロ川の急流が並行する。しばらくは草一本ないゴツゴツとした岩山に囲まれ、荒々しい景観の狭い渓谷が続くが、三十分ほどでまた草原に戻る。その後はユーカリの小さな林が点在し、牧童が羊を追い、農業一家が耕作にいそしむ平野部を、背の低い丘陵を遠目に眺めつつ坦々と走る。

もっとも、「背が低い」と感じはするが、ワンカーヨまでの残り全線はなおも標高三千メートル以上の高地に位置している。流れる車窓の風景は低地の平野部と大して変わらないので、自分が今、アンデスの山奥にいることを忘れてしまいそうだ。鉄道会社側も、景色が単調になって乗客が飽きてくる頃だと察知しているのか、リマを出てから初めて、車内に音楽をかけ始めた。

16時半を過ぎると、冬のペルーは早くも夕暮れの様相を呈してくる。山の影は広くなり、黄色い下草に覆われた草原は夕陽に照らされていっそう明るくなって、それから次第に紅く染まる。16時56分、久しぶりに鉄橋を渡り、長らく列車の左側を流れていたマンタロ川が右手に移る。左は岩壁が列車すれすれまで迫る。

だが、リマからここまでの区間を総合的に考えたとき、車窓はリマ出発時の進行方向に向かって右側、すなわちサン・バルトロメ以遠では向かって左側の方が眺めは良好と言ってよいだろう。観光列車は全席指定なので、自分の都合と車窓の展開に合わせて自由に席を移ることはできないが、リマでは日本語が通じる日系旅行会社があるので、切符の購入時に座席の位置を左右どちらにするか、窓側がいいか、進行方向を向いた方がよいか、程度の注文をすることはできる。私の今日の座席も、めでたくそれらの注文を全てクリアできた最良の座席であった。

年に三回しか旅客列車がやって来ないこの沿線では、通過する駅がことごとく廃墟と化している。久しくご無沙汰していた旅客列車が現れたためか、線路の近くで大人も子供も列車の通過を物珍しげに見守り、車内の私たちに手を振る。悪乗りした子供たちが、石ころを列車に投げつけ、それが近くの窓ガラスに当たって大きな音がした。危ないなと思っていたら、第二投が私の席の窓から飛び込んできて、小さな土の塊が私の顔に当たった。慌てて窓を閉める。

18時07分、サン・ヘロニモを通過。陽が没し、周囲は急速に暗くなる。車内放送がまもなくワンカーヨに到着することを告げ、「帰りのリマ行きは三日後、日曜日の朝七時にワンカーヨを出発します。それまでどうぞワンカーヨ滞在をお楽しみ下さい」と結ぶと、乗客から一斉に拍手が起こった。大勢の外国人観光客を乗せているこの列車では、案内放送は常にスペイン語と英語の二ヵ国語であった。

とっぷりと日が暮れて、列車はようやく大きな街の中に入った。街灯に照らされた沿道には、夜だというのに通行人も自動車も頻繁に往来している。独立記念日の連休中でもあるからだろう。

リマのデサンパラドス駅を出発してから十一時間二十八分の汽車旅は、18時39分、ワンカーヨ駅への到着で終幕。始発直後に通過したサンタ・クララ、チョーシカ、サン・バルトロメ、そしてラ・オロヤ以外では見かけなかったプラットホームがあり、通過した他の中間駅とは違って二階建ての駅舎は今でも鉄道員が使用している。滅多に使われなくなったとはいえ、旅客列車のターミナルとしての姿は健在であった。

ワンカーヨ到着の翌日、大通りにはまだ人影もまばらな夜明け前に、私はタクシーでホテルを出た。街の中心部から南へ十分ほど走ったところにあるチルカという名の駅には、すでに続々と人が集まってきていた。

標高三千二百六十メートルのこのワンカーヨから、さらに四百メートル以上高い標高三千六百七十五メートルのワンカベリカという街まで、両端の街の名前をそのまま用いた「ワンカーヨ・ワンカベリカ鉄道」（ワンカベリカ線）という高原鉄道が走っている。チルカ駅は、ワンカーヨにおける同鉄道の始発駅である。

全線の完成は一九二六年十月、日本ではあと二ヵ月で時代が大正から昭和に替わる時期であった。ワンカベリカからは、さらに約八十キロ南東のアヤクーチョまで延伸する計画もあったようだ。

一九七二年に行われたペルー国内の鉄道国有化に伴い、ワンカーヨ〜ワンカベリカ間の路線はリマ〜ワンカーヨ間などとともにペルー国鉄中央鉄道管理局に組み込まれた。その後、一九九九年の国鉄再民営化に先立って、同路線はリマ〜ワンカーヨ間の中央鉄道本線区間から切り離されて公共企業体となることが決定。国鉄分割・民営化後はワンカーヨ・

ワンカベリカ鉄道となり、通信運輸省の傘下で地方鉄道として運営されている。

全線が単線非電化で、軌道は九百十四ミリのナローゲージ。起点のワンカーヨでアンデス中央鉄道と接続しているものの、アンデス中央鉄道は千四百三十五ミリの国際標準軌なので、列車は直通運転ができない。ワンカーヨ市内にはリマ方面へ向かう中央鉄道のワンカーヨ駅と、ワンカベリカへ向かうワンカベリカ線のチルカ駅の二駅が一・三キロ離れて別々に存在している。両駅間は両鉄道の列車が通行できるように、レールの片側を共有しつつ、もう一方に千四百三十五ミリ用と九百十四ミリ用のレールを並べて敷設した三線軌道となっている。ワンカーヨ駅構内にはワンカベリカ線で使用されていた小さな蒸気機関車が静態保存されているが、ワンカベリカ線の旅客列車は全てチルカ駅にのみ発着するので、定期旅客列車の運行がないワンカーヨ駅はほとんど貨物専用駅と化している。

百二十六・九キロにわたる全線が標高三千メートル前後の高地にあり、十五の橋梁と三十八のトンネルで険しい地勢を克服している。厳しい環境の中を力強く走ることなどから、「トレン・マチョ」という愛称も持っている。「マチョ」とは「男らしい」「逞《たくま》しい」などを意味するスペイン語で、「マッチョの列車」などと訳せばいいだろうか。

日本では旅行案内書に存在を無視され、鉄道雑誌でも紀行作品でもほとんど紹介されたことがないこの鉄道は、ペルー国内で沿線住民の足として機能している貴重な存在でもある。現在、ペルーで地元客向けの定期旅客列車が運行されているのは、ワンカベリカ線以外ではマチュピチュ遺跡を通るクスコ〜イドロ・エレクトリカ間百二十キロだけ。しかも、マチュピチュ遺跡への観光客向け列車が毎日多数運行されており、外国人はそれらの観光列車しか乗車できない。知られざるワンカベリカ線は、ペルー国内で私たち外国人が地元のペルー人と一緒に乗車できる唯一のローカルトレインなのだ。

一九九六年に改築されたチルカ駅舎の中に入ると、小さな切符売場に行列ができていた。早朝にチルカを出発するワンカベリカ行きは二本。6時20分発のレールバスと、その十分後に出る6時30分発の急行列車だ。単線非電化のローカル線だが、早朝にのみ、わずか十分間の差で二つの列車が連続して出発するというダイヤ設定は珍しい。ただ、この6時20分発のレールバスは普段の時刻表に掲載されていないので、祝日の臨時列車かもしれない。

値段は急行列車の方が若干高く、ワンカベリカまで全線乗車すると普通列車は一等が七・八ソル（約二百

八十円）で二等が六・四ソル（約二百三十円）、急行列車は八・九ソル（約三百二十円）。急行にはビュッフェ車、一等車、二等車の三等級の車両が連結されており、等級が上がるともう少し高くなる。一番高いビュッフェ車は十三ソル（約四百六十七円）となっている。

6時15分、改札開始。薄暗い駅舎からホームに出ると、ようやく白み始めた空の下に客車と貨車が計七両、混然と並んで一編成をなしている。前から無蓋貨車一両、有蓋貨車二両、ビュッフェ車、一等車、そして二等車二両。二等車を除いてあとは全部異なる車種だ。先頭の機関車はまだ連結されていない。

だがそれよりも、先発するはずのレールバスの姿がない。客の流れを見れば、レールバスの客はホームの先端にある踏切から道路に出ていってしまっている。

後を追ってみると、踏切を出た曲り角の先に、もう一つのチルカ駅があるではないか。本駅舎のある構内は線路の終端部分がホームの設置によって断ち切られている行止り式であるのに対し、こちらは駅舎とホームが道路に面して中間駅のようになっており、側線は三線軌道となっている。本駅舎から離れたこちらの線路の方が、標準軌のアンデス中央鉄道ワンカーヨ駅と繋《つな》がっている本線に違いない。

その三線軌道の側線に、日本のＪＲのディーゼルカーによく似たディーゼルカー一両がエンジンを震わせている。本当に日本製かもしれないとも思ったが、車内外を見回しても

ワンカベリカ線時刻表(2005年7月現在)

A	B	C		km	列車番号		D	E
630	1230	1400	発	0	チルカ	着	1130	1730
740	1340	1515	〃	43.0	マヌエル・テレリア	発	1020	1620
825	1425	1555	〃	66.3	イズクチャカ	〃	935	1535
900	1500	1630	〃	75.5	マリスカル・カセレス	〃	900	1500
1000	1600	1735	〃	93.4	アコーリア	〃	800	1400
1045	1645	1820	〃	111.2	ヤウリ	〃	715	1315
1130	1730	1900	着	126.9	ワンカベリカ	発	630	1230

註 A：急行列車、毎日運転。
B：普通列車、毎日運転。
C：普通列車、休日運転。
D：平日は急行、休日は普通列車で運転。
E：普通列車、毎日運転。

製造元や製造年を刻印した銘板は見つからず、確認はできなかった。独立記念日の連休期間中とあって、今日は正面にペルーの国旗を掲げている。

そのディーゼルカーの真後ろには、保線用車両のような可愛いレールバスがちょこんと停車している。これが6時20分発の列車のはずだが、ディーゼルカーにもレールバスにも大勢の客が乗り込んでいる。レールバスの定員は十二名で、かなり無理して二十人以上の客が詰め込まれているが、それでも休日の今日は席が足らないのでディーゼルカーを引っ張り出してきたのだろうか。

そのディーゼルカーとレールバス、定刻を過ぎても出発の気配がない。本駅舎にいる急行編成にも機関車がやって来ない。どうしたのかと思っていたら、唐突に駅の外から、ディーゼル機関車に後押しされて、二等客車一両を連結した蒸気機関車がバック運転で進入してきた。沿道の住民もさすがにSLは珍しいのか、足を止めて入線を見守っている。

レールバスの隣に入線したSLの正面に、職員がペルー国旗を掲げる。後ろの二等客車の内部は窓枠の上に紅白の装飾が取り付けられており、独立記念日の特別列車として運行されるようだ。ワンカベリカ線には三両のディーゼル機関車の他にイベント用の一九三六年製ＳＬが一両だけ在籍しているが、これがその唯一のＳＬであろう。

入線したＳＬ列車と入れ替わりに、ディーゼルカーとレールバスがほとんど間をおかず、立て続けに旅客を満載してチルカ駅を出発。本駅舎前に停車していた急行編成にもようやくディーゼル機関車が先頭に連結され、6時50分、朝日を浴びてチルカ本駅を出発した。車内はほぼ満席である。

停車するＳＬを横目にして本線に合流。五分ほどでワンカーヨの市街地を出て、しばらくは埃っぽい耕作地を走る。7時15分頃、車窓の右前方に茶褐色の尾根が迫り、列車は左へ急カーブ。線路の右側は急峻な渓谷となり、日の出からまもない太陽の光はまだ対岸の山腹の上の方までしか届いていない。列車も未だ日陰の中だ。

列車の走行位置からは、山壁の稜線だけでなく谷底を流れるマンタロ川までも相当の距離があり、窓の下は吸い込まれそうな断崖になっている。ワンカーヨとワンカベリカを結ぶ道路もこんな地勢の険しい場所は通っておらず、山を越えた別の場所を通っているらしい。さすがのインディオもこれほどの山奥深くには集落を築かないようで、ほとんど人跡未踏に等しい山峡を坦々と走り続ける。

7時半、車掌による検札。私が乗るビュッフェ車は四人掛けのボックスシートで、全席指定となっている。にもかかわらず、チルカ駅から地元のおばちゃんが切符も持たずに先に座ってしまい、私の切符が指定している窓側の席を空けさせるのに苦労した。今日はビュッフェ車だけでなく一等車も二等車もほぼ満席である。

一等車の上にビュッフェ車という等級が設定されているところが風変りだ。その名の通り、各ボックスには小さなテーブルが設置されていて、注文すれば食事が運ばれてくる。厨房が一等車との連結部付近にあるのだ。日本では食堂車は採算性の悪さを理由にほぼ絶滅に近い状態だというのに、山奥のローカル列車にこんなサービスがあるとは、日本の鉄道愛好家から見たら随分贅沢なことをしているものである。

朝食を盛った皿があちこちのテーブルに運ばれている。肉料理からパスタまで何でも調理してくれるが、揚げ物が多くて朝から食べる気はしない。地元の客は、油が多い鶏のフライなどを談笑しながら平らげている。テーブルのない一等車にも料理を注文する客がいるようで、両手に皿を載せたウェイターが厨房から隣の車両へ何度も出入りする。給仕専門のウェイターが乗務しているローカル線など、世界にどのくらいあるだろうか。

8時22分、マンタロ渓谷のさなかで初めての停車駅、マヌエル・テレリアに到着。標高は三千八メートルで、チルカより二百メートル以上下がった。深い谷に閉ざされた場所ではあるが石造りの立派な駅舎が建っていて、乗合トラックが列車の到着を待っていた。下車客がトラックの荷台に乗り込んでいく。

ここから渓谷はいっそう険しさを増す。今にも垂直になろうかという斜面の中腹を、素掘りのトンネルや切通しで突き進む。車窓ギリギリまで岩壁が迫り、激しく揺れながら疾走する車体が、何かの弾みで奈落の底へと落ちそうな感じさえする。8時36分、ひたすらマンタロ渓谷の左岸を走っていた列車が初めて鉄橋で川を渡り、右岸へ移動。鉄橋のすぐ先の小駅で停車し、十人ほど下車して二人乗車したが、駅の左下は谷底への断崖、右上は不毛の急斜面。いったい彼らはどこに住んでいるのかと思う。

二時間近く乗客の眼を楽しませた絶景の渓谷は、9時前になってようやく前方の谷の視界が開けてきた。8時59分、単線上で列車同士がすれ違うための行違い設備があるアグアス・カリエンテス駅に停車。駅前に露天の入浴プールが見える。スペイン語で「温泉」を意味する「アグアス・カリエンテス」という名の駅は、ここ以外にもマチュピチュ遺跡付近をはじめ少なくとも他に二ヵ所、ペルー国内に存在する。

その後、もう一度渓谷沿いの小駅に停車した列車は久しぶりに中規模の集落に入り、9

時19分イズクチャカ着。始発以来最も大きなこの駅に、チルカで先に出発していったあの日本風ディーゼルカーが停車していた。ディーゼルカーはイズクチャカまでの区間運行だったらしい。

程なくワンカベリカ方面から、チルカ行きの上り急行列車が到着。全線のほぼ中間に位置するこのイズクチャカが、上下線の行違い実施駅となっているようだ。上り列車はすぐに出ていったが、こちらは停車したまま。ビュッフェ車の前の有蓋貨車が車輪に異常を生じたようで、乗客の好奇の眼を浴びながら乗務員がハンマーを振るって部品交換作業を行う。その停車中に、最後尾の二等車の後ろにもさらに有蓋貨車が一両増結された。修理完了後の9時41分に発車。

私が乗っているのは最上級のビュッフェ車で、ソフトシートはそれなりに柔らかく背もたれも頭の上ほどまである立派なものだが、隣の一等車、さらにその後ろの二等車と、列車の後ろに行くにしたがって設備がだんだん粗末になる。一等車は背もたれが低いソフトシートで、二等車になると座席は木のベンチになる。小窓がびっしりと並ぶ二等車の外観や内装は、オールド・ウエスタン調とでも言うべきクラシックな雰囲気を醸し出している。車内は乗客のほか、多数の物売りがひっきりなしに往来している。

10時02分、すっかり高くなった陽に照らされてマリスカル・カセレス着。沿線の主要駅では最も標高が低い駅だが、それでも二千六百二十メートル。日本の鉄道最高地点の二倍近い。ここで前の貨車二両と最後尾の二等車を切り離し、客車は各等級一両ずつとなる。

この駅の先でまた鉄橋を渡り、川の流れが再び車窓の右に移る。深い谷の底にあった水面は線路のそばにまで接近。サボテンが線路の周辺に繁茂する。標高が再び三千メートルを超えたが、むしろ谷の広がりとともに緑が増えてきた。放牧や耕作風景が目につき、生活の空気が濃く感じられるようになっている。

定時運行であればすでにワンカベリカに到着しているはずだが、11時52分になってようやく百キロポストを通過。まだ終点までは三十キロ近くある。

12時42分にヤウリを出た辺りから、車窓は広々とした山野を映し出すようになる。緑の下草に覆われた原野が山の稜線の向こう側から繰り返し現れ、線路に沿って流れるイチュ川は、ワンカーヨ寄りに続いていた峻険なマンタロ川と異なり視界の開けた峡谷となっている。奇岩がゴロゴロ転がる川の水は、車窓からも澄んで透き通っているのがよくわかる。

羊の群れが線路内に侵入し、警笛で追い払う。ワンカーヨを出て以来、線路に並行する道路はほとんどなく、線路の敷地が生活道路となっている場所をよく見かける。ワンカーヨとワンカベリカを結ぶバスは、ほぼ全区間にわたって線路とは全く別の場所を走っているようだ。

急勾配を上っているわけではないのに、列車は徐行している時間が長くなる。大幅に定時から遅れているのに取り戻そうという気配は全くない。試しに線路際のキロポストで時間を計ったら、百二十一キロから百二十二キロポストに達するまでに五分以上かかった。時速十二キロ弱で走っていることになる。

13時26分、その百二十二キロポストの手前の信号所で、上り線に待機しているレールバスとすれ違う。朝、チルカ駅をディーゼルカーに続いて出ていった十二人乗りのあの車両だ。ディーゼルカーはイズクチャカ止まりだったが、こちらはワンカベリカまでやって来て、すでに上りの客を乗せてワンカーヨへ帰る途中である。

14時を過ぎ、ようやく谷が開けて大きな集落がパッと車窓の前に広がった。盆地の外縁部から町を見下ろすような位置で古い住宅地の中に入り、14時05分、定時より二時間三十五分遅れて終点のワンカベリカに到着。標高三千六百七十五メートルの線内最高所駅にふさわしい石造りの山小屋風駅舎が、軽便車両に揺られ続けてきた私たち旅客を出迎えてくれた。

車外に出ると、高原らしい冷気を肌に感じる。だが、狭い片面ホームはすぐに大勢の下車客、それに延々と待ち続けていた上り列車の乗客の熱気に包まれた。アンデスの小さな高原都市が、一日で最も賑わうひとときであるようだ。

〝本家〟オリエント急行に乗ったとき

▼ハンガリー↓オーストリア↓ドイツ↓フランス

「オリエント急行が廃止へ」

二〇〇九年（平成二十一年）八月下旬、こんな話題が日本全国のテレビニュースや通信社の記事として一斉に報じられた。私自身も、たまたま点《つ》けていたテレビニュースで、ヨーロッパのどこかの駅で旅客列車が発着する映像を用いた報道を見た。Ｙａｈｏｏ！ＪＡＰＡＮのトップページにもトピックスとして表示されていたから、この報道に接した日本人はかなりの数に上ったであろうと思われる。

だが、このニュースは多くの日本人に誤解を与える内容であった。以下は、時事通信社が二〇〇九年八月二十三日付で配信したロンドン発の記事である。

「オリエント急行」年内廃止　コスト高、１２６年の歴史に幕——英紙

【ロンドン時事】22日付の英紙インディペンデントによると、アガサ・クリスティの推理小説でも知られる夜行列車「オリエント急行」の運行が、今年12月に廃止される。戦争による停止や路線変更など曲折を経ながらも欧州鉄道史に輝かしい足跡を残してきたが、夜行のコスト高もあり126年の歴史に幕を下ろすことになった。

オリエント急行は1883年に運行開始。1930年代の最盛時には仏パリとトルコのイスタンブールを結んでいたが、第2次世界大戦後は自動車や飛行機の発達で縮小の一途をたどり、2001年にはパリ～ウィーン間に、07年には仏ストラスブール～ウィーン間に短縮された。

12月12日午前8時59分ストラスブール着の列車を最後に、時刻表から完全に姿を消す。

この他、共同通信も同じ日にほぼ同じ内容で、インディペンデント紙からの引用として同じニュースを配信している。

「オリエント急行」といえば、日本では豪華絢爛な高級列車として知られている。その名を持つ列車が「コスト高」で百年以上の長い歴史に終止符を打つとわざわざ日本で報道されれば、世界に知られる超豪華列車が廃止されると思うのも無理はない。

この一連の報道について後日の紙面で正確に補足したのは、私の知る限り、同年八月二十六日付の夕刊フジだけであった。その解説に私自身が登場しているので、ちょっと長いが引用する。

オリエント急行廃止報道　あの超豪華列車ではなく実は〝本家〟だった

ヨーロッパの夜行列車「オリエント急行」が廃止されると報じられ、「あの超豪華列車が…」と思った人も多いのではないか。ところが、それは勘違い。優雅な鉄道旅行を楽しめる華やかな方は別の列車で、このほど廃止される〝本家〟は編成も短い庶民的な夜汽車だったのだ。

（中略）「オリエント急行」は1883年に運行開始、1930年代の最盛期にはフランスのパリとトルコのイスタンブールを結ぶ超高級列車として名をはせた。ところが、自動車や飛行機などの発達によって乗客が減少。設備の簡素化を余儀なくされた。そこで、往時をしのんだある海運会社の社長がオークションでかつての客車を集め、オリエント・エクスプレス・ホテルズ社が82年から運行開始。それが来日も果たした有名な〝復元版〟オリエント急行なのだ。いまも世界中の観光客がタキシードやドレスに身を包んで乗りに来る超人気列車として定着している。

一方、簡素化された〝本家〟は、見た目もパッとしない。『去りゆく星空の夜行列車』(扶桑社)の著書がある作家の小牟田哲彦氏は95年にその〝本家〟に乗車したことがあるが、電気機関車の後ろに連なる客車はわずか6両で、そのうち1等車はたった1両。オーストリア、ハンガリー、フランスなどの経由国の2等車や食堂車が途中で切り離されたりくっついたりを繰り返す、寄せ集め編成だったという。

小牟田氏は「95年にはパリとブダペストを18時間で結んでいたが、全区間を走破する客車は2等車の2両だけ。どの客車も、各国の国鉄が普通の列車に使用している一般の車両でした。『オリエント・エクスプレス』という列車名も目立たず、特別感はまったくなかった」と当時を振り返る。(後略)

……つまり、日本人の大多数が思い浮かべる豪華な「オリエント急行」とは、アガサ・クリスティの小説の舞台となった列車とは別の観光客向け特別列車であって、廃止されると報じられたのは、歴史だけは長いが豪華さの片鱗も残っていない普通の夜行列車だったのだ。インディペンデント紙をもとにこれらのニュースを伝えた日本の通信社やテレビ局の記者たちは、ヨーロッパでは当然のごとく理解されているこの両列車の区別がはっきりできていなかったのではないかと思われる。

この報道でとんだ迷惑を被ったらしいのがオリエント・エクスプレス・ホテルズ社だった。〝廃止〟の報道後、問合せが相次いで日常業務に支障をきたしたのか、まもなく同社の日本語公式ウェブサイトに「オリエント・エクスプレスに関する一連の誤認報道について」と題する説明文を掲載して、自社の豪華列車は今後も変わらず運行する旨を表明した。タイトルで「誤認報道」と断じているところに、同社の困惑ぶりが窺える。

では、この「誤認報道」で一躍注目を浴びてしまった、豪華さのかけらもない〝本家〟オリエント急行とはどんな列車だったのか。夕刊フジの記事の通り、一九九五年（平成七年）三月、十九歳だった私はハンガリーのブダペストからフランスのパリまで、この列車に乗っていた。このときは冷戦終結から五年しか経っておらず、統一通貨のユーロはまだ導入されていなかった。日本人は観光客であってもハンガリーを含む旧共産圏の東欧諸国へ行くのに査証（ビザ）を要し、査証不要の西欧諸国間の陸路移動でも国境検査が行われるなど、基本的な旅行事情について現在とはさまざまな違いがあった。

以下に綴る当時の乗車記には、今やすでに存在しない国の名もある。二十年近い時を隔ててかつての様子を顧みれば、隔世の感を免れない。

ハンガリーの首都ブダペストには、主要なターミナルが三つある。そのうち、西側諸国への国際列車の大半が発着するのは「ケレティ」、すなわち東駅である。街の中心を流れるドナウ川の東側に位置していて、開業した一八八四年創建のクラシカルな駅舎を正面に構えている。

国際列車の発着駅らしく、駅構内には正規の両替所だけでなくヤミ両替屋と思われる人物がうろうろしている。日本の旅行案内書にも、「うさん臭い輩の溜り場。10m歩くごとに『Change money?』の声がかかる」などと記されている。

これから一晩で四ヵ国を駆け抜けてパリまで直通する「オリエント・エクスプレス」は、この駅から15時30分に発車する。世界に名だたる豪華列車と同名の国際夜行列車は、私が14時過ぎに東駅に来たときには、すでに十一番線に待機していた。人混みの駅舎から離れたホームにまだ乗客の姿はほとんどない。

列車の先頭はハンガリー国鉄の電気機関車で、その後ろに連なる客車は順にオーストリア国鉄の一等車、ハンガリー国鉄の食堂車、オーストリア国鉄の二等車が二両、そしてフランス国鉄の二等車が二両。三ヵ国の車両から成る多国籍列車だが、わずか六両、それも一等車が一両だけとは、オリエント急行のイメージからかけ離れている。

しかも、前四両はオーストリア国内のザルツブルク止まりで、終点のパリまで行くのはフランス国鉄所属の二等車二両だけとなっている。「オリエント・エクスプレス」という

262列車「オリエント・エクスプレス」運行ルート
（1995年3月）

列車名も、オーストリア編成の車体側部の行先表示幕に小さく出ているだけで、パリ行きの車両の内外のどこにも列車名が表示されていない。何とも存在感の薄い地味な列車で、「これがオリエント急行だ」と意気込んで乗りに来た旅客など、私以外には一人もいないのだろう。

　とはいえ、ホームに佇めば「オリエント」の雰囲気は感じられる。隣のホームには「バルト・オリエント・エクスプレス」という列車名を掲げたルーマニアのブカレスト行きが停車している。車両はドイツ国鉄や東欧各国の見慣れぬ客車が入り混じった混合編成だが、西欧諸国の明るい車両に比べてどこか垢抜けず、無骨な印象を受ける客車が多いと感じるのは、旧共産圏に対する私の偏見だろうか。

　静かなホームに響き渡る構内放送は、イスタンブール行き「バルカン・エクスプレス」の発着案内を繰り返している。バルカン・エクスプレス号は、ハンガリーの南に隣接するユーゴスラビアの首都ベオグラードとブルガリアの首都ソフィアを経由する国際列車。ユーゴスラビアでは内戦が続いているが、今年一月に四ヵ月間の一時停戦が成立している。そんな国へ旅客列車が平然と運行されていることに、生まれて初めて日本から一人で出てきた私は驚きを覚える。

15時30分、列車名のないパリ行き二等寝台車に私を乗せて、オリエント急行は定刻通りにブダペスト東駅をゆっくりと離れた。同じコンパートメントに他の客の姿はない。十分後にドナウ川を渡ると、やがてブダペストの街を離れて広々とした無人の大地を西へ、西へと駆けていく。

フランス国鉄の二等寝台車は三段式寝台が左右に並ぶ六人部屋で、西ヨーロッパ諸国の個人旅行者なら「クシェット」という名でほぼ通じる。私が持つ乗車券は西欧各国とハンガリーの計十七ヵ国で乗り放題、かつ二十六歳未満限定のユーレイルユースパスという国際周遊券なので、クシェットの寝台料金だけ払えばパリまで寝て行ける。ブダペスト東駅で買ったこの列車のクシェット料金は千九百三十一フォリント（約千五百七十一円）。基本運賃が含まれていないとはいえ、オリエント急行の一晩の寝台料金としては破格の安さ、ということになる。

16時半過ぎ、急速に雲が黒くなり、車窓を雨粒が激しく叩きつける。雨煙に包まれた広大な草地の中で、やがて右手から幅広のドナウ川が近づいてきた。対岸はスロバキア領のはずである。16時55分、貨車群が左右に居並び、ホームに大勢の旅客が待つコマーロムを通過。久しぶりの市街地をほんのわずか掠めただけで、すぐに列車は大平原の中に戻った。この辺り、地平線の向こうまで続く農耕地は、正方形や長方形にきっちり区画されている。

17時30分になって、個室にハンガリーの国境検査官がやって来た。ところが、パスポートの表紙を見て「ヤパーン？」と一言発しただけで、中を開くこともせずさっさと行ってしまう。不思議に思っていると、もう一人の検査官が個室に入ってきて再びパスポートの提示を要求。今度は綴じていた出国カードを持っていったが、査証の有効期間もろくに確認せず、出国印も捺《お》さない。これで出国手続きは完了らしい。

オリエント・エクスプレス（ブダペスト→パリ）
時刻表（1995年3月現在）

国名	km	列車番号		262	
		列車名		★ オリエント・エクスプレス ✕ ☕	
ハンガリー	0	ブダペスト東	発	1530	…
	141	ギョール	〃	1714	✕はザルツブルク中央まで連結
	188	ヘゲシャロム	着	1745	
			発	1755	
オーストリア	220	ブルック・アン・デア・レイタ	〃	1818	
	273	ウィーン西	着	1900	
			発	1940	
	333	サンクト・ポルテン中央	〃	2021	
	399	アムシュテッテン	〃	2055	
	463	リンツ中央	〃	2134	
	488	ヴェルス中央	〃	2149	
	519	アットナング・プッフハイム	〃	2210	
	590	ザルツブルク中央	着	2255	
			発	2307	☕はストラスブールから連結
ドイツ	734	ミュンヘン東	〃	034	
	975	シュトゥットガルト中央	着	255	
			発	303	
	1066	カールスルーエ	〃	402	
	1144	ケール	〃	452	
フランス	1152	ストラスブール	着	501	
			発	527	
	1303	ナンシー	〃	646	…
	1656	パリ東	着	933	…

そんなやり取りをしているうちに、17時43分、定刻より二分早くヘゲシャロムに着いた。ハンガリー最後の駅で、いかめしい制服の国境警備隊員たちがホームを歩き回っている。わずか五年前まで共産圏の玄関駅だった物々しさを何となく感じる。

17時55分、今度は定刻通りに発車すると、列車の両側に広がる地平線に挟まれて、どこが国境だかわからないままに18時19分、ブルック・アン・デア・レイタでオーストリア入国後最初の停車。今度はオーストリア国鉄の車掌が部屋に来て検札を受けたが、入国審査はなかった。

オーストリアに入った後はもう夜行列車の雰囲気で、車窓を楽しむ時間帯は終わった。19時00分に着いたウィーン西駅で大勢の旅客が下車するのを窓越しに眺めながら、私は空席が目立つ食堂車に座っていた。

食堂車はハンガリー国鉄の所属なのだが、なぜかハンガリーの通貨であるフォリントは使えない。テーブル上のメニューの金額はドイツ・マルクとオーストリア・シリングが併記されていて、ボーイ曰くフランスのフランも使えるという。だが、ハンガリーからフランスへ直行しようとする私は、通過国のマルクもシリングも用がないから持っていない。国際急行の食堂車なのに、始発国の通貨が使えないとは不便極まりない。

仕方がないので、ブダペスト東駅の両替所で、乗車前にフォリントをフランに交換しておいた。ヨーロッパ各国を周遊すると、両替手数料が何度もかかって所持金が必要以上に目減りしていく。

しかも、ウィーン西で四十分も停車している間、「電源が止まっているから料理ができない」と言われて、なかなか料理が出てこない。厨房では電子レンジが調理器具の主役で、電源が再稼働した後は何度も「チン」という音が聞こえた。

いろいろと手間がかかる食堂車ではあったが、ポークカツレツをメインにスープから食後のデザートまで自分なりに組み立てたメニューは、どれも美味しかった。二等寝台ばかりのさえない急行でも食堂車で気軽にディナーが楽しめる点は、残念ながら日本の夜行列車の及ぶところではない。

自室に戻ると、寝台がセッティングされていた。私は三段ベッドの最上段。狭軌のＪＲ在来線より広い国際標準軌の車両なので、三段式とはいえ車体が大きいから日本の三段式寝台ほど狭くはない。二等専用のユーレイルユースパス所持者にはふさわしい簡素な寝台の中で、私はオリエント急行の静かな一夜を過ごした。

翌朝は7時半頃に目覚めた。深夜0時過ぎにドイツのミュンヘンから同室客が一人入ってきたはずだが、起きたときにはもういなかった。

再び部屋をカラにしてビュッフェへ。昨夜の食堂車はザルツブルクで切り離され、代りにフランス入国後のストラスブールからフランス国鉄所属のビュッフェ車が連結されている。

といっても、一両の半室のみがビュッフェのスペースで、もう半室は座席車両となっているため、狭い。喫煙車なので、タバコの煙も充満している。おまけに、メニューはフランス語表記のみなので理解できず、カウンターの女性に英語で尋ねても要領を得ない。もちろん、支払いはフランのみだ。私は混雑するビュッフェ内で立ちながらサンドイッチとコーヒーだけの軽食を済ませて、早々に自室へ戻った。

昨夜とは打って変わって雲一つない快晴で、青い空と緑の草地が地平線を挟んでくっきりと分かれている。ハンガリー国内よりも農村風景が明るく見えるのは、果たして天候のせいだけであろうか。

9時15分過ぎになって、ようやくのどかなフランスの田舎を通り終え、緑が多いパリ郊外の住宅地や工業地帯を悠然と走る。そして9時39分、定刻より六分遅れて、「パリ・エスト、パリ・エスト」と構内放送が連呼するパリ東駅に到着。自分が乗ってきた列車の名前がオリエント・エクスプレスだということを、下車したときの私はすっかり忘れてしまっていた。

ヒマラヤの国際軽便鉄道

▼ネパール

首都カトマンドゥをはじめ、ヒマラヤを望むポカラ、世界遺産でもあるブッダ生誕地ルンビニなど、ネパールという国には魅力的な観光地が数多く、年間を通して多くの外国人観光客が訪れる。ただ、それらの観光地の多くは東西に細長い国土の中央以西に集中しており、東部方面へ足を延ばす観光客は少ない。

そんな東ネパールに、ジャナクプル鉄道という、ネパール唯一の鉄道が走っている。

カトマンドゥの南東約百三十キロに位置するジャナクプルは、かつてはインドを支配するムガール王朝の支配下にあった。そのため、街の中にはヒンドゥー教の寺院が建ち、野良牛が徘徊し、マイティリー族という北インド系の人々が多く住むなど、インドの雰囲気が色濃く漂っている。カトマンドゥからの航空便やネパール各地からの長距離バスが発着する交通の要衝でもあり、ジャナクプル鉄道に乗る旅行者は必ず拠点とすることになるであろう沿線唯一にして最大の街である。

二〇〇一年（平成十三年）八月、10時過ぎにカトマンドゥからの長距離バスの旅を終えた私は、宿の確保もそこそこに鉄道駅を訪れた。ジャナクプル鉄道の中心駅であるジャナクプル・ダム駅は、街のメインストリートであるステーションロードの北東端にある。

狭い駅前広場は、たくさんの露店とサイクルリキシャと呼ばれる自転車タクシーがひしめいていて大混雑であった。リキシャが客を乗せて、次々に広場を出ていく。どうやら、たった今列車が到着したところらしい。

平屋建ての簡素な駅舎の中には、出札窓口が二つと小さな売店があるだけ。改札口はなく、ホームへは自由に出入りできる。夏は最高気温が四十度を超えることもあるためか、駅舎の中で日中を過ごす物乞いの姿が少なくない。

ホームに出ると、終着したばかりの列車がいた。使い古しのおもちゃのようなちっちゃな客車が八両、ディーゼル機関車に

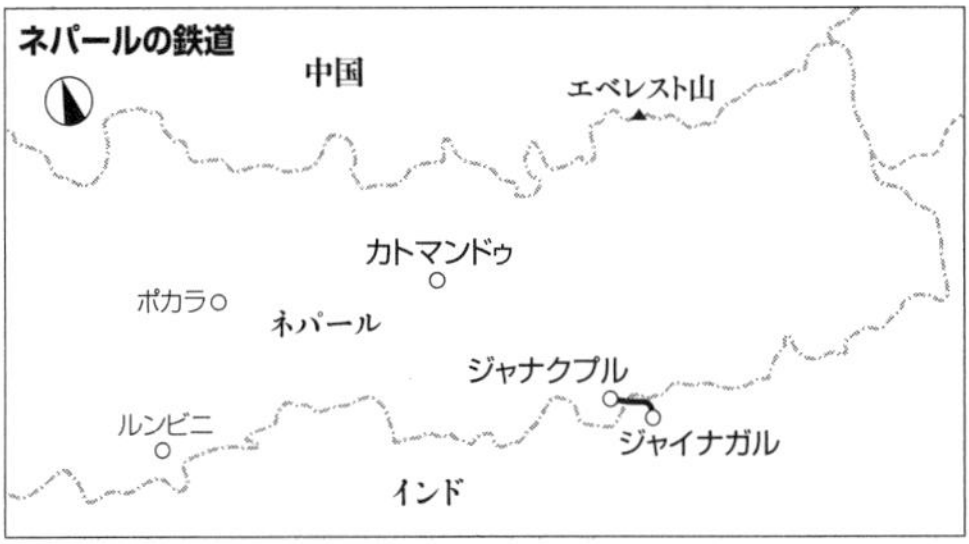

牽かれて停車している。

客車の内部は、板張りの床に木組みの長椅子が並べられたものや、合板を張り合わせた四人掛けの座席が一応は整然と並ぶものなどさまざまだ。八両のうち一両はロングシートの一等車で、二等車との違いは詰め物の入ったシートカバーがあるという点らしい。もっとも、そのカバーはつぎはぎだらけで、ところどころちぎれて中身が顔を覗かせている。

外観はインド国鉄の標準色である赤茶一色で、車体側面の中央にはネパールとインドの国旗が交わり、両国の友好を表した図柄のマークが入っている。どの車両にも、窓にはガラスの代りに鉄棒が三本渡してある。まるで囚人の護送列車のように見えるが、これもインド国鉄の客車の標準様式である。

ジャナクプル鉄道は、北はビザルプラから、ジャナクプルを経て南は国境を越えてインド国内のジャイナガルまでの五十一キロを、軌間七百六十二ミリの狭軌のレールで結んでいる。一見とてもそうは見えないが、ネパールとインドを結ぶ、れっきとした国際列車なのだ。車両がインド様式なのも、インドとの結び付きが強いためであろう。

駅の時刻表は、駅舎内部のコンクリートの壁に直《じか》に書かれている。数字までネパール文字なのでさっぱり読みとれず、近くにいたおっさんを捉《つか》まえて英語に訳してもらった。

彼の通訳によると、運転系統はこのジャナクプルで二分されており、南のジャイナガル

ジャナクプル鉄道時刻表（2001年8月現在）

国名	2	4	6	8		km	列車番号		1	5	3	7
ネパール	…	820	…	…	発	22	ビザルプラ	着	…	…	1730	…
	…	843	…	…	〃	18	シンギャヒー	発	…	…	1700	…
	…	910	…	…	〃	13	ロハルパッティ	〃	…	…	1635	…
	…	935	…	…	〃	8	ピプラディ	〃	…	…	1608	…
	…	1015	…	…	着	0	**ジャナクプル・ダム**	〃	…	…	1525	…
	700	…	1155	1530	発			着	950	1405	…	1810
	729	…	1224	1556	〃	8	バルバハ	発	924	1339	…	1744
	746	…	1241	1616	〃	12	バイデヒー	〃	907	1322	…	1727
	754	…	1249	1624	〃	14	シャヒード・サロジ・ナガ・ハルト	〃	857	1312	…	1717
	805	…	1300	1635	〃	16	マニナトゥプル	〃	849	1304	…	1709
	835		1330	1705	〃	21	カジュリ	〃	825	1240	…	1645
インド	900	…	1355	1730	着	29	**ジャイナガル**	発	750	1205	…	1610

行きは一日三本あるが、北のビザルプラ行きは一日一往復しかないとのこと。しかも、午前中にビザルプラからジャナクプルへやって来て、午後に引き返すというダイヤになっている。これでは列車で日帰りすることができない。

このジャナクプルの街には、タクシーという乗り物がそもそも存在しない。終点のビザルプラの駅周辺に、宿泊施設が存在するのかも定かでない。ジャナクプルを拠点に南北の全線に乗ろうと考えていた私は、北方の路線をどうやって乗ろうか、時刻表の前で考え込んでしまった。

だが、深く考えてどうにかなるものでもない。結局、今日の午後の列車で北へ向かい、何とかして今日中にジャナクプルへ戻り、明日ジャイナガル行きに乗ることにした。「何とかして」と言ってもヒッチハイクくらいしか思いつかないが、あまり深く考えないことにした。

うだるような暑さの午後3時前、私は再び駅に出向いた。

ビザルプラまでの切符を買ってホームに出ると、15時25分発のビザルプラ行きが早くも入線していた。南へ向かう15時30分発のジャイナガル行きも並んで出発を待っている。南北へ向かう列車がほぼ同時に発車するのは一日のうちこの時間帯だけなので、駅の中は朝よりさらに賑やかである。

七両ある二等車は、どこもすでに乗客でいっぱいだった。一人くらい何とか座れるかなと思っていたが、客車の中は座席どころか床にまで乗客が座っている。屋根の上にまで客がいる。私も上ろうかなとも思ったが、まずはちゃんと車内の客になることにした。

電気のない車内は昼でも薄暗く、埃っぽい。狭い空間に人が密集しているので、余計に暑くなっている。動き出せば、風が吹き込んできて少しは涼しくなるのだろうが、それまではじっと我慢するしかない。

デッキ付近の席にいたサリー姿の女性が、座席争いで近くのおばさんと口論になる。だんだん激しくなってきて、見かねた近くのじいさまが両者を諌《いさ》める。席を横取りするなと言われたらしい女性は、納得がいかないといった表情で渋々黙る。暑さも手伝ってのことだろうが、見ている方まで暑苦しくなる。

なぜか後発のはずのジャイナガル行きが先に出ていき、15時43分、ようやく我がビザルプラ行きも動き始めた。発車直前にさらに乗客が乗降デッキにしがみつき、動き出してからもなお飛び乗ってくるので、外が見たくてデッキの近くに立っていた私はじりじりと車内へ押し込まれた。

私の隣には、整った顔をした制服姿の学生が立っている。異邦人の私と目が合うと英語で話しかけてきたが、「ビザルプラまで何しに行くのか」と聞かれて答えに窮した。特に理由はないので、日本語でも答えにくいことである。

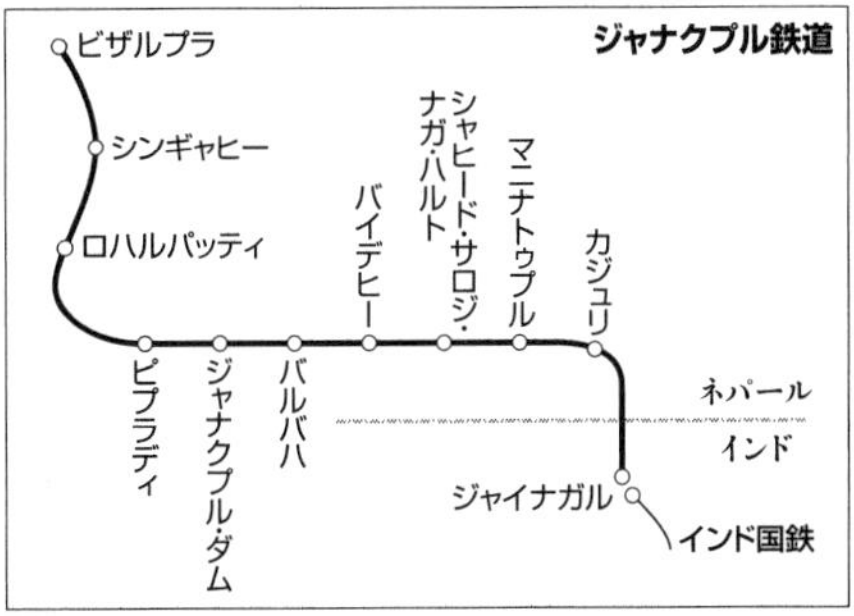

ジャナクプルの街はすぐに尽き、農村地帯をガタゴト走る。地平線へ向かってどこまでも広がる田園風景と、民家の密集する農村の集落の光景が繰り返される。列車のスピードは自転車並みで、駅でもないのに次々と乗客が列車に駆け寄ってきては開けっ放しのデッキに飛び乗り、または一、二の三で飛び降りていく。隣にいた学生も、ジャナクプル出発後二十分ほどの集落のそばで、私にバイバイと言って飛び降りていった。駅があるかどうかは、彼らにはあまり関係ないようだ。駅でも車内でも検札がないため、彼らがきちんと運賃

を払っているのか疑問である。

乗降デッキにはそうした途中乗車や途中下車客が鈴なりになるため、次第に車内に追いやられた私は外を見るのがだんだん難しくなった。開放デッキから離れると風も感じられなくなり、全身から汗が噴き出る。

窓側以外の車内の客は、暑さに参っているのか、皆じっと黙っている。私の足元にしゃがみこんでいる老婆も、こっくり、こっくり。そのうち、サリーが乱れて胸がはだけ、しなびた乳房があらわになる。彼女はそれに気がつくと、慌てることもなく、けだるそうにサリーを直して胸元を隠す。そして、また眼を閉じて舟を漕《こ》ぐ。車内を支配する時間の流れ方が、列車のスピードに合わせて遅くなっているように感じられる。

16時20分、ようやく最初の停車駅ピプラディに到着。ジャナクプルからわずか八キロなのに、三十分以上かかっている。時速にすると約十三キロである。

これ以上車内で立ち続けるのは体力的にちょっと厳しいので、いったん車外に降りた。列車の内外は乗客その他がひしめき、走行中とは打って変わって活気づいている。

編成最後尾の客車の後部には屋根の上に上がるためのハシゴが付いていて、乗客が順序よく上り下りしている。屋根の上の乗客は基本的に男性ばかり。そのほとんどは手ぶらだが、ロープで自転車を引き上げたり、なぜかサルを連れた客まで屋根の上にいて、ホームにいる子供たちが見上げて喜んでいる。

　その最後尾の客車に、客室とは別に車掌室があった。そこにも乗客が入ってはいたが、車掌室だからかどうか、乗降デッキには誰も立っていない。私は、今度はその乗降デッキに腰掛けていくことにした。16時24分発車。

　デッキに腰掛けていると、開放型の展望席のような格好になる。落ちないように気をつけてさえいれば、これは快適だ。全身に風を受けられて心地好いし、鉄格子の付いた窓越しに車窓を眺めなくてもよいので、東ネパールののどかな農村風景を存分に味わえる。

　その車窓からは、沿線に道路が整備されている様子は窺えない。列車が通り過ぎると、その線路の上を沿線住民が歩いている姿が、流れ去る後方の車窓に確認できる。線路敷が沿線住民の生活道路を兼ねているらしい。そのためか、列車はしばしば集落の真ん中を貫くように走る。一日一往復の列車の通過を見るために、線路に沿って建つ民家から子供たちが大勢出てきて、歓声を上げて我が列車を眺めている。

　そうした線路際の民家は茅葺《かやぶ》きに土壁といった簡素な造りのものが多いが、その土壁に絵が描かれているのが列車の中から見える。農村生活の様子やヒンドゥーの神などの絵を家の内外に施すこの地方独特の民俗芸術で、ミティラー・アートと呼ばれている。描き手はもっぱら女性で、母から娘へと伝承されるのだという。

どこまでも続く田圃《たんぼ》や雑木林の単調な景色を眺めていると、後ろからおじさんが話しかけてきた。車掌室には車掌以外に私を含めて五人ほど乗っているが、制服らしいシャツを着た彼は乗客ではなく、ジャナクプル鉄道の関係者らしい。

車掌室では彼だけが少し英語を解するので、あれこれ尋ねてくる。他愛のないことばかりだが、「ビザルプラまで何しに行くんだ」という質問にはやはり困った。自分はこの列車に興味があって、乗りたかったんですと答えはしたが、理解してくれたかどうかはかなり怪しい。はぐらかされたと思われたかもしれない。

その後もしばらく彼らと喋っていたが、彼がふと思い出したように、「ビザルプラから、どうやってジャナクプルへ帰るんだ」と言った。私にもわからないので答えずにいると、「今日のジャナクプル行きはもうないんだぞ」と、重々しく私に告げた。そんなことは百も承知なのだが、「知っている」とも言えないので、なおも黙って苦笑いしていた。

すると彼は、「帰りの列車がないことを知らなかったのか。それは困ったな」と言って他の乗客たちと何事か言葉を交わした。どうやら彼は私のことを、「帰りの列車がないことを知らずにビザルプラ行きに乗ってしまったうっかり者の日本人」と認識したらしい。

どうやってジャナクプルへ戻ろうか、私にもまだ妙案は浮かんでいない。

17時05分シンギャヒー着。田圃の真ん中に小さな駅舎があるだけの小駅である。ただ、駅前には賑やかな市が立っていて、列車の乗降客がそこへ加わって人波でごった返す。

件《くだん》のおじさんはここで下車するようで、車外に降りた。ところが発車間際になり、車外から私に対して、「どうやってジャナクプルに戻るんだ」ともう一度聞いてきた。同じく答えられずにいると、「今日中に戻りたいなら、ここで降りろ」と言った。

突然途中下車を勧められ、全線完乗をもくろんでいた私はちょっと躊躇した。だが、このままビザルプラまで乗っても、帰れるかどうか全くわからない。ここから今日中に帰れる方法があるのなら彼の言う通りにした方がいいと判断した私は、未練を残しつつも、すでに動き始めた列車の車掌室から草生《くさむ》す線路の上に飛び降りた。ジャナクプルから十八キロ、ネパール東部の片田舎に私を残して、列車は四キロ先の終点ビザルプラへ向かってゆっくりと走り去っていった。

列車が行ってしまうと、駅前の市場に固まっていた人が線路の上にまで溢れ出す。線路の上を、近隣の住民たちが続々と歩いて駅に集まってくる。この地域の人たちにとってこの駅は、一日一往復の列車の発着場としてよりも、日常生活における社交場として機能しているように見受けられる。

　ここで降りろと言ったおじさんに対して私は、ここからならジャナクプルへ戻る方法があるのですかと尋ねた。すると彼は、「モーターカー」と言って単車を運転するような仕草をした。ジャナクプルの方向へ行く単車を探すということか。しかし、この村に単車はあるのかとの問いには、「多分」と言うだけ。ではどこで探せばいいのかと聞くと、「ジャナクプルから来るやつに乗るのだ」と答える。

　だが、駅の周辺を見渡しても、そもそも車はおろか単車が走るような道もない。付近の住民は皆、線路の上を歩いて駅にやって来るのに、夕方のこの時間に、こんな辺鄙《へんぴ》な村にジャナクプルから単車が来るとはとても思えない。

　お互いにアヤシイ英語で話すので、複雑な話になると意思疎通が困難になるのだが、「運が良ければジャナクプルへ行く単車が来るだろうから、その時は自分も交渉を手伝ってやるのでその後ろに乗せてもらって戻れ」というふうに、私は彼の話を解釈した。そして彼は、線路の上にどっこいしょと座り込んで、まあ、待っていろ、と私にも座って待つよう促した。しかし、のんびり座って時が経つのを待つ心境ではない。

　後先深く考えずビザルプラ行きに乗ったときは、いざとなればヒッチハイクで戻ればいいと思っていた。しかし、この村には車どころか、そもそもジャナクプルへ通じる道路すらない。だからこそ、一日一本のこの鉄道が、事実上唯一の交通機関として存在していられるのだろう。物質文明に汚染され過ぎた私は、自動車の一台くらい当然どこかにあると楽観視していたが、見通しが甘過ぎた。いったいどうすればいいのだろうか。夕闇迫る東ネパールの農村で、無知な日本人は途方に暮れた。

捨てる神あれば拾う神あり。

午後6時前、突如ジャナクプル方面から、エンジン音を響かせて、小さなトロッコのような車両が線路を走ってやって来た。五人の男性が乗っていて、駅の真ん中で停車した。すると、彼らはおじさんのところに来て、何やら話しかけるではないか。

聞けば、彼らはカトマンドゥの鉄道本社から派遣された職員で、現地調査のためにやって来たのだという。そして、この駅で書類の点検などを済ませたら、ジャナクプルへ引き返すという。何という幸運！「モーターカー」とはこの検査車両のことだったのか。私はすかさず彼らに、自分もジャナクプルまで連れていってほしいと懇願した。おじさんも彼らに事情を説明してくれる。このそそっかしい日本人が、帰りの列車の有無も確認せずにここまで来たので、すまんが面倒みてやってくれ、そう言っているのかどうか知らないが、はいその通りです、プリーズ・ヘルプ・ミー。

果たして私の願いはあっさり聞き届けられ、彼らはにっこり笑って、ＯＫ、後ろの席が空《あ》いているからそこに乗りな、と言ってくれた。それからは、駅の事務室にいた若い男が、それまで線路の上に座っていた私の分まで椅子を用意してくれたり、私の分までチャイを出してくれたりと、救いの神々のための接待のおこぼれにあずかった。

そして18時20分、私はモーターカーの後部座席に乗って、無事シンギャヒー駅を離れることができたのである。おじさん、どうもありがとう。彼の言う通りに途中下車して、本当に良かった。

モーターカーは線路際に立つ人たちの注目を浴びながら、ジャナクプルへ向かって快走する。次のロハルパッティ駅に着くと、神々御一行は任務のため駅舎の中へ消えた。私は彼らの仕事が完了するまで、駅一帯をぶらぶらして過ごす。側線の上で近所の男たちがトランプに興じている。駅の片隅に水汲み場があり、サリー姿の女性がときどき壺を持って水汲みに来る。子供たちは線路脇で水牛に乗ったりして遊んでいたが、モーターカーと外国人の私が珍しいのか、車両や私の周りに集まってきた。

十五分ほどで再び発車。停車中に日は完全に暮れ、あとは途中駅に停車することもなく、真っ暗闇の中をジャナクプルへとひた走った。前照灯以外全く光がないので周りが見えず、何だか、周囲の闇の中に吸い込まれそうな錯覚に陥る。揺れる車両から振り落とされないよう、必死に車両に摑《つか》まっていた。

19時50分、定期列車の運転が終了し、ひっそりと静まりかえった暗闇のジャナクプル・ダム駅に到着。こんな形で帰ってくるとは夢にも思わなかったが、とにかく無事に戻れて助かった。改めて救いの神々にお礼を言う。そのとき私がふと、「ああ、帰ってこられてラッキーだった」と独り言を漏らすと、それを聞いた神々の一人はまるで日本語（ラッキーは英語だが）を理解したかのように、「イエス、ユー・アー・ベリーラッキー！」と力強く言ってニヤリと笑った。


翌朝6時半、今度は南のジャイナガル行きに乗るべく、またジャナクプル・ダム駅にやって来た。ジャイナガル行き一番列車は7時発、終点までは二時間くらいらしい。ジャイナガルまでの二等切符を買って、すでに列車が入線している駅構内に入った。

昨日同様、二等車の中はどこも席が埋まっている。そこで今日は、屋根の上に乗っていくことにした。営業運転中の列車の屋根の上に乗るのは初めての体験である。

最後尾の客車の後ろ側にある梯子《はしご》を伝《つた》って屋根に上る。すでに何人かが屋根の上に座っている。歩くと、鉄板を何枚か張り合わせただけのような頼りない屋根が、足の裏でベコベコへこむ。

客車と客車の隙間をおっかなびっくり飛び越えながら前の方へ歩いていき、後ろから三両目の客車の屋根の上に腰を下ろした。左右とも下向きに緩やかに反った屋根の上に、摑まるものは何もない。

7時04分、ガタン、という衝撃とともに、ジャイナガル行き一番列車は走り始めた。駅を出るとまもなく右手に広い沼地が現れ、大人も子供もそこで水浴びをしている。今日も朝から良い天気である。

沿線はビザルプラ方面と同様に、水田が果てしなく広がる。朝早くから、農夫が水牛とともに農作業をする姿が見られる。屋根の上からだと、より遠くの方まで見渡せる。

進行方向を見ていると、線路はほぼ一直線に平野の中に敷かれていて、カーブはほとんどない。おかげで車体が傾斜することがなく、意外に屋根の上は安定している。初めは車体が揺れる際に体を支えるのに神経を集中させていたが、慣れると気にならなくなった。

スピードが昨日と同じくらいでゆっくりなのも、屋根上初体験者には有難い。慣れてしまえばボロボロのシートで薄暗い一等車より断然気持ち良いし、しかも三百六十度遮るものが何もない展望席なので眺めも良く、言うことなしである。

地元の人にとってもよっぽど気持ち良いのか、私の前の車両には屋根の上で大の字になって熟睡しているツワモノもいる。さすがにあれは真似できないが。

屋根の上を物売りの少年が行き交うのにも驚かされる。菓子などを入れた籠を肩から提げて、屋根から屋根へと飛び移っていく。走行中でも停車中でもお構いなしだ。列車が揺れてバランスを崩しそうになると、手近の乗客の肩に摑まってやり過ごす。転落しやしないかと見ている方がハラハラするが、当の本人は平然としている。

注意しなければならないこともある。雑木林の通過である。林の中では木の枝が車体ギリギリまで伸びている。屋根の上にも葉の生い茂った枝の塊が進出してきているので、雑木林に差しかかると、皆一斉に屋根の上に伏せてそうした枝をかわす。

ときどき、隣の客と話に夢中になっていて木の枝に気づかず、後頭部を木の枝にはたかれて慌てて屋根にはいつくばる客がいる。そのうち誰か地面に叩き落とされるんじゃないかと思う。ビザルプラ側に比べてこちらは雑木林を通り抜けることが多く、森に囲まれた途中駅もある。

ところで、私は今、ジャイナガルまでの切符を持っている。だが、このまま終点まで行くかどうか、まだはっきり決めていない。

終点のジャイナガルは、国境を越えたインド側にある。ところが、この列車が通過する国境はネパール・インド両国民が自由に往来できる、いわゆるオープン・ボーダーとなっていて、出入国管理が行われていない。そのため、両国民以外の第三国人がこの国境を越えることは原則として許されず、鉄道もジャイナガルとその一つ手前のカジュリとの一区間、八キロに乗車することはできないと言われている。

ただ、こうした決り事がどの程度厳密に運用されているのか、実際のところはわかりにくい。ジャナクプルではそうした警告類は一切目にしなかったし、現にジャナクプル・ダム駅の出札職員は、明らかにネパール人でもインド人でもなさそうな私に対してジャイナガル行きの乗車券を簡単に売ってくれた。

一般の利用客にしても、第三国人が国境を越えられないことを知る人は少ないだろう。私の近くに座っている子連れの父親も、どこまで行くのかと私に尋ね、私がジャイナガルと答えても何も言わなかった。知らずに乗っていたら、いつのまにかインドに密入国してしまっていた、なんていうことが起こり得るのだ。何とも奇妙な〝国際〟列車である。

日本の常識からすれば、正規の出入国手続きを踏まずによその国へ出入りするなどもちろんとんでもないということになる。ところが、外国では必ずしもそうでもない場合がある。国境の街に限って、相互の往来の利便性を図るために国境審査をなくしているケースが、インドの他の地域にも現存する。そこでは、一応両国の境界の前に「第三国人は査証を要す」という掲示板が出てはいるが、実際には国境を接する両国民以外の者が勝手に行き来しても国境警備員は何も言わないし、「密入国」先で食事をしようが買物をしようが咎《とが》められることもない。

ここの国境が、実際には通行を黙認するのかどうか、行ってみなければわからない。だが、ジャナクプル鉄道の全線完乗をもくろんでいた私としては、北で終着駅まで一駅残して戻ってきてしまったので、せめて南は終点のジャイナガルまで行ってみたい。あらかじめ、インドの数次入国査証とネパールの再入国査証は取得してきていたから、事前に準備すべき書類上の不備はない。

どこで下車しようか迷っているうちに、8時29分、ネパール側国境駅のカジュリに到着した。ジャナクプルから二十一キロ、次のジャイナガルは八キロ先である。隣の線路上には、ジャイナガル発ジャナクプル行き一番列車が先に到着して待っていた。上下列車の行違いとなり、駅は双方の利用客その他で喧噪に包まれる。

駅に進入する直前、右の側線に引退した蒸気機関車や客車がずらりと並んで留置されているのが見えた。このまま乗っていくかどうかはともかく、そのＳＬ群を見るために、ひとまず屋根から地上に降りた。

駅の外れまで歩いていき、駅の喧噪を離れて見つめるように鎮座する蒸気機関車と対面する。狭い側線に強引に押し込まれるように並ぶＳＬたちは、比較的状態の良い一両を除いては、朽ちるに任せた無惨な姿のものばかりである。全身錆びついていたり、部品をあちこち取り外されてもはや原形をとどめていなかったり、さながらＳＬの墓場である。

ＳＬの観察を終えて列車のそばに戻り、さてどうしようかと改めて考える。

ここからさらに列車に乗れば、建前上はインドに「密入国」することになる。ただ、私はジャイナガルまで列車に乗りたいだけであって、次の列車ですぐに戻ってくればそれで満足なのである。ジャイナガルからさらにインドの各地へ行くつもりはない。

仮にジャイナガルで駅員などに何か言われたとしても、いやー、ジャナクプル駅ではあっさり切符を売ってくれたしどこにも警告表示はなかったから、ここまで乗ってきちゃいけないなんて私全然知りませんでした、それじゃ次の列車でネパール側へおとなしく戻りますね、とか何とか言ってしらばっくれてしまえば、おそらくあっさり放免されるであろう。出入国管理が行われていないとはいえインドの入国査証もあるし、念には念を入れてネパールの再入国査証までばっちり持ってきたではないか……。

しかし、頭の中で天使の声と悪魔のささやきがしばらく葛藤した結果、私は結局ジャイナガル行きには再び乗車せず、隣に停車しているジャナクプル行きに乗り換えた。当初の予定と異なり、昨日シンギャヒー〜ビザルプラの一区間を乗り残した段階ですでに全線完乗はできなくなっていたこと、次のジャナクプル行きまでジャイナガルで四時間近く待たなければならないことなどもあるが、最大の理由は、事情を知りながら「密入国」する勇気がなかったのである。日本を遠く離れていても、やはり私は日本人の常識から逃れることはできなかった。

8時48分、たった今乗ってきたジャナクプル発ジャイナガル行き一番列車は、静かにカジュリを出ていった。ジャイナガルへ向かって一直線に延びる線路上を列車がゆっくりと走り去り、やがて姿が見えなくなるまで、私は隣の列車の屋根の上から未練たっぷりに見送った。

8時53分、こちらのジャナクプル行き一番列車もカジュリを発車する。往路は足を伸ばしてゆったり座れた屋根の上は、今度はどの車両でも整然と二列に並んで座るほどの盛況で、まさに〝満席〟である。足の踏み場を確保するのも困難な屋根の上を、物売りだけは相も変わらず往来する。

一面に広がる平凡な水田地帯をぼんやりと眺めながら、今頃、あのジャイナガル行きは国境を越えただろうか、などと夢想する。流れゆく景色は、もちろん往路と変わらない。だが、カジュリからジャイナガルへと一直線に延びていた、あの線路の向こうに広がっていたであろう車窓の景色を、私はジャナクプルへと走る列車の展望席から今も一生懸命見ようとしている。

夜行列車でユーフラテス川を目指す

▼シリア

洋の東西を問わず、河川に沿って走る鉄道は風光明媚な景勝路線とされる。列車の車窓は、悠然と流れる大河から峻険な渓谷の急流まで、多様に変化する河川を安全、かつ長時間にわたって観察するのに最適である。それが世界的な知名度を誇る名河川となると、物理的に視認できる美観がさまざまな歴史や物語を伴い、眺望の楽しみがさらに拡がる。そして、古代文明の多くが長大な河川流域を発祥地とするなど、豊かな歴史を持つ河川は世界に数多い。

紀元前三五〇〇年頃に世界最古の文明とされる古代メソポタミア文明を生んだのも、チグリス川・ユーフラテス川という二つの河川だった。「メソポタミア」とは「川の間の地域」というギリシャ語だそうである。

このうち、チグリス川はトルコを源流とするものの、その大半は現在のイラク国内を流れている。一九八〇年から八年間続いたイラン・イラク戦争や一九九〇年のイラクによるクウェート侵攻とそれに続く湾岸戦争、国連制裁下にあったサダム・フセイン政権時代、二十一世紀に入ってもイラク戦争とその後の混乱が続いていて、イラク国内で呑気に列車の中から川を眺めて喜んでいられない時代がもう三十年以上続いている。

一方、チグリス川の西を流れるユーフラテス川は、トルコからシリア国内を大きく横断してイラクへと流れているので、シリア国内でその眺めに接することができる。シリアには広範な鉄道網が存在していて、外国人観光客でも主要都市間を移動するのに列車を利用する。中東ではこういう国は珍しい。しかも、シリアは国際的にはアメリカからテロ支援国家扱いを受けたりしているが、国内では強力な長期独裁政権ゆえにかえって治安は安定し、湾岸戦争やイラク戦争の前後を除けば外国人が自由な観光旅行をしやすい国であった。

その後、周知の通り、二〇一一年初頭からシリア国内は騒乱状態となり、泥沼の内戦に陥っている。私はその約三年前の二〇〇七年（平成十九年）十二月、内戦の予兆など全く感じられなかった平和なシリアで、ユーフラテス川を目指して夜行列車に揺られた。

シリアの首都ダマスカスには、映画『アラビアのロレンス』で世界にその名を知られたヒジャーズ鉄道の始発駅がある。二十世紀初頭に南のヨルダンを経由してサウジアラビアのメディナまで建設された約千三百キロの路線で、イスラムの聖地であるメッカへの巡礼者の交通の便や、この地の支配者であったオスマン帝国の交易・軍事輸送に貢献した。第一次世界大戦中に破壊された後は巡礼鉄道としての機能を失い、シリアとヨルダンでそれぞれの国内鉄道となった。

だが、ダマスカス市内の中心部にある当時のヒジャーズ駅に、今は発着する列車の姿を見ることはできない。再開発計画の一環として、ホームも線路も全て撤去されてしまったのだ。

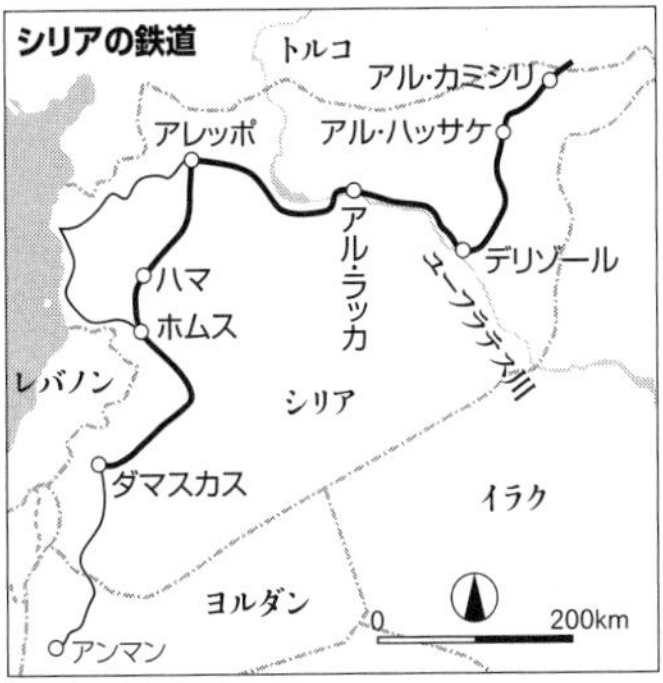

ただし、映画のおかげかどうか、トルコ様式とシリア様式が融合した壮麗な駅舎は残され、外国人観光客の人気スポットとなっている。駅舎の内部では近郊列車の乗車券のみ窓口で販売していて、かろうじて鉄道駅としての機能も維持されている。

中央ホールに入ると、天井は二階までの吹抜けになっていて広々としている。多彩なステンドグラスや内壁の細部にまで施された装飾が荘厳な雰囲気を醸し出している。百年前にオスマン帝国が威信をかけて建設したという意気込みが伝わってくる。もっとも、バッシャール・アサド現大統領の肖像画もあちこちに飾られている。いかにも父子で国家権力を継承する独裁国家らしい。

そのヒジャーズ駅からタクシーに乗って、ダマスカス中央駅としての地位を譲り受けたカダムという郊外の駅を訪れる。ヒジャーズ駅改築中の仮駅という風情ではなく、石造りの堅牢な二階建て駅舎とモスクが広い敷地内に並び立っている。昼間は列車の発着がなく、駅舎に面した屋根付きの狭いホーム上に人影はない。

駅舎内の窓口で、今夜のカミシリ行き夜行列車のデリゾールまでの一等指定席券を二百シリアポンド（約四百七十七円）で購入。寝台券はすでに売切れだった。今日は金曜日なのでこれから週末の旅行に出る人が多いのかと思ったら、窓口の女性に「今日は休日だから」と言われて気づいた。ここはイスラムの国。休日は日曜日ではなく金曜日なのだ。

カミシリはシリア北東にあるトルコとの国境駅。デリゾールはその路線の途中にある街で、ダマスカスからは北部のアレッポを経由して七百七キロ離れている。このアレッポからデリゾール付近までシリア北部を横断する路線の東半分がユーフラテス川に沿って走っているのだが、なぜか旅客列車のほとんどはこの区間を夜間に通過してしまう。その点このカミシリ行きは、明日の夜明け直後からデリゾール到着まで、メソポタミア文明を生んだ大河の車窓を楽しめるほぼ唯一のダマスカス発着列車なのである。

いったん市中に戻って食事などを済ませ、日没後の20時過ぎに再びカダム駅へ。閑散としていた昼間とは違って、長距離列車の出発前らしく大きな荷物を抱えた乗客がホームに多く待機している。

一番線に停車しているカミシリ行きは、旧ソ連製のディーゼル機関車を先頭に、外観の色も形式もバラバラなヨーロピアンスタイルの客車や郵便車が雑多に連なっている。郵便車一両の後ろに連なる客車は前から二等車六両、食堂車、一等車二両、そして寝台車が一両。乗りたかった寝台車は二段式の個室寝台のようだが、寝台車専属の車掌が乗降デッキの前で寝台券を厳しくチェックしていて車内には入れない。

一等車は通路を挟んで左右に一列対二列、二等車は左右とも二列ずつのリクライニングシートで、いずれもエアコン完備で居住性は悪くない。シリアの鉄道は日本の新幹線と同じ国際標準軌（軌間千四百三十五ミリ）なので、片側が一列だけの独立シートにな

ダマスカス→アル・カミシリ間
時刻表（2007年12月現在）

km	列車番号		83
0	**ダマスカス・カダム**	発	2120
165	ホムス	〃	007
223	ハマ	〃	058
367	**アレッポ**	着	240
		発	255
571	アル・ラッカ	〃	558
707	デリゾール	〃	747
836	アル・ハッサケ	〃	912
917	**アル・カミシリ**	着	1013

っている一等車はとてもゆったりしている。シートピッチも広いので、身体が大きい私でも足を伸ばして座れるのは有難い。

自分が持っている切符はその一等車の指定席券のはずなのだが、アラビア文字で書かれているので内容が全くわからない。近くにいた乗客に声をかけて「この切符に書かれている座席がどこか、教えてほしい」と頼み、案内してもらった。

出発時刻が近づくと、車内でもホームでも、男女を問わず互いに両頬にキスを繰り返す別れの挨拶が交わされる。21時10分、定刻通りにカダム駅のホームをゆっくりと離れて、漆黒の闇の中を北へ向かって走り始めた。

まもなく車掌その他の乗務員が三人揃って検札に来た。車掌が恭《うやうや》しく紳士然と券面を確認すると、別の乗務員から飲料用の紙コップが配られる。寝台車にはペットボトルの水が無料で備え付けてあるが、寝台より格下の一等車では飲み物の無料サービスまでは行われない。

ダマスカスの北方には広大な砂漠地帯が広がっていて、夜は月と星の光以外に何も見えない。減光されない一等車内で、私は早々に眼を閉じて寝た。

深夜2時半過ぎ、アレッポ駅停車中に気がついた。アレッポはダマスカスに次ぐシリア第二の大都市で、四千年以上前に古代王国の首都として栄えた歴史を持つ世界遺産指定の古都でもある。また、オスマン帝国時代にはイスタンブールからイラクへの直通鉄道として建設されたバグダッド鉄道の中継地点となった。その名残であろうか、シリア国鉄の本社は今でも、首都のダマスカスではなくこのアレッポに置かれている。

アレッポからはディーゼル機関車が編成の先頭から最後尾へ付け替えられ、進行方向が逆になる。前向きのリクライニングシートに座っていた私は、アレッポを出ると後ろ向きになってまた眠りについた。

ところが、アレッポを出てしばらくすると、車掌が客室にやって来て「ラッカ」と連呼し、座席を叩いたり壁をカギで打ち鳴らしたりする。次のラッカ駅での下車客が寝過ごさないようにアナウンスしているのだが、起こし方が荒っぽい。下車客以外も皆「何事か」という表情で車掌を見る。だいたい、アレッポからラッカまでは二百四キロも離れていて、到着時刻にはまだ早過ぎる。

おかげで、ラッカに何の用もない私も起こされてしまった。おまけに、下車するわけでもないのに切符を見せろと指示される。そして、寝起きの不機嫌さを隠さずもたもたして切符をポケットから取り出そうとしていたら、券面を見る前に他の車両へ行ってしまったので、何のために安眠を妨げたのかとますます不愉快になった。窓の外はまだ真っ暗で何も見えない。

再び眼を覚ましたのは、東の空が青くなり始めた6時前であった。列車は荒涼とした無人の砂漠の中を一直線に走っている。荒れ地の彼方に地平線が見える。トイレに行くため隣の車両へ移動したら、車両間の連結部分やトイレの中には暖房が入っておらず、寒かった。砂漠の朝らしく、日中の気温との寒暖差が大きい。

食堂車へ行って、真っ赤な朝日を眺めながら温かいシャイ（紅茶）を飲む。一杯十シリアポンド（約二十四円）の甘くて小さな紅茶を舐めるように飲んでいるうちに、6時45分、メダジという駅を出た直後の車窓右手に広々とした川が現れた。ようやく、ユーフラテス川との対面である。

対岸には赤茶色の土が剝き出しになった台地が続いている。ときどき、古代の砦らしい城壁の痕跡が、その茶色い山肌に同化しながら丘陵の中腹に連なっている。この穏やかな流れはこの先のイラクへ、そしてペルシャ湾へと注がれていくはずだが、著名な国際河川にしては往来する船の姿が全く見えない。対岸にも人家は見当たらず、荒涼とした車窓が続く。

悠然とした川の蛇行にしばらく寄り添った列車は、やがて再びアラビアンナイトの世界に描かれているような波打つ砂漠の中へと戻った。中学生時代に世界史の教科書でその名を知った古代文明の生みの河川との対面時間は、およそ十五分間であった。

一等車の自席へ戻ると、近くに座っている若い男性と目が合った。イラク北部に住むクルド人だという彼は、かつてロンドンに住んでいたとかで、流暢《りゅうちょう》な英語を話した。クルド人は独自の国家を持たないまま中東各国に広く分布している民族だが、イラクでは湾岸戦争以前から北部地域がクルド人自治区とされている。この列車の終点カミシリは、そのクルド人自治区を通ってバグダッドへ直通する旅客列車への乗換駅でもある。車窓に映ったユーフラテス川だけでなく、この線路もイラクへと続いているのだ。

「日本から来たのか。行ったことはないが、いい国だな。お前もカミシリまで乗ってイラクへ来るのか？」と聞かれる。いや、今日はデリゾールで降りる予定だと答えると、彼は少し残念そうな顔をしつつ、「俺の田舎もいいところだ。ただ、その先のバグダッドはあちこちでテロが起こっていて、あまりいいところではないな」と言って苦笑した。

お喋りを続けているうちに、列車は7時41分、ユーフラテス川が市中を流れるデリゾールの郊外駅に着いた。慌てて荷物をまとめた私に、彼は笑いながら「インシュ・アラー、俺が日本へ行ける日もあるだろう」と言った。そして、「インシュ・アラー、イラクが平和になったら、きっとイラクに来てくれ」と続けて、私に握手の右手を差し出した。

イスラム教徒は未来のことを語るとき、「インシュ・アラー」という表現を多用する。「アラーの御心のままに」とか「アラーがお望みであれば」という意味である。人の運命は全て神の意思に委ねられている、という信仰に基づく慣用句だ。「神の導きがあれば、自分が日本へ行ける日もあるだろう。イラクが平和になる日も来るだろう。そして、君がイラクへ来ることもあるだろう。そうなれば、いつの日か、私たちはまた会えるだろう」というわけである。自然に抗《あらが》わず悠久の時の流れの中で栄えたメソポタミアの民らしい、何と粋な別れの挨拶であることか。

その後、内戦が激化するシリアや混乱が続くイラク国内の映像をテレビで見るたびに、デリゾール駅で別れた彼の言葉を思い出す。神の導きのままにユーフラテス川のほとりを列車で駆け抜けてイラクを訪れることができる日を、夢想せずにはいられない。

昭和時代の日本へ

▼台湾

台湾の国鉄に当たる台湾鉄路管理局（台鉄）は、台湾島を一周する幹線と、そこから分岐するいくつかの支線から成り立っている。二〇〇〇年（平成十二年）八月に初めて台湾を訪れた私は、観光はほとんどせず、台北《タイペイ》を拠点にローカル支線ばかりを次々と訪ねた。

中でも、台北の南を走る内湾線《ネイワン》と東を走る平渓線《ピンシー》は、鄙《ひな》びたローカルムードやノスタルジックな昭和日本の面影を色濃く残しており、いずれも台北から日帰り圏内にある。最近は、ローカル線の旅というスタイルが台湾人の間でもブームとなり、台北からの観光客が増えているという。

内湾線の始発駅である新竹《シンチユー》は、日本の特急に当たる自強号《ツーチヤン》で台北から約一時間。自強号の大半が停車する西部幹線の拠点駅だが、下車すると、コンピューター産業が盛んな工業

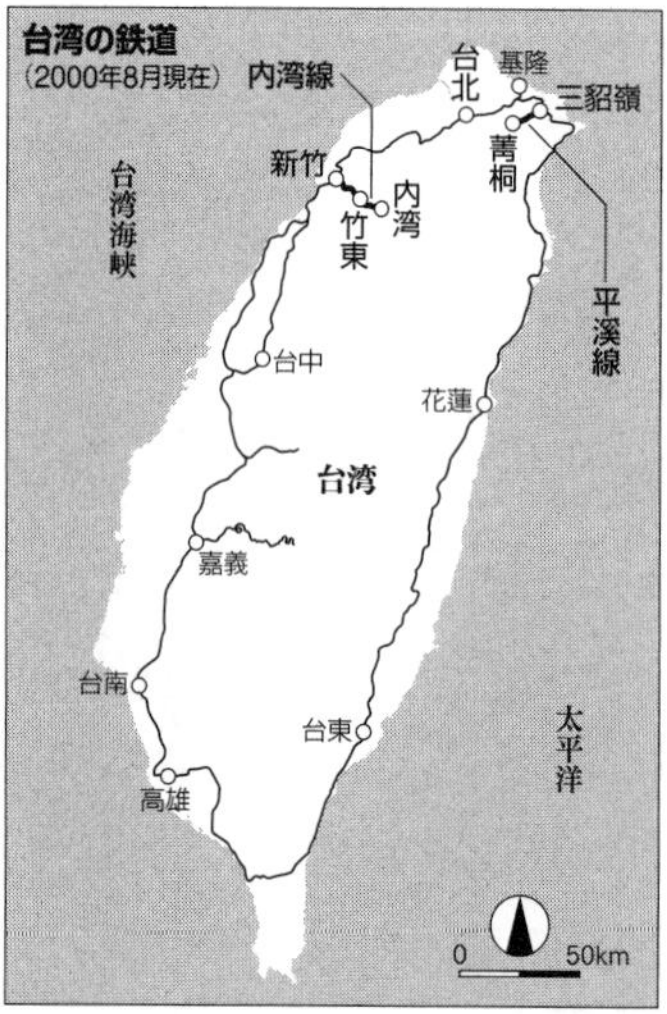

都市の玄関駅とは思えないほどの古色蒼《こしょくそう》然《ぜん》とした重厚な駅舎に目を見張らされる。明治時代の錦絵に登場しそうなバロック様式で、正面の屋根の上には、札幌のそれを思わせる古びた時計台が存在感たっぷりに聳え立っている。大正二年（一九一三年）に改築されたこの駅舎、日本統治時代の名建築物の一つとして台湾でも名高い。

内湾線の柴油車《チャイヨウチャー》（中国語で「ディーゼルカー」の意）は、その駅舎を遠目に眺める駅の外れの専用ホームに発着する。本線から隔離された扱いはローカル線らしいが、車両はステンレス製の冷房付き新型車三両で、暑いホームから車内に入ると、効き過ぎかと思うほどの冷気に包まれる。一般に、暑い国ほど、乗客が体調を崩しかねないくらい強力に冷房を使用する傾向がある。

15時20分、定刻より四分遅れて新竹駅を出発。乗車率は五割弱。軟らかい座席、清潔な

内湾線時刻表(2000年8月現在)

km	列車番号		3253
0	新竹	発	1516
8.0	竹中	〃	1525
10.5	上員	〃	1529
16.6	竹東	〃	1539
19.9	横山	〃	1546
22.2	九讃頭	〃	1551
24.3	合興	〃	1557
25.7	南河	〃	1600
27.9	内湾	着	1604

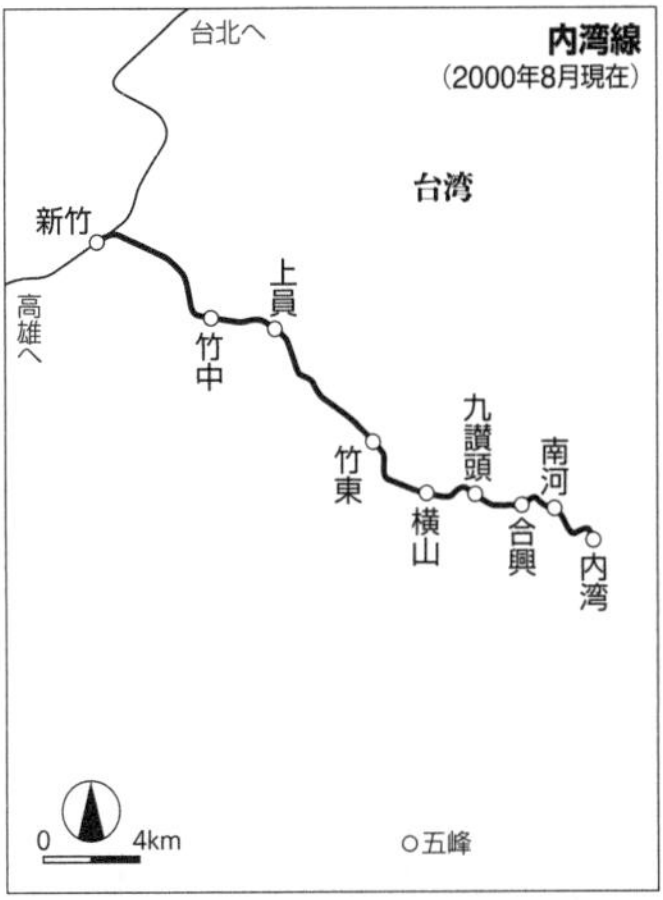

車内となかなか快適だが、冷房車なので窓が開かないのが惜しい。

まもなく台北方面への本線と分かれ、大きく右へカーブして、穏やかな田園風景の中を軽快に走る。停車する小さな駅は木組みの片面ホームが設置されただけの簡素な停留所で、かつての北海道の仮乗降場を連想させる。

新竹から約二十分で三つめの竹東《チュートン》に到着。ここで上り列車と行き違う。瓦屋根のこぢんまりとした駅舎は日本統治時代のものにも見えるが、内湾線が竹東まで開通したのは戦後、一九四七年のことである。

それでも、日本統治の終了直後の開業だったためであろうか、どことなく日本的な雰囲気を醸し出している。駅員は改札で乗車券に鋏を入れ、対向列車が到着すると、日本の鉄道の単線区間で見られる輪っか式の通票を交換するためホームを小走りに移動する。駅事務室のそばにある大きな梃子《てこ》を手で押したり引いたりして、信号機を切り替える。そして、敬礼して我が日本製ディーゼルカーを出発させる。話している言葉を聞かなければ、日本の鉄道風景かと錯覚する。

竹東を出るとまもなく大きな川を渡る。竹東は沿線では一番大きな町だが、それでも駅を離れると人家は少なくなる。この一帯は田畑のほか、工場が目につく。

巨大な工場の前に立つ小さな九讃頭《チューツァントウ》で再び上り列車と行き違った後から、列車は次第に山間部へと分け入っていく。次の合興《ホーシン》は、貨車の入換え用に何本もの側線が設けられた広い駅で、その入換線が折返式《チェーファンシー》（中国語で「スイッチバック」の意）になっている。台鉄唯一のスイッチバックで、文化財として保護されているとのこと。

その合興を出るといよいよ人家も稀となり、エンジンを震わせて勾配を上っていく。地勢が険しくなり、左右にそそり立つ山の斜面の片側にしがみつくように走る。さあこれから山峡の渓谷美が車窓に展開するのか、と思った矢先、16時07分、柴油車はあっけなく終点の内湾に到着してしまった。ホームは小さな駅舎に面した一面のみ、駅前には急勾配の細い坂道を挟んで雑貨屋があるだけで、背の高い椰子の木と竹林に囲まれた山あいの静かな終着駅である。

何もすることがない私は、駅員から帰りの列車の切符を買い、同じ列車で引き返した。

内湾駅発行の乗車券は、日本では数少なくなった厚紙式の小さな硬券であった。

内湾からの折返し列車に乗った私は16時57分、竹東で下車した。竹東は観光案内書にわずかな記述しかない町で、私は道もわからず適当にうろうろし、最初に見つけた旅館に投宿した。

宿のすぐ近くで、道の両側に食堂や屋台が軒を連ねている。夕食に出かけた私は、とある屋台の前で気まぐれに足を止め、料理の名前と内容を主人に尋ねた。竹東はビーフンが名物とされており、中国語で「米粉」と表示されているが、他のメニューがよくわからない。

店頭で字を書いたり拙い中国語で一生懸命聞いていると、後ろから小柄なおじさんがニコニコしながら出てきて姿勢を正し、「いらっしゃいませ」と綺麗な日本語で私に話しかけてきた。それはそれは流暢な日本語に、こちらはきょとんとするばかり。「日本語がお上手ですね」と言うと、「私は日本語で教育を受けましたから」と、姿勢と笑顔を崩さずにそう答えた。結局、このおじさんにメニューを全部教えてもらい、空いているテーブルに座った。

スープに入った丼いっぱいのビーフンやアヒルの肉のたたきなどを、値段も確かめず勧められるままに食べながら、一緒に座って話をする。息子らしい店頭のご主人を手伝って給仕をしつつ、手が空くと私のテーブルに来て話を続ける。

齢を聞くと「大正十年生れ」と言うから、八十歳を超えている。台湾で生まれ育ったとのことだが、二十四歳までは日本人だったわけで、それから半世紀以上経った今も、話す日本語は日本人の抑揚と寸分の違いもない。

おじさんは最近の日本の話題や、私の台湾旅行のことをしきりに聞いてくる。ただ、私は彼の発する日本語での話が聞きたくて、自分から積極的に喋るよりは相槌を打っていることの方が多かった。

そうして話が進むと、「飲みなさい」と言って、店の中から冷えた缶ビールを出してきたし、私ももっと彼の話に耳を傾けたくて、料理の皿を追加注文した。一人で食べる量としてはかなり多かったが、値段は最後まで確認しなかった。どんなに高い額を支払うことになったとしても、偶然巡り合ったこの日本統治時代の生き証人との対談料だと考えれば気にならないと思った。

あっという間に一時間余りが過ぎた。夜の書き入れ時にいつまでも数少ないテーブルと給仕係のおじさんを一人で貸し切っているわけにもいかない。ところが、勘定を払おうとしたら、おじさんが「お金はいらないよ」と言いだした。「せっかく、わざわざ日本から来たのだから」とも。いや、こちらも料理は何皿も注文したしビールも飲んだからにはそうはいかぬと、店の前で押し問答になる。客が代金を払うと言い、店がいらないと言うのは、普通の揉《も》め事と逆である。

だが、おじさんはどうしても代金を受け取ってくれない。店頭の息子さんも苦笑いしながら、「ダイジョウブ」と日本語で言ってくれる。しばらく押し問答を続けたものの、これ以上固辞するとかえって失礼かと思い、私は直立不動でおじさんにお礼を述べ、深々とお辞儀をした。おじさんは、明日は五峰《ウーフォン》へ行くという私に、「気をつけて行きなさいよ」と言ってくれた。最後まで、ニコニコした笑顔は変わらなかった。

翌朝8時50分、竹東駅からやや離れた街の中心部のバスターミナルから、五峰への乗合バスに乗る。賑やかな街をすぐに出て、険しい山道を上る。次第に標高が高くなり、竹東から三十分ちょっとで辿り着いた目的地の五峰は、さらに山奥へ続く細い一本道に雑貨屋や食堂が数軒並ぶだけの、本当に小さな山の村落であった。

何もなさそうなこの小村に、日本人の私にとっては興味深い見所が一つだけある。日本統治時代の神社の鳥居である。

戦後、台湾を支配した国民党政権は、日本統治時代に建設された神社をほとんど破壊した。だが、その痕跡は今も各地に現存し、ここ五峰にも古い鳥居が残っているという。

その鳥居を見てみたいのだが、どこにあるのか、地図がないのでわからない。誰かに尋ねるしかないが、「神社の鳥居」を中国語で何と言うのかもわからない。

一本道沿いの民家の軒下で、おじいさんが二人、椅子に座って世間話をしている。周りが静かなので、二人の小さな話し声が通行人の私にもかろうじて届いた。

それを聞いて私は自分の耳を疑った。二人の会話は日本語で行われているではないか。一人は台湾の少数民族であるタイヤル族、もう一人は漢族のように見える。

主に台湾の山岳地帯に暮らし、日本統治時代には「高砂族《たかさごぞく》」と呼ばれた先住民族は、部族ごとにそれぞれ独自の言語を持っているため、他の民族との会話には共通語が必要となる。戦後の世代はそれが北京語だが、年輩者は今でも日本語を使う、という話は、知識としては知っていた。だが、実際に日本語が〝公用語〟として使われている様子を目の当たりにすると、戦後生れの私は唖然としてしまう。

私は、思い切っていきなり日本語で二人に道を尋ねた。二人の老人の日本語は、昨夜の竹東のおじさんと変わらず流暢な発音で、「『神社の鳥居』は中国語で何と言うか」などと頭をひねっていた私の自問自答は徒労に終わった。

教えられた通りに車道を外れた細道の階段を上っていくと、薄暗い木立の中に、苔《こけ》むした鳥居がポツンと立っていた。この階段は、本殿へと続く石段だったに違いない。周囲は鬱蒼とした林で、他に、ここが神社であったことを示す遺構は見当たらない。なぜ、この鳥居だけが残されたのだろうかと思う。

五峰からさらにバスで入っていく山奥に、温泉が湧出している。午前中は渓流沿いに設けられたその露天風呂に浸かり、ふやけた身体で再び五峰に戻った。昼食時なので適当に食堂に入ったが、店曰く「今日は休みだ」とのこと。近くにあるもう一軒の店も閉まっている。

他に食事の取れそうなところはないかとバス停前の一本道をうろうろしていたら、雑貨屋から初老の男性が出てきて、「どうされましたか」と、またもや美しい日本語で話しかけてきた。食事ができる場所はないか尋ねると、この近くには件の二軒しかないとのことと。結局、次のバスで竹東まで戻るしかないのだが、それまでよろしかったら、ということで彼の店の中に招き入れられた。

喉が渇いていたので二十元（約七十一円）の缶ジュースを一本買い、おじさんに百元札を差し出す。すると、「二十円です。はい、八十円のお返しです。どうもありがとうございます」と滑らかな日本語で言われる。不思議な感じだ。流暢な日本語を話すにしては若く見えたので年齢を尋ねると、「昭和十年生れ」とのこと。だが、日本語で教育を受けたのは十歳までだったにもかかわらず、日本人の日本語そのものだ。

もっとも、私の耳慣れない日本語が会話の中で出てくることもある。例えば、差し出された椅子に腰掛けた私におじさんが最初に聞いてきたのは、「おクニはどちらですか」。初めは当然日本なのに、と思い、「クニ」が出身地、故郷を意味することに気づくのに時間がかかった。今の日本でも「お国自慢」などの言葉は残ってはいるけれど、出身地を尋ねるのに「おクニはどこか」という言い方をするのは、最近では珍しいと思う。

すでに子供が皆独立し、この雑貨屋をやりながら悠々自適の毎日を送っていて、十歳まで学校で教わった日本語で自分の半生などを文章にして書き綴るのが趣味だという。ただ、悩みの種は、その日本語が正しいかどうか、きちんと見てくれる人がいないことらしい。そうなると、話の行きがかり上、私が赤ペンで添削しなくてはいけないような次第になる。

だが、安請け合いした私は、分厚い束になったノートの中を一目見て、自分に添削能力があるか自信がなくなった。数枚にわたる全文が、正字（旧字）と正仮名遣い（歴史的仮名遣い）で書かれていたからである。彼が受けた日本語教育は戦前のものであり、しかも戦後の台湾では日本語の使用が長い間禁止されていたから当然なのだが。

私は、前夜に竹東の食堂で日本語を話すおじさんと話してからずっと抱いている奇妙な感覚の原因を、ようやく理解した。

要するに、竹東の食堂のおじさんも、今朝ここで道を尋ねた二人の老人も、そしてこの雑貨屋のおじさんも、彼らが私と接する中で覗かせる「日本人」としての姿が、終戦直後、つまり昭和二十年八月十六日で停止してしまっているのである。それが、平成の世を生きる私の前に突如として現れるから、こちらはタイムスリップしたような感覚に囚われるのだ。こうした体験は、日本のお年寄りと接しても決してできないだろう。

昨夜の竹東のおじさんとの会話では自分から質問をすることが少なかったので、今度は日本統治時代の話など、何でも思いつくままに尋ねてみた。おじさんも、問わず語りにいろいろな話をしてくれた。

今から百年以上前、祖父が大陸の広東省《カントン》から台湾に渡ってきた。大正生れの父親は今も元気で、戦前はこの五峰の警察署に勤めていた。この地区にある衛生署（保健所）や警察署は日本統治時代に設けられたものだ。「五峰」というのは戦後につけられた地名で、日本統治時代は「十八児《シパジー》」と呼ばれた。十八児には日本人が多く住んでいた。皆仲良く暮らしていたが、終戦後昭和二十一年頃までに日本人は内地へ引き揚げた……。

そんな懐古談の中で私がとりわけ興味を持ったのは、「子供の頃は二時間以上かけて、徒歩とトロッコで竹東の学校に通った」という話である。

台湾の鉄道の多くは日本統治時代に整備されたが、その中に「手押軽便線」と呼ばれた人車鉄道が存在していた。狭軌の線路上を、人が台車（トロッコ）を手で押して走るこの乗り物は、建設・維持費用の安さなどを理由に大正末期から昭和初期にかけて台湾各地に敷設され、最盛期には総延長が千キロ以上にもなった。戦後は交通の発達で次第に姿を消し、台北近郊で一部が観光用に残されているのを除き、全て廃止されてしまっている。

現在の内湾線は戦後の開業だが、戦前は新竹〜内湾間に手押軽便線が営業していて、途中の竹東からこの十八児までにも、総延長十六キロのトロッコ列車が走っていた。彼が通学時に乗ったというのは、このトロッコであろう。

話し込むうちに予定のバスはとっくに出てしまい、いつのまにか一時間以上が過ぎていた。私は、最後に財布の中から一枚の硬貨を取り出し、おじさんに見せて尋ねた。

「これは、日本のお金ですか？」

私は内湾線に乗りに台北から新竹に来るとき、自強号の中で隣席に座っていた台湾人の若者とお喋りをしていた。打ち解けて仲良くなると、彼は「台湾訪問の記念に」と言って、財布の中から硬貨を一枚取り出して私にくれた。それが、この硬貨である。表には菊の御紋章に「一圓」という文字、裏には「大日本・明治十四年」と彫り込まれている。

なぜ、日本語を一言も解さないあの青年がこんな硬貨を持ち歩いていたのか、なぜ、偶然特急列車に乗り合わせただけの日本人にタダであげてしまったのか、など、私には解しかねるところが多いのだが、古銭の知識に乏しい私は、そもそもこれが本物なのかさえ判別できない。そこで、日本統治時代に同じ硬貨を見た経験があるかもしれないおじさんの意見を聞いてみたいと思ったのである。

事情を聞いた彼は硬貨を手に取ると、「ほう」という声を出し、それからそれを床に落としてその音を聞いた。そして、「これは多分本物の銀貨ですね。今では貴重なものだと思います」と言った。

もちろん、彼の意見だけで真贋《しんがん》は断定できない。だが、仮に本物だとすれば、なぜあの青年は私にこんな貴重なものをくれたのか、という疑問はますます強くなった。

それにしても、台湾で地元の青年から貰《もら》った日本の硬貨を、「これは私の国のお金ですか」などと台湾人に尋ねている私は、いったいどこのクニの何者なのだろうか。

内湾線の旅から台北へ戻った私は、今度は台北の東方を走る平渓線を目指した。こちらは内湾線よりも観光色が強く、台北に近い手軽な行楽地として人気があるという。日本の旅行案内書でも、わざわざ「平渓線」という独立ページを設けて紹介している。

この平渓線に台北から向かうとき、私にはもう一つの楽しみがある。これから台北駅より乗車する「平快《ピンクアイ》」列車だ。

地下にある台北駅ホームに下りていくと、10時05分発の樹林《シューリン》発蘇澳《スーアオ》行き平快四〇九列車がすでに停車していた。地下鉄駅のようなホームにはいささか不似合いな非冷房の古びた客車が五両、ディーゼル機関車の後ろに連なっている。

この客車、濃紺の塗装を除けば、外観はかつて日本の国鉄で活躍していた旧型客車によく似ている。それもそのはず、この客車は日本製で、三十年以上前から台湾で使用されているのである。日本では旧型客車はイベント用を除いてすでに絶滅したが、台湾でその親戚のような車両が今も現役なのだ。

台鉄の列車種別は特急に相当する自強号、急行に当たる莒光《チュイコワン》号が速い列車で、その下に復興《フーシン》号、通勤電車、普通車、快車という順番でだんだん遅くなる。復興号は多少の通過駅があるので基本的には準急ないし快速相当だが、各駅停車でも冷房付きの上等な車両が使用される場合は復興号扱いになったりする。内湾線のディーゼルカーも、普通列車なのに全列車が復興号となっている。これから乗る平渓線もそうである。

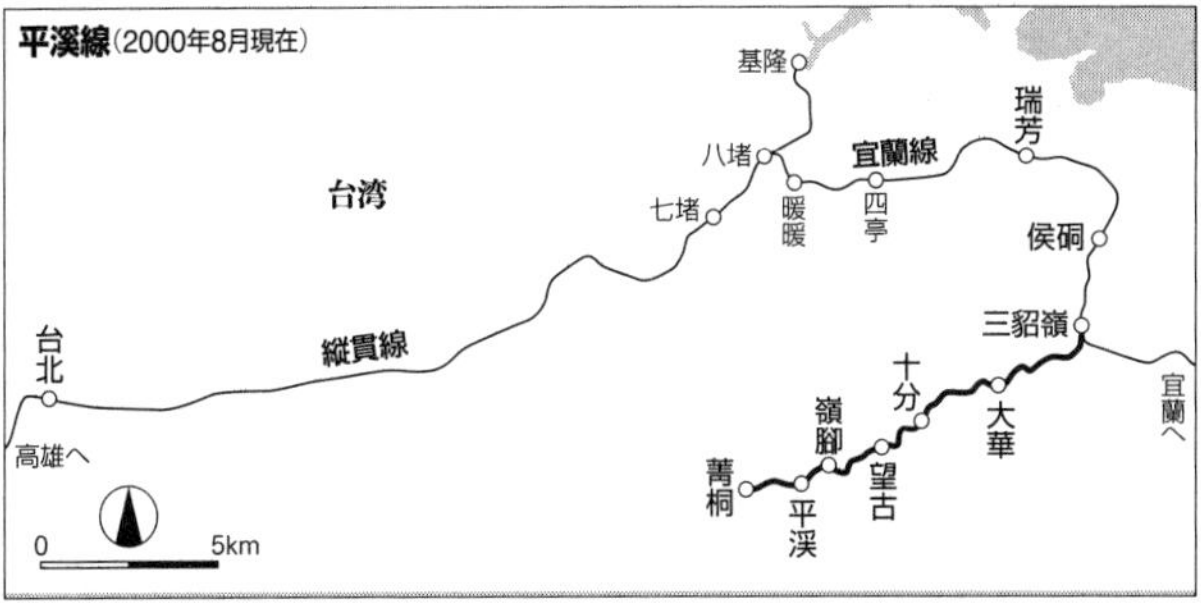

これに対して「平快」と称される最下等の快車は鈍足で冷房もなく、台湾を一周する本線上にわずかに残るだけで、時刻表上も存在感が薄い。その数少ない平快に、この日本製旧型客車が充当されているのだ。

開け放ったままのデッキから乗り込むと、地下ホームの中なのに室内灯が点いていない薄暗い車内に、乗客がちらほらと座っている。転換式のクロスシートなので、すいている今は四人分の席を占領して足を投げ出すことができる。

何より、窓が全開なのが嬉しい。全車冷房の内湾線では窓が開かず、自然の涼気を車窓から吸うことはできなかった。おそらく、今日の平渓線も全列車が復興号なので、冷房が入っていて窓は開かないだろう。窓から外気を吸い込み、涼しい風を存分に浴びる贅沢な列車の旅は、今や台湾でも難しくなってしまっている。

四〇九列車は台北地下ホームを定刻に出発。発車の警笛から一瞬の静寂の後、機関車が客車を引っ張る軽い衝撃が伝わり、静かに動き始める。随分久しぶりに味わう、客車列車の独特の旅立ちである。

ディーゼル機関車牽引の日本製旧型客車編成が、地下鉄のごとくトンネル内を快走する。窓もドアも開けっ放しで走る地下鉄なんて、日本では考えられない。

その状態が五分ほど続いた後、地上に出た列車はしばらく都心部を走る。ビルの林立する大都会を旧型客車が悠然と走る光景は、日本では昭和末期まで見られた。だが、当時まだ小学生だった私は、そうした列車の乗客となることはついになかった。十余年後の今、私は台湾でその列車の人になっている。

基隆《チーロン》から高雄《カオシュン》までの約四百キロを結ぶこの縦貫線は台湾西部の主要都市を繋ぐ大動脈で、台鉄の最重要路線となっている。そのため列車の往来が激しく、こちらからやや離れた位置を走る反対方面の線路上を、自強号から通勤電車までが頻繁にすれ違っていく。

それらの対向列車の中に、こちらと同じ旧型客車の編成は見られず、我が四〇九列車の存在は浮いている。南国の台湾で冷房がないのは致命的で、現在進められている車両や路線の近代化とともに、数年以内にこの旧型客車は姿を消す運命にあるという。

八堵《バーツー》で基隆方面と分かれ、宜蘭《イーラン》線に入る。宜蘭線は八堵からこの列車の終点・蘇澳までの九十五キロを結ぶ台湾東部幹線の一部を形成する。もっとも、幹線と言っても電化されたのはつい最近で、西部の縦貫線に比べると発展が遅れている。

宜蘭線に入った途端に車窓が一変する。それまで賑やかな市街地や工場地帯を走っていたのが、急に緑に囲まれ始め、左側に基隆河《チーロンホー》の渓谷が現れる。最初の停車駅・暖暖《ナンナン》は無人駅で、上りホームにバナナが自生している。その後も車窓左手に基隆河の絶景が続く。11時00分、瑞芳《ルイファン》に到着。平渓線の戸籍上の起点は三貂嶺《サンチャオリン》なのだが、次の平渓線列車は瑞芳始発なので、平渓線に乗り換えると思われる観光客はここで下車した。だが、私は下車せず、三貂嶺までこのまま乗っていくことにした。なるべく長い時間、この客車の乗客でいたかった。

縦貫線・宜蘭線・平渓線時刻表（2000年8月現在）

線名	km	列車番号		409	3213	3215
		列車種別		平快	復興	復興
		始発		樹林 939		
縦貫線	0	**台北**	発	1005	…	…
	6.4	松山	〃	1015	…	…
	9.3	南港	〃	1020	…	…
	15.5	汐止	〃	1028	…	…
	16.7	五堵	〃	1032	…	…
	23.0	七堵	〃	1041	…	…
	24.9	**八堵**	〃	1047	…	…
宜蘭線	26.4	暖暖	〃	1050	…	…
	28.7	四亭	〃	1055	…	…
	34.5	**瑞芳**	〃	1102	1107	1257
	39.1	侯硐	〃	1109	1114	1319
	41.6	**三貂嶺**	着	1114	1118	1323
平渓線	0	**三貂嶺**	発	1114	1118	1323
	3.5	大華	〃	南澳着 1359	1126	1330
	6.4	十分	〃		1133	1336
	8.0	望古	〃		1137	1340
	10.1	嶺腳	〃	…	1142	1345
	11.1	平渓	〃	…	1145	1348
	12.9	**菁桐**	着	…	1150	1352

瑞芳を出ると列車はトンネルをくぐり、山間部へと分け入る。次の侯硐《ホートン》と最後の三貂嶺の一区間は、窓から身を乗り出せば届かんばかりに、赤茶けた岩肌を露出した渓流が間近に迫り、壮観な車窓が展開する。

付近に人家の気配がない、山峡の信号所の

ような三貂嶺に到着。駅のすぐ真下は基隆河渓谷になっていて、京都にある嵯峨野観光鉄道の保津峡《ほづきょう》駅を思い出す。乗降客の姿はないが、小さな駅舎の中に駅員はいる。

その駅舎内部の改札口の上部に、「空襲避難位置圖」という地図が掲げられていた。〝敵〟の空襲時の避難経路が図示されている。今時、「空襲」という漢字表記を市民生活の中で目にする場所が、世界中で他にあるだろうか。台湾が、今も中国と対立関係にある厳然たる現実を、この掲示板は無言で語っている。


蘇澳行き平快列車が去った同じホームに、瑞芳始発の平渓線菁桐《チントン》行きが到着。昨日の内湾線と同じ形式の柴油車の二両編成で、予想通り観光客で混み合っている。定刻通りに発車するとすぐに長いトンネルに入り、宜蘭線と分かれてさらに山の中へと進入していく。トンネルを抜けると、基隆河はさらに狭まった深い谷底に食い込むように流れ、それが車窓から見下ろせる。

そんな山中に最初に現れた一つめの大華《ターフアー》で、私は下車した。数十軒の民家が軒を寄せ合う小村の無人停留場だ。私の他にも、台北から来たらしい若いカップルの観光客が、屋根のない小さな片面ホームに降り立った。

列車が走り去った後を追うように、私たち下車客は線路の上を歩き始めた。この大華から次の十分《シーフェン》までの一区間、二・九キロは、線路内立入禁止どころか、線路が正規の観光ルートになっているからである。

大華から十分へ向かう途中、線路の右側に大きな滝がある。高さ二十メートル、幅四十メートルもあるこの十分瀑布《ばくふ》は「台湾のナイアガラ」とも呼ばれていて、平渓線随一の観光名所となっている。ところが、大華〜十分間には道路がないため、平渓線の線路敷が唯一の通り道となっているのだ。

鬱蒼とした林の中の単線線路をてくてく歩く。小川を渡ったりトンネル内部を通行するときは、歩行者のために特に安全対策が施されているわけではないので、足元に注意しないと危ない。切通しやトンネルで険しい地勢を懸命に克服して線路を通した様子が窺える。平渓線の開通は日本統治時代の昭和四年（一九二九年）である。

大華駅から二十分近く歩くと、線路のすぐ右側に十分瀑布の入場口が出現。線路のまさに真ん前で、確かに線路の上を歩いてこなければここには辿り着けない。

入場口を通ると、内部は自然公園のように整備されている。今日は金曜日、天気は悪くないが、行楽客の姿は少ない。

「台湾のナイアガラ」は、入口から何度も急な階段や坂道を上り下りしたところにあった。本物のナイアガラを見たことがないので愛称が適切かはわからないが、水流が横幅広くほぼ垂直に、滝壺《たきつぼ》へと流れ落ちている。滝を眺める展望台や滝壺のすぐそばまで近づける広場があり、ほとんど人影がなく静かなので、滝の音が周囲によく響いている。

渓谷のすぐ上流には、平渓線の鉄橋が架かっている。さすがにこの鉄橋で線路上を歩かせるのは危険すぎるため、線路の脇に歩行者用通路が別に設けられていて、観光客の姿が橋の下から望める。

そこへ、轟音とともに平渓線の列車が現れ、ゆっくりと通過していく。橋の上で列車に遭遇したら、歩行者通路にいても怖いだろうなと思う。

その橋を私も渡り、十分瀑布を後にして、十分駅へ向かって再び線路の上を歩く。大華寄りほど深い林の中ではなく、やや開けた谷の中に線路が延びている。

途中で、大華駅で一緒に下車したカップルに追いついた。どちらからともなく挨拶し、言葉を交わすうちに私の片言の中国語がアヤシイので、日本人と知れる。たどたどしい中国語を操る日本人に興味を持ったのか、十分駅まで話をしながら歩いていき、駅のそばの食堂で昼食をともにしながら次の列車を待った。

十分は平渓線内で唯一、上下線の行違いが可能な駅で、駅員もいる。窓口で購入した菁桐までの硬券乗車券を手に、13時41分、再び平渓線柴油車の人となる。相変わらず、冷房がガンガンかかっていて肌寒い。

開かない窓越しに見る左手の車窓には、なおも基隆河の峡谷が展開する。少し空がどんよりと曇ってきた。小さな駅に停車するたびに地元客が少しずつ下車していき、乗っているのは私やあのカップルのような観光客ばかりになる。

線名にもなっている平渓を出ると、柴油車はさらにエンジンを震わせて河岸段丘の上を走り、少し左にカーブする。そこが、終着駅の菁桐であった。

ホームは短い片面ホーム。構内には古びた巨大な炭鉱の炭積み装置がある。

平渓線は本来、この菁桐炭鉱の石炭を運搬するために敷設された炭鉱鉄道だった。だが、炭鉱は一九七九年に閉山。駅の裏手の採炭施設は廃墟と化し、石炭を満載した貨車が所狭しとひしめいていたであろう側線のレールは赤錆びている。

菁桐駅舎は、日本統治時代に建てられた木造の小さな建物が現役で頑張っている。駅前は、やはり日本統治時代のものと思われる古い民家が建ち並ぶ狭い路地になっている。

その路地を抜けると、鄙びた小村には不釣合いな大きな橋が、基隆河に架かっている。自家用車は走っているが、歩いている人の姿はない。それは、現代日本の田舎の日常風景と、ほとんど変わりがないように思えた。

ビコールトレイン往来記

▼フィリピン

フィリピンの鉄道は、おそらく東南アジアで最も知名度の低い鉄道である。

フィリピンでは、本島とも言うべきルソン島に国鉄があり、首都マニラと南部のビコール地方の中心都市レガスピを結ぶ四百七十九キロの一路線が存在する。だが、二十世紀末の日本では本を読んでもインターネットで調べても、それ以上のことは正確にはわからなかった。要するに何もわからないのと同じである。

フィリピンという国自体は地理的には日本から近いところにあり、観光客の数も多い。マニラやレガスピはもちろん、鉄道沿線にも観光地は少なくない。なのに、旅行案内書では「治安に問題があり利用は勧めない」と書かれている程度で、鉄道はほとんど無視されているのだ。飛行機が飛んでいるし、鉄道と並行する道路にも速くて快適な長距離バスが頻繁に走っているので、わざわざ得体の知れない列車に乗る必要がないからだろう。

その得体の知れない鉄道に乗りたくて、私はマニラを訪れた。二〇〇〇年（平成十二年）八月のことである。

マニラには国鉄駅がいくつかある。だが、道行く人に尋ねても駅の所在は知らないと言われることが多い。渋滞の市内を適当にぐるぐる回っていたら、国鉄線の踏切に遭遇し、そこから線路上を歩いていってようやくパサイロードという名の駅に辿り着いた。パサイロード駅はマニラ首都圏の中心部に位置しており、マニラ市北部にある国鉄の始発駅タユマンから十三キロの地点にある。

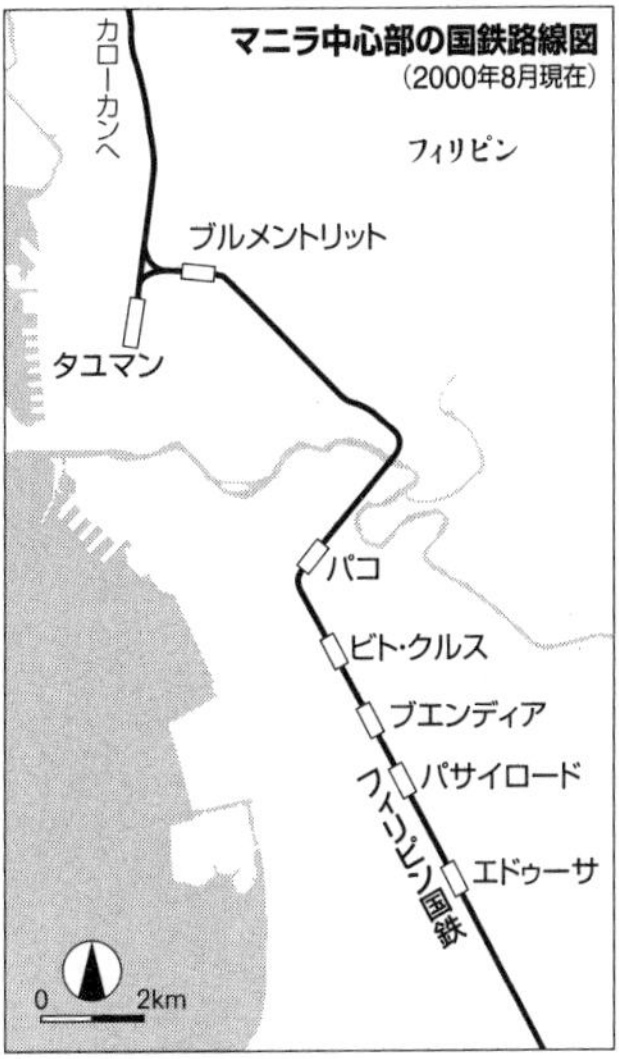

フィリピンの鉄道について何も知らずにマニラに来た私は、この駅の掲示板で初めてフィリピン国鉄の現在の運行状況等を知った。それによると、運行形態はマニラ近郊列車と長距離列車の二種類に大別され、長距離列車はビコールトレインと称されている。レガスピまでのビコールトレインは一日二本、ともに夜行列

車で、各々に異なる列車名や料金が設定されている。私が手にしたのは、先に出発するという理由で買った「ユニオン・エクスプレス」という名の列車の切符である。

いったいどんな列車なのだろうとわくわくしていた私の前に最初に現れたのは、空色と白のツートンカラーの客車を連ねた近郊列車である。こう書くと清潔で明るい感じの列車のようだが、車体側面には落書きが施され、どの車両も茶色く煤けている。開けっ放しのドアから中を覗くと、車内に電気は点いておらず、空気がよどんでいて薄暗い。列車の内外を一瞥しただけで、隣の駅までで乗るのをためらわせる雰囲気が漂っている。先頭の機関車だけが綺麗に整備されているため後ろの薄汚れた客車が対照的で、その走る姿はまるで機関車がゴミ箱を四つ五つ引きずっているかのようだ。「利用は勧めない」という案内書の一文が脳裏を掠めた。

だが、続いてやって来た本命のユニオン・エクスプレス号の姿は、そんな近郊列車を見た私の全く予想し得ないものであった。

フィリピン国鉄の略号であるＰＮＲの大きなヘッドマークを誇らしげに掲げた機関車は、三両の綺麗な青い客車を従えていた。車体側面に赤い帯線とＰＮＲのエンブレムが入っている。側窓は囚人輸送車のように金網で物々しく覆われている。だが、青い車体やドアには「自動ドア」「1号車」などの見慣れた日本語表記があちこちにある。日本のＪＲ

の中古客車であることは一目でわかった。

フィリピンに来てまさかＪＲの客車に乗ることになるとは思わなかったが、あっけに取られている私を乗せて列車はすぐに動き出した。17時33分、すでに二十分遅れている。

三両の客車のうち、前二両は四人掛けボックスシート、後ろ一両はリクライニング式のロマンスシートとなっている。マニラ〜レガスピ間の運賃は前者のノン・リクライニングカーが三百三十五ペソ（約八百十九円）、後者のリクライニングカーが三百八十三ペソ（約九百三十六円）。同じ距離を日本のＪＲの特急に乗れば一万円を超えるが、私を乗せたＪＲ客車が今走っているのは日本列島ではなくルソン島である。

私の席はリクライニングカーにある。座席は全車指定席で、今日はほぼ満席。車掌によると、この車両はＪＲ東日本から無償でフィリピン国鉄へ譲渡され、三ヵ月ほど前から使い始めたばかりだという。全車冷房の列車はフィリピンでは初めてだとのこと。暑い当地では冷房は非常に有難い。

車内は、外見以上に日本である。見覚えのある柄のシートカバー、「ＪＲ東日本」と日本語で彫られた吸い殻入れ……。トイレの横には「平成10年11月13日」の日付が最後になった殺虫剤消毒記録用紙が差し込まれたままだ。車内にタガログ語や英語の広告は一切なく、代りにＪＲ東日本の「ルックイーストキャンペーン」のポスターがガラスケースにはめ込まれている。乗客乗務員が皆フィリピン人なのが不思議で、ＪＲのフィリピン人観光客団体専用列車に間違えて紛れ込んだ気分になる。

列車はマニラの住宅密集地をすり抜けるように快走する。だが、まだ明るい外の景色を楽しむことは容易ではない。窓ガラスの外側に張られた金網のせいである。

フィリピンでは、走行中の列車に投石するというおかしな習慣がある。小さい子供から中学生くらいの男の子までが、嬉々《きき》として一斉に列車めがけて石つぶてを投げつけるのだ。彼らの多くは線路の敷地内に勝手に小屋を建てて住んでいるスクワッターと呼ばれる不法占拠〝住民〟で、至近距離から投げつけるためよく命中する。走行中、車体や金網に石の当たった鈍い音が何度もする。金網がなければすぐに窓ガラスが割られるに違いない。

実際、使用開始からまだ三ヵ月というのに、金網のない乗降口や貫通路の扉のガラスにはこぶし大の穴が開《あ》いている。乗降デッキに立って外を眺めるがごとき行為は、マニラ近郊では非常に危険である。

私は当初、外が見たくてデッキに立って走り去る後方を眺めていた。列車が通過すると同時に、線路脇に避難していた〝住民〟が左右からどっと線路上に飛び出してくる。列車のスピードが速いため後方からの投石はこちらには届かないが、左右の乗降口からいつガラスを破って石が投げ込まれるかもしれないかと思うと、呑気にそこに立っている気になれなかった。

結局、車窓を楽しむには、不十分でも座席から金網越しに外を眺めるしかない。こうしたスクワッターの形成する線路内スラムは、パサイロード発車後一時間ほど続いた。

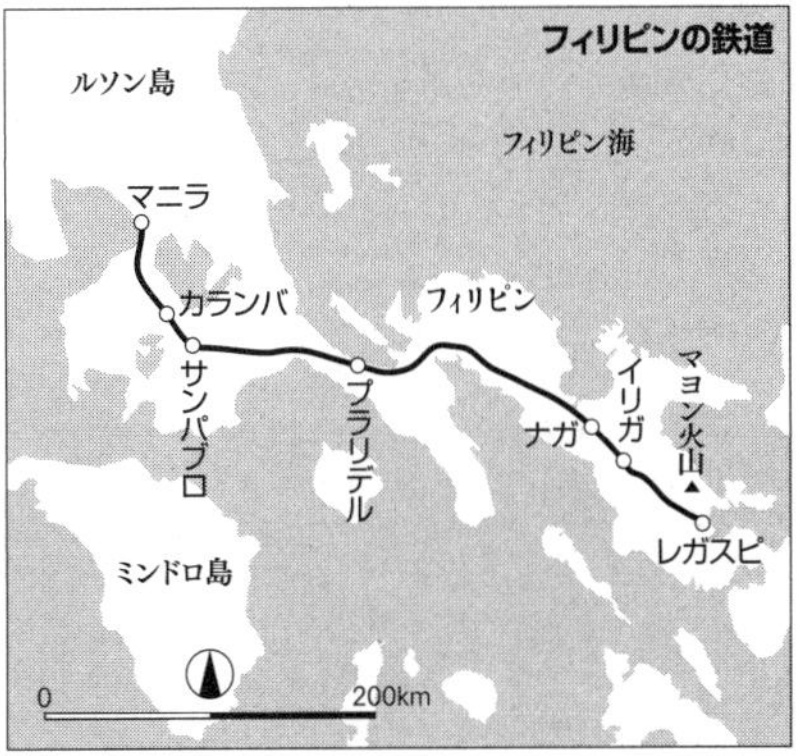

18時半を過ぎ、夕闇迫る車窓にようやく農村風景が現れ始めた。スラムを抜けて列車の速度もさらに上がる。しかし、街を離れれば街灯などもなく、椰子の木のシルエットもやがて闇に紛れてしまった。

予想に反し、車内販売の類いは一切ない。どの駅にも売店はあるのだが、停車時間が短くて買いに行けない。道中で食べ物が手に入らない長距離列車は、海外ではあまり例がない。私の手元にはミネラルウォーターしかなく、パサイロード駅で何か買っておけばよかったと思う。勝手知ったる常連客は持参の弁当を広げて食べている。

20時半頃室内灯が減光され、やや早いが寝ることにする。ところがこれまた困ったことに、冷房が効き過ぎて寒くて眠れない。長袖の上着を着てもまだ寒い。毛布を持ち込んでかぶっている乗客もいる。デッキだけは冷房が弱いため、私と同じように寒さに震えた乗客が多数逃げてきていた。すでに民家からは遠く離れたところを走っているので、石が飛び込んでくる心配はないことだけが幸いである。


眠れないまま22時34分、マニラから百九十九キロ地点のプラリデルに到着。駅周辺は真っ暗だがホームの売店はまだ営業中で、乗降デッキからは物売りの姿も見える。列車が動く気配は全くなく、他の乗客も車外へ出たがったが、自動ドアはなぜか閉まったまま。

乗客の一人が、私の足元にある非常用コックを指さして、ドアを開けてくれと言う。緊急時に車外へ脱出するため、自動ドアを手動に切り替える装置である。

使用上の注意は日本語で書いてあるから、この列車の全乗客・乗務員の中では、私が操作するのが最適（?）には違いない。他の乗客たちが見守る中、私は生まれて初めて、営業運転中のＪＲ車両の非常用コックに手を触れた。

シューッという音がして、ドアは手動に切り替わり、私に続いて何人かが線路上に飛び降りた。乗務員の一人も降りてきた。外は適度に暖かくて心地好い。早速物売りのおばさんからパンやホットコーヒーを買い、たちまち消化してしまう。昼間は暑さに参って冷房を有難がり、夜は冷房に震えてホットコーヒーを有難がるとはおかしなことである。

上り列車との行違いと思っていたが結局何事もないまま一時間近くが経過し、23時31分発車。腹が満たされ体の中から温まると、ようやく浅い眠りにつくことができた。


東の空が白み始めた頃、レガスピに次ぐビコールの中心都市、ナガに着いた。乗客の半数以上が降りてしまう。駅の黒板には発車時刻は3時50分と書かれていたが、出発したのは5時14分。今のところ、一時間二十四分の遅れである。もっとも遅れを気にする乗客や乗務員は車内にはいない。私を除いては。

5時半を過ぎ日の出を迎えると、やがて左窓には見事なまでに起伏のない、均整のとれた円錐火山が並んで現れる。しばしば大噴火してはこの地方に災害をもたらす山々だが、山頂からかすかに噴煙をたなびかせているその姿には、思わず見とれてしまう。

ここまで来るともう線路内のスラムはなく、スラリと伸びる椰子の木々と広々とした田園地帯や湿地帯の中を優雅に走り続ける。線路際や広がる草地のそこらじゅうで、水牛が草を食んだり寝そべっている。掃き溜めのようなマニラのスラム地帯を抜けてきた眼には、別世界のように映る。

途中、小さな駅は次々通過し、列車はさらに速度を上げる。乗客はすでに大半が下車してしまっている。前の車両では、まだ乗務が終わっていないのに、車掌二人がガランとした車内で座席にもたれて熟睡している。

その一人が8時過ぎ、リクライニングカーに最後まで残っていた私のところにやって来て、もうすぐレガスピだから前の方へ移れと指示する。言われるままに先頭車両へ行くと、もう一人の車掌が、業務終了で嬉しいのか乗客の一人と声高らかに歌っていた。

絶好調の車掌氏は私を見て、今夜レガスピ駅近くの行きつけの酒場でみんなで飲むから、お前も来いよと声をかけてくる。他の連中も来い来いと誘ってくる。こんないい車両をくれて、ありがとうな、日本人、などとなぜか私に礼を言ったりもする。

森を抜け、やがて民家がちらほらと見え始め、右へ大きくカーブしたところが、ビコールトレインの終点レガスピであった。8時27分到着。マニラのパサイロードを出発してから約十五時間が経過していた。小さいながらも石造りの立派な駅舎を構えたこの終着駅にユニオン・エクスプレス号から降り立った乗客は、私を含め十人もいなかった。

ビコールトレインにはもう一種類ある。「ペニャフランシア・エクスプレス」である。

聖母ペニャフランシアの名を戴いたこの列車は、レガスピ駅の黒板には14時発と書かれている。マニラ到着予定時刻は書いていないが、往路にパサイロード駅で見た時刻表には、上りのペニャフランシア・エクスプレス号の到着時刻は3時02分と書かれていた。とすれば、予定通りなら午前3時半頃には終点のタユマンに到着してしまうことになる。タユマン駅は、マニラでも治安が一段と悪いことで有名なスラム街・トンド地区に近い。そんなところに夜明け前に着いてしまうのはさすがに怖い。

だが、往路の様子では必ず適当に遅れると思った私は、この列車に乗ることにした。せっかくフィリピンまで列車に乗りに来たのに、JRの客車にだけ乗って帰りたくはなかった。

昼下がりのレガスピ駅には、ホームを挟んでJRの客車によるユニオン・エクスプレス号と、反対側にペニャフランシア・エクスプレス号の編成が並んで停車している。こちらの客車はフィリピン国鉄のオリジナルで、先頭のみ往路と同じ形のディーゼル機関車、次が荷物車、以下ツーリストクラス客車一両、エコノミークラス客車二両の計五両編成。マニラまでの運賃はツーリストクラスが二百七十七ペソ（約七百九円）、エコノミークラスが二百二十七ペソ（約五百八十一円）。いずれもユニオン・エクスプレス号より三割程度安い。

もっとも、車両を見れば値段の差は頷ける。青、クリーム、赤の三色に塗り分けられた車体の塗装は剝げ落ち、「ECONOMY」と大書された文字はほとんど読めない。外板は投石その他によって凹凸ができていて損傷が激しく、廃車体同然の哀れな姿である。ゴミ箱が走っているように見えたマニラの近郊列車も、この惨状には遠く及ばない。

車内を見れば天井には電灯が一つもなく、座席は埃をかぶり、シートカバーがちぎれて中の詰め物が顔を覗かせている。どの窓にもガラスは入っておらず、鉄の鎧戸《よろいど》とその外側に金網が取り付けられている。当然ながら、全車非冷房である。停車中の客車内はサウナ同然で、とても出発を車内で待ってはいられない。

隣にいるJR車両とは天と地以上の格差があるが、私が手にしているのはこの超オンボロ列車の、それもエコノミークラスの自由席切符である。ツーリストクラスとの違いは座席がリクライニング式ではなく向い合せのボックスシートであるというだけで、冷房がない以上居住性に大して違いはない。とはいえ、往路のユニオン・エクスプレス号の一等車だったリクライニングカーから、一気に四等車に落ちぶれたことになる。

こんな列車にわざわざ乗ろうとする人はさすがに少ないのか、発車時刻が近づいてもレガスピ駅に乗客の姿はほとんど現れず閑散としていた。ところが、13時53分、予定時刻の七分前に、何の前触れもなくいきなり列車は動き始めた。始発駅の早発は初めての経験である。「定時運行」という意識がないのか、「ちょっと早いけどそろそろ行こうか」という感じだ。三両の客車内に乗客は数えるほどしかいない。

レガスピを出た我がペニャフランシア・エクスプレス号は、しばらくは民家の間を走る。ときどき車内で「ガチャン！」という音がする。投石である。往路と異なり客車のドアは全て開けっ放しで走っていて、最後尾の貫通路にも扉がない。そのため、石ころが大きな音を立てて、直接乗降デッキや車内の通路に飛び込んでくる。

列車の速度が遅いため、列車の通過後に後方から投じられた石がこちらに届いてしまう。停車駅のたびに投石に迎えられ、私の足元にも一個転がってきた。これでは危なくておちおち通路も歩けない。マニラまで当たらずに済むことを祈るしかない。

列車はのんびりと走りながら、往路は通過していた小さな駅にもこまめに停車していく。中にはホームもなく、掘立て小屋のような駅舎の横のゴミ捨て場に駅名標が転がっているかわいそうな駅もある。

停まるのは駅だけではない。森の中で突然停車し、木々の間から見えた一軒家から男二人が出てきて乗り込んだ。停車するたびに、少しずつ乗客が増えていく。ユニオン・エクスプレス号とは車両のグレードだけでなく、速達列車と各駅停車という役割分担の面での違いもあるようだ。こちらも一応「エクスプレス」と名乗っているのだが。

駅を離れるとすぐに密林と農村の車窓が展開する。空には黒い雲が広がり、雨がぱらつく。あの美しい円錐火山の姿は、今日は厚い雲の向こうに隠れてしまっている。

レガスピを出てから一時間ほど経ち、列車は急にスピードを上げ、狂ったように走り始めた。同時に、雨が激しくなってきた。

窓ガラスがないので、雨がどんどん車内に吹き込んでくる。乗客や車掌がみんな窓の鎧戸を下ろす。外が見たくて下ろさない私の顔や体は雨に濡れる。他の窓の鎧戸は全部下ろされたので、室内灯のない車内は夜でもないのに真っ暗になってしまった。まるで封印列車だ。雷鳴が轟き、激しいスコールが何度も繰り返される。不安定な天候がしばらく続いた。

16時17分、イリガに到着。沿線では比較的大きな町で、ここから急に乗客が増えた。物売りも何人か乗り込む。最後尾の車両の乗降デッキに荷物の箱や麻袋が次々と積み上げられていく。

若干長かった停車時間中に、私の近くに座っていた若い男性が駅のホームの露天商から揚げバナナを買ってきて、少しわけてくれた。フィリピンではこうしたバナナのおやつを露店でよく売っていて食べる機会が多く、どれも美味しい。彼はナガまで行くとのこと。夕方にマニラを出る下り列車と異なり、レガスピ発の上り列車は出発時刻が早いので、彼のようにビコール地方の昼行列車として利用する人も少なくないらしい。

坦々として一向に変わらない単調な農村風景の中を、オンボロ列車は超然と走る。雨は上がり、再び鎧戸の上げられた車内に西日が差すようになった。熱帯にあるフィリピンには日本のような四季はない。車窓には、緑の苗と黄金色の稲穂、刈り入れ作業と田植えの光景が混然と現れる。

急にトイレへ行きたくなり、席を立つ。トイレは前の車両にあるので、利用するときは車両間を移動しなければならない。ところが、車両の連結部には幌《ほろ》がついておらず、上手に飛び越えていかなければならない。列車の揺れは地震体験車に乗っているかのように凄まじく、車内の通路をまっすぐ歩くのも一苦労である。うっかりすると連結部の隙間から車外へ振り落とされかねない。車両間の移動は命懸けだ。

そうしてやっと辿り着いたトイレは、エコノミークラス車では床に穴が開いているだけ。ツーリストクラス車では垂れ流しの洋式便器はあるが便座はない。どちらもドアの立て付けが悪くなかなか動かない。もちろん、トイレの中に電気はない。日没後の揺れる車内で、命を懸けて隣の車両からこんなトイレに入りに来なければいけない状況は、想像もしたくなかった。

夕方になり、大きな町に入る。お決りのように投石が始まる。車体に石が何度も命中する音がするのは、町が近い証拠である。両手いっぱいに石を持って準備している子や、少し離れた道路から、見事（?）なコントロールと遠投力で当ててくる子もいる。もう車内に石が転がり込んできても驚かなくなった。17時21分、ナガに到着。

ここからはさらに乗客が増え、後ろにエコノミークラス車が二両増結された。満員の車内は一気に賑やかになり、物売りが何人も通路を行き交う。

駅の黒板には17時発と書かれているが、増結作業が終わっても延々と停車し続ける。ホームに降りてアイスクリーム売りの少年からアイスを買って食べたり、跨線橋《こせんきょう》に上って広い駅構内を眺めて過ごす。出発時刻の見当がつかないので、列車からそうそう離れられず、時間をつぶすのに難渋する。さりとて停車中の車内は蒸し暑く、長く座っているのは結構しんどい。

一時間遅れて18時01分、ようやく発車。程なくナガ川を渡ると右窓に真っ赤な夕陽が見え、それがそのままゆっくりと沈んでいくさまをずっと見ていた。18時07分、湿地帯の彼方の椰子の森に陽は沈み、あとは日本と同じ色の残照がしばらく残った。

夜になると天井から下がる三つの裸電球だけが唯一の明りとなった。ナガ停車時に車掌が取り付けたのだ。橙色《だいだいいろ》の淡い電球がほのかに灯る車内は、戦後生れの私が映画の中でのみ知る昭和二十年代前半の日本の夜汽車の様相である。電気の光が届かない二つ三つ先の席の乗客の顔はもう見えない。車掌が懐中電灯を持って検札をして歩く。

遠くから、ハーモニカの音色が聞こえてきた。どこかの席で乗客が吹いているのかと思ったが、だんだん近づいてきた。子供の肩に摑まった盲目の父親が演奏し、乗客から金をもらう商売である。薄明りの下のハーモニカの音色はどことなく哀調を帯びているように聞こえる。何人かの客が手元の小銭を子供に渡すと、近くで立ち止まり、ひとしきり演奏してから後ろの車両へ移っていった。

19時半を過ぎ、乗客が持参の弁当を開き始める。私も今度はあらかじめ用意しておいたパンをかじる。車内を往来する物売りからホットコーヒーを買って飲み、それで夕食は終わり。駅弁だの食堂車だのといった気の利いたものは、フィリピン国鉄には存在しない。

暗闇の車窓は駅に着いたときだけ若干明るくなるが、それでも車内に十分な光が届くわけではない。外を見ることも本を読むこともできず、腹がふくれるともう朝まで寝るより他にすることがなくなってしまう。20時をまわって、他の乗客も三々五々寝始めた。

ところが、走行中は窓から風が入ってくるのだが、駅に停車すると風が止み、途端に暑苦しくなって眠れない。それでもようやくうつらうつらとしかけた頃、今度は巨大な麻袋が私の脳天を直撃した。揺れが激しくて網棚から落下したのである。

中身は衣服など軽くて柔らかいものしか入っていないので何ともなかったが、近くの席のおばちゃんが慌てて飛んできた。そして、苦笑いしながら「ごめんなさいね、日本の若い人、ケガはなかった?」などと大きな声で言ったので、暗がりに浮かぶ周囲の乗客の眼が一斉に私の方を向いた。この列車、それもエコノミークラスに日本人が乗っているのは珍しいのであろう。

それにしても、フィリピン人は、こんな列車に乗っている行商のおばちゃんから町で屋台を引くおっさんまで、ほとんどの人が流暢な英語を話す。その流通度の高さには驚かされる。

その後も、走れば揺れが激しく、停まれば暑苦しいの繰り返しで、眠れない時間が続く。日付が変わっても車内の物売りは皆休むことなく声を上げて通路を行き交う。それに文句を言う人は誰もいない。

半眠状態のまま、3時08分サンパブロ着。ここで下り列車と行き違う。下りはこちらと同じフィリピン国鉄のボロ客車。当方の到着を待って出発していった。

ところがこちらは全然動かず、またも長時間停車を決め込む。たちまち車内は蒸し暑くなる。駅の時刻表はすでに全く無意味なものになっている。だいたい、時刻表通りなら今頃マニラに着いているはずである。サンパブロはマニラから八十八キロの地点にある。

停まり続けること実に一時間四十七分、もう一本の下り列車が到着するのを待って、4時55分ようやくサンパブロを後にする。今回の往復で一番長い停車時間だったが、単線区間での反対列車の到着待ちという、理由のはっきりした唯一の長時間停車でもあった。

サンパブロを出たときは早暁に近く、まもなく夜が明けた。線路内住民のバラックが車両すれすれまで所狭しと建ち並ぶスラムの光景が車窓に現れた。

5時48分、広い構内を持つカランバに到着する。ここはマニラ近郊列車の終点で、側線には見覚えのあるJR車両の一編成が待機していた。つい数日前から近郊列車にもJRの車両が投入されたばかりのようで、平日に二往復、エアコン通勤列車の運転を開始する旨を告げる真新しい大きな横断幕が、駅舎の壁に掲げられている。

6時10分、そのエアコン通勤列車がマニラへ向け発車していった。これがフィリピン国鉄で見た最初で最後の、駅の時刻表通りの定時発車であった。

対するこちら、もはや時間の概念など超越してしまっている感のある我らがペニャフランシア・エクスプレス号は、やはりじっと腰を落ち着かせたまま、恬然《てんぜん》として動かない。駅の外れの踏切を、朝の通勤、通学その他の人々がひっきりなしに往来し始めている。駅の裏手の民家からは山羊《ヤギ》の鳴き声が聞こえる。乗客の一部はホームや、雑草の生えた反対側の線路上に降りてきて、タバコをくわえたり大きく伸びをして過ごしている。車内の物売りは結局一晩中歩き回っていた。一時停車中の列車に乗っているとは思えず、時間の方が止まっているような雰囲気さえ漂っている。

私もレガスピ出発時より神経が太くなってきているようで、発車時刻がわからなくても、しばらく動かないとみるや客車の外に出て、列車を離れて駅の内外をぶらつくようになった。もし外にいる間に列車が動き始めても、この列車なら走って戻って飛び乗れば十分間に合うと思われる。

6時43分、カランバを発車。この五十五分停車が最後の長時間停車だった。

7時半を過ぎた頃、車掌が天井に取り付けた電球を丁寧に取り外していく。盗難と破損防止のため、夕方に取り付けて朝に外すらしい。車内も朝の雰囲気が強くなる。

マニラ近郊区間に入ると、線路が複線になった。スラムの住民が、下りの線路にトロッコを滑らせて荷物や人を運んでいる。トロッコは住民が自作したものらしく、それぞれ形が違ったものを好き勝手に走らせている。

往路の乗車駅、パサイロードに到着したのは7時57分。駅の時刻表からは四時間五十五分遅れている。適当に遅れるとは思ったしそれを望んでもいたが、車両故障も事故もなく、一本の路線を一日二、三本の列車が単純往復するだけなのに、なぜこれほどの遅延が生じるのかと思う。各駅に表示されている時刻表にはいったいどんな意味があるのだろうか。

パサイロードからは初めて乗る区間である。乗客の数が次第に減り始めた。ビコール地方では各駅停車だった我が列車も、近郊列車の専用駅は通過していく。かつては立派な白亜の駅舎が建ち、マニラの事実上の玄関口的存在だったというパコ駅も、今はあばら家のような待合室が線路際にあるだけの停留場になっていて、徐行しながら通り過ぎた。

線路内のスラムはますます密集度が高くなっていく。この付近が最もスクワッターの多い地域だそうで、三キロ程度の距離の線路内に八千人近くが住み着いているという。

下り線路上を見ていると雑草よりもゴミの散乱が激しくて、それらを散らかし、吹き飛ばしながらゆっくり進む。保線などまともに行われていないらしく、自転車並みの速さなのに縦へ横へと大きく揺れる。

上下の線路の間にできる細い空間に住民が洗濯物を干したり、食器棚などの生活用品を並べている。列車が来ると一応陳列物を反対線路上へ避難させてはいるが、逃げ遅れた物干しにかかったままのハンガーがガリガリと車体を擦《こす》る。鉄道の方が民家の庭を失敬して走っているような錯覚に陥る。

そして、毎度お馴染みの投石大会。ノロノロと走る列車のデッキに飛び乗り、ぶら下がってはまた降りたりを繰り返して遊ぶ子供もいる。一人が飛び乗ると別の子がこれに続き、歓声を上げて車内の通路を一散に駆け抜け、また反対のデッキから飛び降りていく。そのうち鬼ごっこになる。大人から子供まで、もうやりたい放題である。

マニラ市北部にあるブルメントリットが最後の停車駅。ここでほとんどの乗客が下車した。ガラガラになった列車はさらにスピードを落とし、まもなく左へカーブする。そして、すぐに渡った踏切の先で、今にもさあ停まるぞ、停まるぞ、という感じでそろりそろりと動いていたペニャフランシア・エクスプレス号は、静かに足を止めた。マニラ・タユマン終着は8時46分、所要約十九時間、生じた遅れは約五時間であった。

タユマン駅は操車場の片隅を無理やり旅客駅にしたようなところで、ホームもなく、首都マニラの始発駅というにはあまりに粗末な駅だった。線路脇に建っている木造平屋建ての建物の屋根にある「タユマン・ステーション」という小さな看板がなければ、そもそもここが駅だとは誰もわからないに違いない。これほど素っ気ない一国の首都の始発駅は、世界中どこにもないのではないか。

その線路の脇にある建物の一角に、切符の販売窓口が一つ設けられていた。その窓口のすぐ横に、ビコールトレインの出発時刻や行き先等を記した小さな手書きの紙が貼ってある。各列車の終点到着予定時刻欄に書かれていたのは分単位の時刻ではなく、いずれも、

「Next Morning」

というアバウトな文言のみであった。

車窓に広がる地雷原

▼カンボジア

つい最近まで、カンボジアの鉄道は外国人観光客がまともに乗車できるような代物ではなかった。

長年の内戦で鉄道施設は疲弊し、線路内には地雷が埋設されているなど、カンボジア和平の実現後も列車の走行そのものに幾多の難題が存在した。さらに、政情不安の中でやっと走り始めた旅客列車を、武装集団が襲撃して乗客が殺傷されるなど治安上の障害が多く、外国人の利用は長い間禁止されていた。

その世界有数の物騒なカンボジア鉄道が、テレビ朝日系列でほぼ毎晩放送されている『世界の車窓から』に登場したのは、一九九九年（平成十一年）秋のことだった。かつてタイとの直通列車が走っていたシソポン～バッタンバン～プノンペン間三百三十八キロ、上越新幹線の東京～新潟間にほぼ相当する距離を一日半かけて走る模様が、半月以上にわたって放映された。当時、この番組を見ていた私は、いつかカンボジアを旅することがあったら、アンコール・ワット遺跡を見るだけでなく、このカンボジア鉄道にも乗りたいと思っていた。

ただ、未だ政情不安だった放映当時と異なる現在でも、警護などなく一人で列車に乗る私にはとても真似のできない点がある。それは、プノンペン行きの上り列車に乗車していることだ。放送時の旅客列車は、終点のプノンペンには日没後の午後9時過ぎに到着している。

現在のプノンペンは、日中は大通りに自動車の波が絶えず、アジアの他の国とほぼ変わらぬ喧噪を見せるのだが、夜になると雰囲気が一変する。特に、夜9時以降は大半の商店が固く扉を閉ざし、大通りを除いて人通りはパタッと途絶える。大通りから普通に脇道を覗くだけでも、その道を行けば明らかに危険であるという空気が感じ取れる。観光客の増加に伴って外国人を狙った強盗事件の類いが市内で多発しているが、内戦の影響でカンボジア国内には銃器が氾濫しており、強盗犯の手口は実に荒っぽい。プノンペン市内にはそうした事件が特に多発する地域が何ヵ所かあり、その一つが「プノンペン駅周辺」なのである。

列車には乗ってみたいが、夜遅くにプノンペンに到着して強盗に襲われたくはない。それに、プノンペンの夜は危険だという情報が豊富なのに、夜間にプノンペンに到着して路上で強盗に身ぐるみ剝がされたところで、日本では自己責任などと非難されるのが関の山であろう。

そういうわけで、カンボジアの鉄道に乗るなら、絶対にプノンペンからの下り列車に乗ることに決めていた。

プノンペン市の中心部に位置するプノンペン駅は、一九四二年に当時の宗主国フランスが建設した。長い混乱の時代にも破壊を免れ、カンボジア王立鉄道のシンボルとして今も機能している。

だが、二〇〇四年（平成十六年）八月現在、この立派な駅に旅客列車が姿を見せるのは一日一回。早朝に西部の都市バッタンバン行きの列車が出発するときと、翌日の夜にその列車がプノンペンまで戻ってきたときだ。内戦の痛手から立ち直ったばかりのカンボジア鉄道の旅客列車は、プノンペン〜バッタンバン間を一編成が一日おきに行ったり来たりするだけという寥々《りょうりょう》たる状況なのである。

朝6時前、その二日に一回の旅客列車が待つプノンペン駅でバッタンバンまでの乗車券を購入。一万二千三百三十リエル（約三百三十九円）で、大きめの外国人用乗車票紙片を渡される。同じ区間でも、カンボジア人は四千五百リエル（約百二十四円）で、切符も硬券。外国人は三倍の運賃を払うわけだが、サービスに差があるわけではない。

ガランとして静まり返る駅舎から改札を経てホームに入場すると、二日ぶりのバッタンバン行き旅客列車がすでに待機している。広大な敷地を有し、車両基地を併設するプノンペン駅には、屋根付きホームが並んでいる。バッタンバン行きはその一角に停車しているのだが、ホームの終端部に掲出された出発案内は「シアヌークビル」行きとなっている。

カンボジアの鉄道

カンボジア鉄道はタイ国境へ通じるバッタンバン方面の北線と、南西部の港町シアヌークビル（コンポンソム）方面の南線から成っているのだが、駅員の話では、南線は今は貨物列車のみの運行とのこと。

しかし、停車中のバッタンバン行

き列車を見れば、「貨物列車」が「貨物専用」であるかは疑わしい。

編成はディーゼル機関車を先頭に、有蓋貨車三両と客車三両の貨客混合。だが、貨車にも旅客が多数乗車しており、鉄道員もそれを咎めない。すでに貨車内でハンモックを吊って寝ている客までいる。

貨車の乗客は後ろの客車からあぶれてやむなく乗っているのではない。三両の客車はいずれも「超」が付くオンボロ車両で、お世辞にも乗り心地が好いとは言えない。強いて言えば、客車には窓があるので走れば貨車より涼しかろうという程度だ。ハンモックに揺られたり、足を伸ばして床に寝るなら貨車の方が居住性は上と思われる。

とりわけ、最後尾の客車内部の様子は、これまであちこちの国でオンボロ客車に乗った私の想像をも超越していた。窓ガラスがないのは他の車両と同じだが、床板が至るところで破れて歩けず、内側壁と天井板は半分以上剝がされて木の骨組みが露出。木製の座席は一部が床下に陥没している。「廃車寸前」どころか、すでに廃車になった車両のスクラップ作業を途中で中断して営業復帰させたかのような凄まじい車両である。

客車がこんな有様なので、自ら進んで貨車に乗る人も多い。それが禁止されていないのであれば、シアヌークビル行きの「貨物列車」とは客車が連結されていないという意味でしかなく、旅客が貨車に乗る分には何の問題もないのではないかと想像できる。この状況で、客車の連結に格別の意味があるとも思えない。

とはいえ、せっかくの貴重なカンボジア鉄道の客車であるし、窓があるのは外の景色を眺めたい私にとっては重要なので、二両目の客車に座っていくことにした。半スクラップ状態の最後尾の客車に乗るのはさすがにためらいを覚えた。


ほぼ全ての席が埋まり、6時48分、プノンペンを発車。駅の案内掲示ではバッタンバン到着が17時57分となっていたが、始発から早くも二十八分遅れている。途中駅の時刻はわからない。今日中に無事に着けば、それで良しとすべきなのだろう。

プノンペン駅の北側、車窓の右側にボンコック湖が広がる。その湖と線路との間には人家が密集している。プノンペン駅に隣接する車両基地には、留置された有蓋貨車を自宅として(?)使っている人までいる。スラムの軒先を最徐行し、単車の群れが待機する通勤ラッシュの踏切を渡り、十分ほどで市街地を出て畑の広がる郊外に出る。洪水対策なのか、高床式の民家が目につく。

7時11分、最初の駅に到着。駅にはホームも駅名標もない。ここだけでなく、カンボジア鉄道の途中駅には駅名を示す表示が滅多になく、行きずりの旅行者が現在停車中の駅の名を知るのは極めて困難である。

車道が並行するこの駅に到着するやいなや、乗客がどっと車内になだれ込み、見送り客や野次馬は車体の側面をバンバンと叩き、車内の静寂が一瞬にして破られた。乗り込んで席を確保しようとする乗客たちはともかく、車外での騒ぎ方は尋常ではない。駅周辺の住民までが次々と道に繰り出して列車を取り囲む。そのうちパトカーまでやって来た。列車は一度は発車したのだが、ものの一分少々ですぐに止まってしまい、延々三十分もその場に停車し続ける。二日に一度の旅客列車が珍しくて野次馬が取り囲んでいるわけでもないだろうに、いったいどうしたことか。

まもなく事情がわかった。到着時に自動車が列車と衝突したのだ。列車がソロリソロリと動き出すと、左の車窓に、フロントガラスが大きく歪《ゆが》んで割れた自動車の姿がよぎった。車内の乗客から一斉に「オーッ」というどよめきが沸き上がる。だが、深刻な表情の

カンボジア王立鉄道
北線駅名一覧表

km	駅名
0	**プノンペン**
	バムナク
	ロメス
	バッデン
	トラペルントノット
	トゥオリアップン
	サムロン
	PK9
	ポチェントン
	アウルタキー
	プノンタウチュ
	トゥクトラール
167	プルサト
	メノーク
	クドル
	クラインロベア
	クラインスケア
	D.ナクスマチュ
	トラークトーン
	コクタロム
	C.ドエルスバ
	C.カルチェク
	S. L.サムロン
	マウンルッセイ
	カムレン
	スバイダウンケオ
	カロンポク
	プレイスバイ
	ラインケセイ
	トラペンチョーン
	アウルダンバン
	チョロイスダオ
	モンコルボレイ
	ソピー
275	**バッタンバン**

註① 下り旅客列車はPB11（各駅停車）が隔日運行。プノンペン駅掲出の時刻表上ではプノンペン発6時20分、バッタンバン着17時57分(2004年8月現在)。
② プノンペン駅掲示の駅名表に基づく。実際にはこれ以外にも駅がある。

人はなく、その後もお喋りと笑い声が車内では絶えない。自動車一台とぶつかったくらいで営業運転を中止してしまうようなヤワな鉄道ではないのだ。

出発から一時間以上経った8時過ぎ、ようやく車掌が検札にやって来た。大混雑の車内を掻《か》き分けて一人一人きちんとチェックしている。私の切符は外国人用なので、切符を出しただけで私が異邦人とわかる。バッタンバンの切符を出した私に対し、彼は英語で「列車でバッタンバンまで行くのか？　気をつけろよ」と忠告。だが、コソ泥の類いはともかく、武装した集団列車強盗や脱線事故、線路内での地雷爆発などは、私が気をつけても仕方がない。こっちはすでにカンボジア鉄道に命を預けている身である。

この車掌の検札作業は徹底していて、車内の検札が終わると、客車の連結部にある梯子を使って屋根に上がり、屋根に乗っている客の切符もきちんとチェックする。屋根にも多数の乗客がいて、窓から顔を出して上を見ると、屋根に座る客の投げ出した足がブラブラしていたりする。

屋根の上は開放感があって気持ち良さそうなのだが、重い荷物を全部持って上がるわけにはいかないし、熱帯気候のこの地方では日中に突然スコールがやって来ないとも限らない。屋根で豪雨と遭遇しても逃げ場はないし、滑りやすくなった屋根から転落するかもしれない。転落して怪我するだけならまだしも、転落場所が地雷原である可能性だってある。

カンボジアには内戦の終わった今も、全土に六百万個以上の地雷が埋められたままで、毎日国内のどこかで、手足を吹っ飛ばされる被害者が出ている。町の中を、片足を失って松葉杖《まつばづえ》を突いて歩く人の姿は珍しくない。都市部や観光地では撤去が完了しているというが、通行者の少なそうな未舗装の場所を歩くだけでも、他の国より勇気がいるのだ。

カンボジアの鉄道も最近まで、先頭を走る機関車の前に砂利を積んだ無蓋貨車を二両連結した地雷対策列車を定期的に走らせていた。機関車の運転席前には、万が一線路内で地雷が爆発したときに運転士の生命を守るための分厚い鉄板が溶接されていた。内戦が終わって二十一世紀になっても、鉄道員は命懸けで列車を走らせてきたのである。保線作業などどうやって実施してきたのか、想像もできない。

プノンペン駅は静かだったが、途中駅には必ず食べ物売りがいる。一日たった一回の列車でどれほどの売上げがあるのかわからないが、とにかく彼らが各駅で大勢待ち構えているおかげで、食べるものには困らない。炊きたての御飯と焼鳥二本で千百リエル（約三十円）と、観光地価格より遥かに安いのも嬉しい。

各駅の停車時間はだいたい一分程度で、その短い時間内に乗客と売子がすばやくやりとりする。大抵はガラスのない窓越しに受渡しをするが、中には車内に乗り込んで発車後も車内で商売する人もいる。戻りの列車は明日の午後までないのに、どうやって帰るのかと思う。

豪快なのは屋根の乗客だ。停車時間中に地上に降りている暇はないから、屋根の上から地上の売子に声をかける。売子は注文の品をビニール袋に入れると、それを屋根の上に向かって勢いよく放り投げる。注文者はお釣りのないように代金を落とす。カンボジアに硬貨はなく全て紙幣なので、屋根の上からリエル紙幣がヒラヒラと舞い落ちてくる。

その屋根にも物売りはいる。窓から身を乗り出してもはっきりとは見えないが、駅に到着すると大皿に食べ物を満載した売子が梯子を伝って屋根に上り、走行中も売り歩いている。上下左右へ激しく揺れる列車の屋根を、大きな皿を抱えながらよくもあんなに平然と歩き回れるものである。

一日一回しか列車が来ないにもかかわらず、停車駅には制服姿の駅員がちゃんといて、乗務員に手旗を振って列車の出発を見送る。古びているが、駅舎も建っている。

ただ、列車の行違い設備はある駅とない駅、あるにはあるが草生していて使用不能になっている駅とに分かれている。この編成が一日おきに単純往復するだけのこの路線で、上り列車と下り列車の行違い設備など必要なのかと最初は思ったのだが、すぐに、これが十分役に立っていることを知った。

行違い設備のある駅に着くと、上り線路に木製の無蓋貨車が一両停車し、その貨車に地元の人が身体を寄せ合って座って乗っている場面にしばしば出会う。これ、よく見れば、無蓋貨車ではなく、沿線住民が造った自作のトロッコなのである。エンジンが搭載されており、自力走行が可能なこのトロッコは、正規の旅客列車が到着した後は翌日午後まで列車が戻ってこないのを幸いに、自作の大型トロッコを勝手に線路上に走らせてタクシー営業をしているのだ。

上り線に待機しているこれらのトロッコは、列車が到着するとエンジンを始動させ、二十人ほどの乗客や大量の荷物を載せてプノンペン方面へ走り出す。線路の上を沿線住民が自作したトロッコで自由に走り回る例は他の国にもあるが、ここのトロッコはかなり本格的だ。屋根のないオープンカータイプのレールバスといった感じである。勝手に線路を使用するのは違法行為のはずだが、駅員が勤務する駅のホームから堂々と出発している。

人跡未踏のジャングルや農村地帯をのんびり走るうちに陽が高くなり、気温も上昇。屋根に乗っていたら日射病になりそうなので車内にいて正解だが、窓枠の鉄板も熱くなっていて、肘を乗せるのも少々難しくなった。

そこで、他の客がやっているのを真似て、窓枠に腰掛けて上半身を半分外に出してみたところ、涼風が当たって気持ち良い。列車の窓枠に腰掛けて身を乗り出すなど、一見すると危険極まりない乗り方なのだが、地元の女の子ですらやっているし、そもそも列車のスピードが大したことないので、振り落とされそうな恐怖も感じない。窓枠の上べりに摑まれるから屋根よりは揺れても平気だし、車体が直射日光を遮ってくれるので日射病の心配もない。私が窓枠に腰掛ければ、その分通路に座っているおばちゃんが椅子に座れる。いいことずくめである。

そんな格好でしばらく車窓を楽しんでいた午後1時半頃、通路を掻き分けて、袈裟《けさ》姿の仏僧が托鉢《たくはつ》にやって来た。カンボジアでは多くの国民が敬虔《けいけん》な仏教徒と言われている。私の周りの乗客も次々に手元の小銭を鉢の中に投げ入れていく。すると僧侶はその場で祈り、乗客も一様に合掌する。ほぼ全ての席を回るので、合計すれば結構な額になると思う。払わないのは私くらいだ。

しばらく僧侶の托鉢の様子を眺めた後、視線を車窓に転じると、線路脇に、ほぼ等間隔で赤い標識が立てられているのに気づいた。カンボジアの公用語であるクメール語と英語が書かれているが、字が読めなくてもドクロマークの絵で何の標識かすぐわかる。「地雷注意」である。線路の道床のすぐ隣が、まだ地雷撤去作業が行われていない区域なのだ。ここで窓から転落したら、それはすなわち地雷原の中に放り出されるのと同じこと。窓枠を摑む手にも力が入る。

14時24分、側線が広がり車庫が併設されている、プノンペン以来最も大きな駅に到着した。相当数の乗客が下車し、残った客も多くが食べ物などを買いにホームに下りていく。車掌に尋ねると、ここはプルサトとのこと。プルサトから先は、プノンペンとバッタンバンを結ぶ国道五号線と鉄道線路の並行区間が多くなる。交通の要衝なのだ。

長時間停車するような雰囲気を感じたので、プノンペンを出て以来、初めて車外に降りる。梯子を伝って屋根の上を覗いてみたが、乗客はほとんどいなかった。日射しが強いので車内や木陰に避難しているのだろう。

プルサト駅。赤茶色の瓦が目を引くお洒落《しやれ》な駅舎と椰子の並木に囲まれた、南国風情に溢れる駅である。チリンチリンと鈴を鳴らすのは、自家製のアイスキャンディー売り。一本わずか百リエル（約三円）。素朴な味とともに一瞬の清涼を感じるが、やはり暑い。

三十分の停車を終え、14時54分発車。反対列車を待っていたわけでもなく、どうしてここで長時間停車するのかはわからないが、早朝から車内でじっとしていた身にはいい気分転換になった。

プルサトを出た列車内はだいぶ空席ができた。その理由は車窓の右に並行する国道五号線の存在である。

舗装された道路上を、列車の後方から綺麗な自動車が颯爽と追い越していく。四輪車ならまだしも、原付にまで抜かされる。プルサトまでは道路から離れた地域を走っていたので利用者も多かったが、この道路を自動車で走れば半分以下の所要時間で目的地まで行けるため、プルサト以西の乗客が少ないのだろうと察せられる。

その国道の道路脇に、日の丸とカンボジア国旗を描いた英語とクメール語の巨大な看板が建てられているのが見えた。道路は列車の走行位置から若干離れているが、四方を水田に囲まれた中に目立つように建っているので、こちらの列車内からも日の丸の図柄がはっきりわかった。

カンボジアでは、日本のＯＤＡ（政府開発援助）で建設・修復された建物や道路が国中にあるが、これらの場所には必ず日の丸とカンボジア国旗の描かれた大きな掲示板が目立つところに設置され、それが日本の支援によるものであることが誰の目にもよくわかるようになっている。最近何かと物議を醸す日本のODAだが、こうして現地の人にも、訪れた日本人やその他の外国人にもはっきりわかるような形でそれが日本の支援によることが明らかにされているのであれば、納税者としてはひとまず納得しやすい。道路整備の場合などは、観光で訪れた日本人自身もその恩恵を受けるのでなおさらだろう。

ちなみに、並行する国道五号線を走るバスに乗った場合、プノンペンからバッタンバンまでは直通バスで約七時間。もし、プノンペン駅からこの列車と同時に出発したら、列車がプルサトに着く頃にはバスはすでにバッタンバンに到着していることになる。今朝から列車に乗っている限りでは、鉄道整備に関してカンボジア国鉄が外国から支援を受けている様子は全く見られない。

プルサトから約一時間、15時50分に停車した小さな駅でプノンペンから私と同じボックス席に座っていた母子連れが下車し、私のボックスは今日初めて私一人になった。その直後から、他の乗客が話しかけてくるようになった。

プノンペン〜バッタンバン間を七時間で結ぶ直行バスは毎日多数運行、エアコン完備で快適かつ安全、しかも外国人料金を取られる列車との運賃の差はほとんどない。にもかかわらず、二日に一本しかなく、治安も決して良いとはいえないのに、同じ額を払って半スクラップのオンボロ客車に半日以上乗っていく酔狂な外国人など、私の他にはそうはいまい。日常的にこの列車を利用する乗客・乗務員から私が好奇の目で見られるのは、ある程度必然ではある。

好奇心旺盛な青年の一人が私の前の席に来て話を始めたのをきっかけに、何人かが私のところにやって来た。アンコール遺跡の修復作業に携わっているという青年は、私の持っていたアンコール・ワットの写真ガイドブックを開いて、「この仏像は俺がこの部分を直した」とか、クメール語で一生懸命私に説明していく。英語はほとんど通じないが、言わんとすることは何となくわかる。

車掌もやって来た。この列車で、おそらく最も英語の通じるカンボジア人と思われる。いい機会なので、私はカンボジア鉄道について、思いつくままにあれこれ質問をぶつけてみた。「何で外国人の運賃は三倍もするのか」といった他愛ない問いへの返答（「政府の方針だ」とのこと）から近年のカンボジア鉄道事情に至るまで、彼は生真面目に語った。

——列車は今、バッタンバン州を走っているが、この州はポル・ポト派が最後まで武装闘争を繰り広げていた。一九九八年まで、彼らはこの近辺のジャングルで活動していた。ほら、窓から森や繁みが見えるだろう？　戦争が激しかった頃は、ポル・ポト派の兵士はああいう場所に隠れて、ちょうどこの辺りでも政府軍と戦っていたんだ。あれからまだ十年も経っていない。

内戦時代から鉄道は走っていた。だが、一九九〇年代になっても、とても外国人を乗せられるような状態ではなかった。外国人乗客が列車を襲ったゲリラに連れ去られ、そのままジャングルの中で処刑されたことも実際にあったんだ――

窓の外には一面に水田が広がっている。西日に照らされた緑の稲穂が細波《さざなみ》のように風に揺れてざわめく。真顔で語る車掌の話はいったいどこの遠い国のどれほど遠い昔のことかと思わせるほどに、穏やかな光景である。17時33分、列車はバッタンバン州に入って最初の町、マウンルッセイに到着。

マウンルッセイ駅には、プルサトにもいなかった貨物列車の編成が停車していた。武装兵士がコンテナの前に立って警備している。ただ、今日これからプノンペンへ向けて発車する様子はない。それに、車掌も言っていたが、カンボジア鉄道は治安上の理由から夜間の走行を極力避けるようにしている。この列車がプノンペンを朝6時台に出発するのもそのためである。

このマウンルッセイが最後の長時間停車駅となる。西の空がほのかに赤くなってきた17時49分に発車。時刻表ではバッタンバン到着は17時57分とされているが、車掌曰く「あと二時間くらい」。それすら本当かどうかわからないが、日没後の到着はもう間違いない。日没後の宿探しなど、下車後の心配もそろそろし始めなければならない。

持参の案内書で今夜の宿や明日の行動予定などを検討していると、また車掌がやって来た。「屋根に上がって、サンセット（日没）を見たくはないか」

もちろん見たい。今なら屋根の上も涼しかろう。大きな荷物はどうしようかと彼に言ったら、すでに仲良くなっていた周囲の乗客たちが「自分たちが荷物を見ているから行ってらっしゃい」と言ってくれた。車掌も彼らに「盗まれないよう、ちゃんと見ておいてくれよ」と指示してくれる。

上下左右に激しく揺れる走行中に屋根に上がるのはかなり怖い。先に車掌に上がってもらい、私は後から手を引いてもらう。こうして、プノンペンを出てから十一時間以上経って、私は初めて走行中の客車の屋根に上がった。屋根に乗っている客はもうほとんどいなかった。

屋根の上からの眺望は、線路際まで迫って生い茂る木々にしばしば遮られる窓からのそれとは、全く別のものであった。三百六十度、見渡す限りの大ジャングル。その密林の遥か彼方の西の空には真っ赤な太陽が浮かび、アンコールへと連なる神々の大地を讃えるかのように、突き抜けるようだった青空と濃緑の密林を紅色に染めつつある。

絶景にしばし言葉を失っていた私を、車掌は笑顔で見ていた。「どうだい、俺の国も結構良いところだろ」とでも言いたげな表情だ。私は、自分をここに引き上げてくれたことを彼に感謝し、そのまま四十分ほどサンセットの一部始終を堪能して過ごした。

陽が落ちると、電気のない列車は内外ともに闇に包まれた。すると今度は、青白い光が列車の周辺を明滅し始める。無数のホタルが、線路のそばを乱舞しているのである。密林を赤く染める夕陽、妖しく光る青白いホタルの舞い。見上げれば満天の星——。

時刻は午後8時になろうとしている。未だにバッタンバンに着きそうな気配はない。だが、もはやそんなことはどうでもよかった。遅れのおかげで私は今、いにしえの神代から変わらぬ荘厳な大自然の光景の中にいる。

いつまでも、この景色の中に溶け込み続けていたかった。そしていつか、この神々しい列車からの眺望に、カンボジアを訪れる外国人がもっと気軽に接することのできる日が来てほしい、と強く願った。

ベールの向こうの旅順線

▼中国

中国東北部随一の港町・大連《ターリエン》から南西へ約三十キロ、遼東《リヤオトン》半島の南端に、旅順《リューシユン》という港町がある。日清・日露戦争の戦場となった場所で、とりわけ広瀬中佐が散華した旅順軍港閉塞作戦、日露両軍が死闘を繰り広げた二〇三高地の戦い、あるいは乃木希典《まれすけ》将軍とロシアのステッセル将軍が会談した水師営《すいしえい》の会見など、日露戦争の戦跡地として戦前から日本人には馴染みの深い土地でもある。清朝末期から北洋艦隊の本拠地として整備されていた旅順は、ロシアに戦勝した日本が遼東半島を関東州として統治した四十年の間に軍都として、また観光地・保養地として発展した。第二次大戦後はソ連の軍政を経て、新中国の下でも重要な軍港であり続けた。

このように、旅順は近代以後、主は変わっても常に軍事都市としての性格を帯び続けてきた。そのため、改革・開放政策が進行して外国人の中国旅行の自由度が高まっても、旅順は依然未開放のままであった。

ところが一九九六年、突如として旅順の一部地域が外国人にも開放された。軍内部には開放に反対する声もあったそうだが、旅順地区の政府関係機関が観光開発に強い意欲を持っていたという。

かくして、半世紀ぶりに日本人も旅順を訪れることが可能となったのだが、この「一部開放」という状態が曲者《くせもの》である。中国の開放・非開放都市の区別制度の解りにくさも絡んでいて、「『一部』とはどこのことなのか」という点の判断が非常に難しいのだ。

中国という国は、今でも全国各地を外国人が自由に旅行できるわけではない。「未開放地域」が全国に存在し、外国人は開放地域にしか入れないという建前になっている。だが、中国で発行されている地図には、開放地区と非開放地区の境界線は書いていない。

旅順の場合、聞いた限りでは「開放されたのは大連と旅順を結ぶ三つの道路（大連北路・中路・南路）のうち北路とその周囲だけ」というのが正しいようだが、「北路とその周囲」という範囲の解釈がいまいちはっきりしない。

特に私が知りたいのは、大連から旅順に至る全長六十一キロのローカル線・旅順線には乗れるのか、という点である。

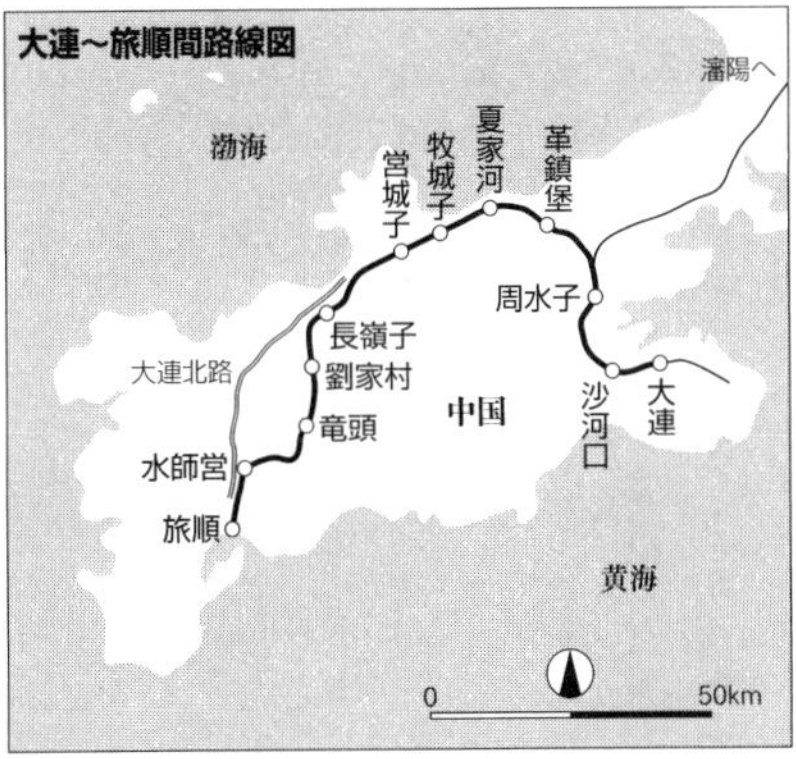

旅順線は概ね大連北路の近くを走っている。だが、終点の旅順近くで線路はその北路から離れてしまう。では、外国人が旅順駅を訪れることはできないのか。

仮に旅順までの区間の一部が未開放地域に属していたとしても、その区間を列車に乗って通過するだけならば何ら問題はない。未開放地域を列車や自動車で通れないなどということになれば、中国の大部分を外国人が陸路移動することができなくなってしまう。したがって、問題は終点の旅順に到着した後の話となる。

旅順の場合、旅行会社に通訳やガイドを依頼した場合には問題なく観光できることになっている。つまり、外国人を何が何でも立ち入らせたくない場所でないことは確かだ。

事実、旅順開放後に列車で旅順を訪れた人の旅行記が、二〇〇一年に出版されている。『旅順歴史紀行』（斎藤充功《みちのり》著・スリーエーネットワーク）がそれである。この本によれば、著者は一九九九年五月に現地旅行会社の手配によって大連から旅順まで列車に乗り、旅順駅到着後は専用車で観光に出掛けている。とすれば、二十一世紀に入った段階で、外国人観光客が列車で旅順へ行くこと自体はもはや不可能ではないとの情報が定着していてもおかしくはない。

ところが二〇〇二年（平成十四年）八月の時点でも、「旅順駅は未開放区域にあるため訪問できない」などの理由により、一般の旅客列車での旅順訪問手配を手掛ける日本の旅行会社はほぼ皆無。旅行会社の話を聞いただけでは、旅順線に外国人が乗ってはいけないかのように思わされてしまう。

旅行会社側の立場を考えると、理解できる部分もある。もともと近くに軍港が存在し、軍関係者がピリピリと神経を尖《とが》らせている場所に、外国人が集団でやって来て駅や列車の写真をジャカスカ撮りまくった場合、トラブルが発生する可能性が高い。建前上は軍事施設である鉄道施設の写真を撮るという行為は、鉄道愛好家という人種がまだまだ少ない中国では一般的ではないからだ。現地の旅行会社はそうした無用のトラブルを嫌って、はじめから手配をしないのではないかと推測できる。「社会主義式市場経済」を自称している国とはいえ、面倒で金にならない手配をしないのは資本主義の原則そのものである。

前記『旅順歴史紀行』でも、現地旅行社のガイドが「火車で旅順に入ることも出来るのですが、ガイドが面倒臭いから手配しないんでしょう」（「火車」とは中国語で「列車」のこと）

と発言する場面がある。「面倒臭い」という表現が適切かどうかは別として、だいたいそんなところだろうなとは思う。中国では団体で交渉すれば訪問の難しい場所も許可が下りやすいが、旅順駅の場合は逆に大人数の方が行きにくい場所だと言えよう。

ただし、旅順線列車に乗る際には、そうした微妙な場所であることを認識しておく必要もある。再び『旅順歴史紀行』によれば、ガイドが列車利用におけるトラブル回避のための注意事項を著者に説明している。曰く、

「一　車内をあちこち移動しない
二　カメラ、ビデオで撮りまくらない
三　日本語で大声で話さない」

とのこと。

あんまり神経質になっては旅行も面白くないが、私は座席に座って車窓を眺めていればそれで満足だから、車内をあちこち移動しない。そもそもビデオは持っていないし、一人だから日本語を話す相手もいない。カメラでこれ見よがしに撮りまくらない限り、特に緊張する必要はないだろう。

朝7時。大連駅の一番隅っこの五站台《ウーチャンタイ》（五番線）に、ディーゼル機関車に連なった緑の

旅順線時刻表(2002年8月)

km	列車番号		6729
0	大連	発	722
4	沙河口	〃	731
9	周水子	〃	742
17	革鎮堡	〃	753
21	夏家河子	〃	801
…	牧城子	〃	*
32	営城子	〃	817
…	双台溝	〃	*
40	長嶺子	〃	833
…	劉家村	〃	*
48	竜頭	〃	848
…	水師営	〃	*
61	旅順	着	904

* 停車時刻不詳（時刻表未記載）

客車列車が出発を待っている。大連始発旅順行きの普通旅客慢車《マンチャー》、六七二九列車である（「慢車」とは各駅停車のこと）。荷物車の後ろに並ぶ硬座客車五両の車内は空席が目立つ。一日わずか二往復の貴重な旅客列車のうちの一本なのに、発車前にしてはいささか寂しい。

　旅順線とは、正確には大連の九キロ先にある国際空港の最寄り駅・周水子《チョーシュイツー》から旅順までの五十二キロの路線をいう。二〇〇二年八月現在、旅客列車は朝夕の一日二往復だけが細々と走るローカル線である。

　旅順へ行く中国人の観光客は非常に多いが、彼らはみんな自動車で行ってしまう。大連駅前には、旅順日帰り観光のツアーバスの客引きがそこらじゅうにいる。列車で行っても結局旅順で自動車に乗り換えなければ観光地を回れないし、帰りの足も限定されてしまうので不便なのだ。現に、車内の客は地元住民ばかりで、観光客らしき乗客の姿は見えない。

　かように存在感の薄い旅順線に私がこだわるのは、この線が満鉄（南満洲鉄道）の面影を色濃く残す歴史的価値の高い路線だからである。

　旅順線の歴史は一八九六年（明治二十九年）、当時の帝政ロシアが清王朝から東清鉄道南満支線としてハルピン～旅順間の鉄道敷設権を獲得したことに始まる。一九〇三年（明治三十六年）に旅順まで全通したこの鉄道権益を、その二年後に日露戦争に勝利した日本が譲り受け、満鉄が列車の運行を担った。

満鉄時代の旅順線は貨物輸送が中心だったが、旅順への観光客の多くも列車を利用した。最盛期には旅順駅の乗降客は一日六千人に達したという。

そのような観光客の中に、文豪・夏目漱石がいる。漱石は明治四十二年（一九〇九年）九月に満洲と朝鮮半島を五十日にわたって旅行し、その時の模様を『満韓ところどころ』という作品にして発表している。旅順線には同年九月十日に乗車し、大連から旅順へ向かっている。

その漱石の乗車からわずか二ヵ月足らずの十一月三日、旅順線を通って旅順駅まで運ばれてきたのが、一週間前にハルピン駅頭で伊藤博文を暗殺した安重根《アンジュングン》である。安は旅順駅から旅順監獄に移送され、翌年三月に処刑されている。

そうした時代を無言で見つめていた往時の姿が、ローカル線であるがゆえに改築などもなされず、今日なお現役のまま残されているのである。

7時16分、一分早発。周水子までは長大線《チャンダー》（長春～大連）の幹線上を走る。この長大線は戦前、満鉄の看板特急「あじあ」が駆け抜けた区間と同じである。

「東北の香港」を目指して発展しつつある大連の街の中心部を離れ、欧風のアパートが建ち並ぶ住宅地を走る。七分で最初の停車駅・沙河口《シャーホーコウ》に到着。大通りに面した小さな駅舎は満鉄時代に建てられた。駅前に、中国では数少なくなった路面電車の姿が見える。大連市電はこの駅前から大連駅前までを結んでいる。ここで乗客が増える。

7時33分周水子着。広い構内に客車が何両も留置されている。ここからが旅順線の旅となる。周水子を出た列車は三分ほどで長大線から分かれ、左へカーブする。途端に街から外れ、車窓には古びた家並みに木のない禿山が展開する。工業都市・大連の郊外らしく、工場の姿も多い。そこに貨車の大群がいる。

旅順線最初の停車駅である革鎮堡《ガーチエンプー》付近から次第に耕作地が多くなる。7時52分夏家河《シアーチヤーホー》に着くと、半数近くの乗客が下車し、車内が少し静かになった。ここは満鉄時代の夏家河《かがか》子《し》駅で、黄色い平屋の駅舎は当時のままで使用されている。

夏家河を出てすぐ、右の車窓に青い海がパッと広がる。渤海《ぼっかい》だ。海辺に近づくわけではないが、線路と海の間には草地や干潟が広がっているだけなので、見通しは良い。数分間の大海の眺め。

その後は内陸部の農村の真ん中を行く。水田はほとんど見られず、畑作ばかりが目につく。前方に広がる丘陵地には低木がかろうじて生えているだけで、ほぼ岩肌が剝き出し。乾燥した大地が続く。

やはり満鉄時代の駅舎が現役で頑張る営城子《インチョンツー》到着8時12分。ここでも下車客多数。六人掛けの硬座席に座っているのは私一人だけになった。混雑ばかりの中国の列車では珍しい体験だ。ここから列車は軽く勾配を上り、小さな峠を越える。

中国で発行されている全国時刻表には周水子〜旅順間の中間駅は五つしか掲載されていないが、実際には九駅ある。未掲載の駅はいずれも、ホームもなく、駅員もいない畑の中の停留所のようなところばかり。だが、そんな駅の乗降客は意外に多い。一日わずか二本の列車の役割は、このように大連〜旅順間の直通道路の恩恵を受けない中間駅の利用客の輸送が主になっているように見受けられる。

トウモロコシ畑ばかりが延々と続き、8時43分竜頭《ロントウ》停車。ここの駅舎もまた満鉄世代である。夏家河駅舎からこの竜頭駅舎まで、満鉄の建設した駅舎はどれもよく似ている。だが、黄色く化粧直しされた外観からは古ぼけ、くたびれた様子は窺えず、まだまだ当分は地域の顔として活躍し続けそうだ。

その竜頭の駅名標、次の駅名は「水師営《シュイシーイン》」。乃木・ステッセル会談で名を馳せた水師営の会見所の最寄り駅だ。この水師営会見所は完全開放されている大連北路のすぐ近くにあり、旅順開放の直後に観光振興のため地区政府が巨額の費用をかけ、戦前の様子をほぼ完全に再現しているという。

沿線にトウモロコシ畑だけでなく果樹園が現れ、やがて右手に大連以来の都市の景色が見え始める。旅順の街に入り始めた。8時54分水師営に到着。ここも畑の中の無人停留所で、水師営会見所に向かうような観光客の姿はもちろん一人としてなかった。

ガラガラになった車内では早くも車掌による清掃作業が始まり、列車は小高い丘に囲まれた街の中を走る。車窓右には旅順市内から黄海に注ぐ龍河《ロンホー》が流れている。瀟洒なアパートが整然と建ち並んでいる。鉱石の集積場が線路のそばにあり、そこからの引込線が列車に寄り添う。側線に待機する貨物列車ともすれ違う。

その側線が龍河沿いのまま離合集散し、空き地となって開けた場所で列車は徐行運転となる。そこから緩やかに左へカーブしたところが終点の旅順であった。

9時01分、静かに滑り込んだ旅順駅のホームに降り立つ。意外なことに、関東州時代には一日六千人が利用したという旅順駅は、駅舎側にホームが一面あるだけだ。

列車から降りた客は前方にある駅舎に向かって歩く。緑の屋根の中央に聳えるネギ坊主形の塔屋がエキゾチックな雰囲気を醸し出しているこの駅舎は、満鉄どころか帝政ロシア時代の一九〇三年、旅順開業時に建てられた超一級の歴史的建築物で、百年の風雪に耐え、今も旅順の玄関口として機能しているのである。

塔屋の真下は待合室になっている。表玄関から重い扉を押して中に入ると、狭くて薄暗い。切符売場は窓口が一つあるだけ。列車が到着した直後なので、人影が少ないのはやむを得ない。何しろ、戻りの大連行きは六時間後の午後3時過ぎなのだ。

重厚感溢れる旅順駅舎が面した通りは、小さな売店や古びた民家が密集する住宅街の外れである。駅の隣には六階建ての大きなホテルが建っているが、子供が路上で遊んでいたりして、地元住民の生活感が強く感じられる。

それでも、列車の到着直後とあって駅舎の脇には客待ちのタクシーが列をなしており、歩道では担ぎ屋のおばちゃんたちが果物などを並べている。中国人観光客にとってもこのロシア風駅舎は珍しい存在のようで、駅舎の前で写真を撮っている家族連れの姿もある。

こうした光景を見ると、「軍港だから未開放」というのがよくわからない。本当に秘密なら中国人の立入りや撮影も禁止するはずである。なのに、写真好きな中国人はこうして撮り放題、しかも外国人でさえ旅行社でガイドを頼めば旅順まで列車に乗って来られるし、戦跡地のほとんどに行くことができ、その指示の下で写真を撮ることもできる。

そのガイドにしても、旅順入域や写真撮影を外国人に許可する特別な権限を行使するより、あくまで言葉の壁によるトラブルを回避するのが主たる役割のように思える。だいたい、人工衛星が歩行者の姿まで宇宙から撮影しているご時世に、中国人は自由に写真撮っていいけど外国人はダメ、なんていう滑稽な機密維持対策がどこまで有効だろうか。

駅舎前の通りを海の方へ歩く。ホームは交通量の多い車道の前で途切れ、線路はその先へと続いていて、先頭に立っていたディーゼル機関車の引込線となっている。

その車道の向い側を見て驚いた。目の前がすぐ軍港なのだ。人民解放軍の灰色の哨戒艇がいきなり百メートルもないほどの眼前に現れて、さすがに少し緊張する。これを写真に撮ったりしたらさすがにまずいだろう。旅順駅に外国人の集団がぞろぞろたむろするのを、特に軍関係者が難色を示す理由が、この状況を見るとわかる。駅の目の前に軍港があり、引込線は軍港の敷地内にまで延びているのだから。

もっとも、それでも外国人観光団体を乗せたバスが旅順駅のそばを走るのは問題がなく、車内から写真を撮るのもOKらしい。団体客がバスの中から写真を撮るのはよく、下車して撮るのはダメなのだという。ますます理解不能である。

幸か不幸か私はミリタリー物には興味がないので、立って見ているだけで危なそうなその場をさっさと離れ、駅の裏手に回る。ホームには今乗ってきた緑の客車が乗客を吐き出して休んでいる。側線には無蓋貨車が数両、カラのまま留置されている。裏側から遠目に見ても、ロシア風のお洒落な塔屋が天に向かって優雅に伸びる緑の駅舎は存在感がある。私は、錦絵に描かれているようなこういう近代の歴史的欧風建築物が大好きで、駅舎の表通りからと同様、しばらくその場から駅の全景を眺め続けた。

ふと、その塔屋の後方の緑の丘の上にそそり立つロウソク形の白亜の塔の存在に気がついた。日露戦争後、戦没者を慰霊するために建てられた白玉山《はくぎよくさん》表忠塔で、高さ六十五・四メートル、旅順のシンボルタワーとなっている。こんな近くにあったのかと思う。

明治の末に列車でこの旅順駅に到着した夏目漱石は、『満韓ところどころ』の中で次のように記している。

「旅順に着いた時汽車の窓から首を出したら、つい鼻の先の山の上に、円柱の様な高い塔が見えた。それが余り高過ぎるので、肩から先を前の方へ突き出して、窮屈に仰向かなくては頂点《てつぺん》迄見上げる訳に行かなかつた」

漱石が汽車の窓から興味深く見上げた白玉山の塔は今、彼を迎えた瀟洒な駅舎とともに、九十余年の歳月を飛び越えてきたかのごとく、全く同じ姿で私の前に佇んでいる。やはり旅順線は近代史の生き証人である。

泰緬鉄道でミャンマーへ

▼タイ→ミャンマー

「Death Railway（死の鉄道）」——俗称ではなく、本当に地図や標識にこんなおどろおどろしい名称で表記され、地元住民からもそう呼ばれている鉄道がタイにある。第二次世界大戦のさなか、日本軍が隣国ビルマ（現ミャンマー）へ通じる軍用鉄道として、多数の犠牲者を出しながら突貫工事で建設した歴史から、そんな呼ばれ方がされるようになったのだ。当時、日本はこの鉄道を「泰緬《たいめん》鉄道」と呼んだ。

戦後はその路線の一部がタイ国内で、名も無き辺境のローカル線として残存していた。ところが、映画『戦場にかける橋』で世界的に有名な路線となり、その暗いイメージの名称とは裏腹に、今では国内外の観光客が押し寄せる一大観光路線として賑わっている。

泰緬鉄道の起点は、バンコクから西に約八十キロ離れたノーンプラドック駅。現在も旅客列車が運行されているのは、そこからナムトクまでの約百三十キロである。

このうち、観光客向けの見どころは、途中のカンチャナブリーから終点のナムトクまでの八十キロの間にほぼ凝縮されている。映画で有名になったクウェー川鉄橋もその一つだが、日本軍が戦時中に突貫工事で建設した木製の桟道が断崖絶壁の中腹にへばりつくように組まれている区間もまた、当地を訪れる観光客にはよく知られている。日本では、俗に「アルヒル桟道」と呼ばれることが多い。

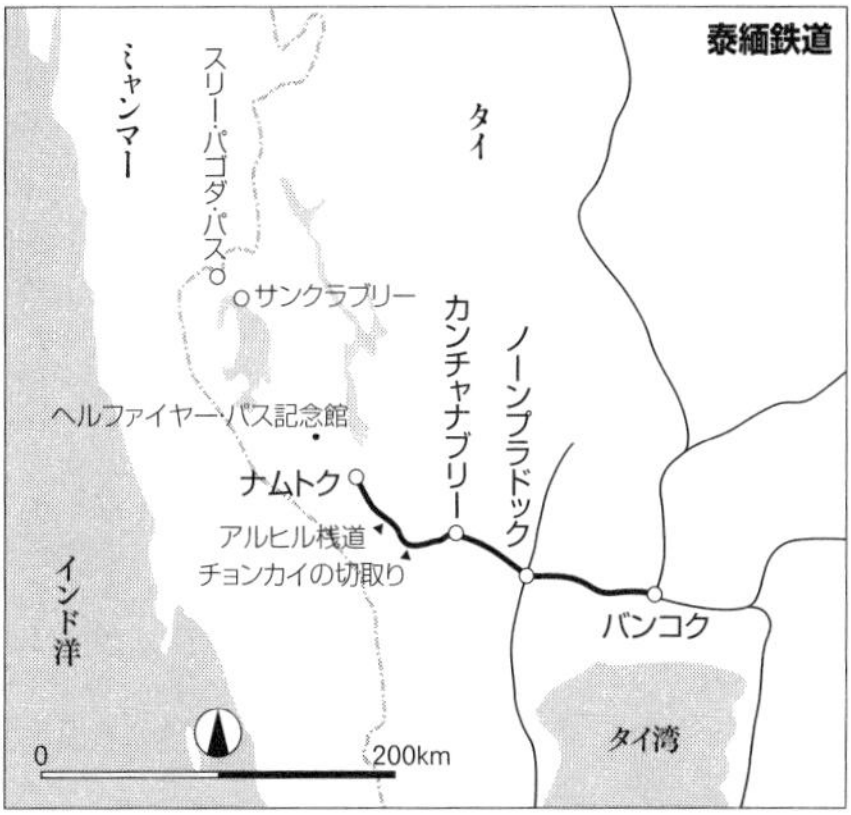

六十年前の木の橋の上を列車で通過すると聞くだけでも実際に乗ってみたくなるが、できれば、その木橋を外からじっくり眺め、その上を列車が走る様子も見てみたい。だが、ナムトク線の旅客列車は一日わずか三往復。乗るのと見るのとをいっぺんにこなすのは困難だ。

そこで午前9時過ぎ、カンチャナブリーから郊外行きのローカルバスに乗った。まずは桟道のそばで列車が木橋を渡るのを見るのが、今日の私の目的である。

そういう話を、カンチャナブリーで同宿している日本人と前夜に話していたら、一人の大学生が興味を示し、「一緒に行っていいですか」と言ってついて来ることになった。以前タイにホームステイした経験があり、タイ語が話せるとのこと。彼がいれば言葉の面で大いに助かるから、こちらとしても同行は願ったりだ。

さて、そのアルヒルの桟道だが、実は詳しい行き方は私も知らない。橋のそばに桟道見物客のための駅があり、そこへ行く道路もあるという情報は得ていたのだが、公共の交通機関によるアクセス方法は不明のまま。日本の旅行案内書にはそんな駅の存在すら書かれていない。

バスの車掌に橋の写真を見せ、「ここへ行きたい」と申告すると、「わかった、ワンポーで降りろ」と言い渡される。ワンポーはアルヒル桟道から六キロほど先にある集落の名で、本当にそこでいいのか不安になったが、とりあえずその言を信じるしかない。バスは綺麗に舗装された郊外の道を西へとすっ飛ばす。

カンチャナブリーから一時間ほど走り、10時10分、車掌が私たちのところに来て「ここだ」と指示した場所で下車。周囲には集落どころか民家一軒見当たらない寂しい停留所だったが、近くの交差点にいたヒマそうなモーターサイ（バイクタクシー。単車の後部に客を乗せて走る）を捉まえて後部座席に乗り、密林の中を蛇行する急坂を一気に下ると、十分もしないうちに土産物屋の並ぶ断崖絶壁の手前に辿り着いた。そのすぐ目の前に、あのアルヒル桟道の絶景が広がっていた。

全長約三百メートル、混濁のケオノイ川を見下ろしながら空中に連なるこの木製の橋梁は、泰緬鉄道の難工事ぶりを顕著に示す好例とされる。断崖を内に食い込むように削り取り、泥流の傍らの険しい足場に木材を組んでできあがっている。橋の上の線路をよく見れば「NIPPON　2000」と刻印されているし、全体的に一応の補強はされているが、基礎の部分は今も開通当初のままだ。

橋の上を少し歩いてみる。人道橋として活用されているわけではないので、枕木を注意深く伝って歩く。そうするとどうしても足元を見なければならないのだが、枕木の隙間からは深い谷底が見通せるので、足がすくむ。空中を歩いているようだ。慣れないとかなり危険なので、すぐに元の場所へ引き返した。

橋の袂《たもと》にあるタムクラッセ駅は、もっぱら桟道見物のために設置された簡素な停車場で、小さな待合室があるだけの無人駅である。駅前には桟道を目の前にしながら食事がとれる展望レストランや土産物屋が並ぶ。私たちは茶店の一隅で休憩しながら、バンコクか

ナムトク線下り列車時刻表（2004年8月）

km	列車番号		485	257	259
0	(バンコク)トンブリー	発	…	745	1345
80	ノーンプラドック	〃	425	914	1516
106	タールアノーイ	〃	512	950	1556
130	カンチャナブリー	着	552	1020	1628
		発	607	1030	1630
158	ワンイェン	〃	644	1058	1702
210	ナムトク	着	825	1220	1820

らの列車が来るのを待った。

駅の時刻表では次のナムトク行き二五七列車は12時02分発となっていたが、11時25分、突如桟道の対岸の崖から、ディーゼルカーが静かに姿を現した。茶店で休んでいた私たちは、お目当てだった桟道通過の様子を間近で見るべく、大急ぎで橋の袂まで駆けていく。

桟道に差しかかった三両編成のディーゼルカーは、時速五キロの最徐行で木の橋の上を通過していく。恐る恐る走行しているように見える。近づいてきた列車は窓はもちろん、前面の貫通扉まで全開となっていて、乗客が身を乗り出している。山側は断崖と車両との離隔がわずかで、ギィギィと軋《きし》む線路の音に車両が崖を擦っている音が混じっているかのように聞こえる。

この列車は定期列車ではなく、毎週日曜日にバンコクからやって来る特別の観光列車であった。カンチャナブリーなど主要な観光地では長時間停車し、食事なども付いてくるという。特別と言っても車両はタイのローカル線で一般的な普通のディーゼルカーだが、車内は国内外の乗客でほぼ満員となっている。

それから一時間後、本命の二五七列車が定刻より二十分ほど遅れて、警笛とともに橋の向こうに登場。今度はディーゼル機関車が率いる、十八両編成の長大な客車列車である。こちらも観光客が満載だ。満員の乗客みんなが川の側にばかり身を乗り出しているので、車両が傾いて客車が転落するのではないかと思えてしまう。

全車両が無事に桟道を渡りきり、12時22分タムクラッセに到着すると、私たちは橋の袂から駅へ急ぎ、そのままその列車に乗り込んだ。ここで下車する観光客もいたが、それでも車内は大混雑。中には、旅行会社がまるごと借りきっているらしい車両もある。

私たちは後ろから二両目に乗ったが、この車両は座席をロングシートに改造したうえ、一部の座席は撤去してしまっている。より多くの乗客が車窓に接することのできるように、という配慮のようだ。

最後尾の一両だけはガラガラで、前の十七両と趣きを異にしている。座席の上にタイ語と英語で「僧侶、身体障害者、老齢者専用席」と書かれた札が下がっている。後の二者と並んで「僧侶」が優遇されるべき存在とされているのは仏教国のタイらしい。この札のおかげで、タイ人も外国人もこの車両には乗ろうとしない。

大混雑の二五七列車はタムクラッセを出て十分ほどでワンポーに到着。カンチャナブリー以西では最大の町で、ここでも観光客が多数下車。駅前に大型バスが待ち構えている。

密林を象に乗って巡るジャングルクルーズは、この付近が出発地となっている。

ワンポーを出ると列車は徐々に勾配を上げつつ、人影のない森や原野の中を走る。途中、ケオノイ川の眺望が迫ったり、切り立った切通しを通過したりするが、何しろ車窓に群がる先客が多く、タムクラッセから乗った私たちはその背中越しに外を見るしかない。やがて13時12分、上り坂の途中で停車した片面ホームの小さな駅が、終点のナムトクであった。

狭い駅前に大型バスがひしめくように停車していて、団体客を呑み込んでいく。そのバスでこの辺りの観光地を巡り、そのままカンチャナブリーやバンコクへ運んでくれるのだろう。何しろ、今乗ってきた列車が折り返した後は、今日の上り列車は15時15分のノーンプラドック行きしかなく、バンコクまで帰れる列車はもうないのだ。観光路線であるわりには、定期列車の運行時刻は極めて不便である。私たちはひとまず駅前の食堂で腹ごしらえをしつつ、駅前の大喧噪が収まるのを待つ。

団体バス御一行たちが去って静かになった駅前で、小型トラックの荷台に座席と屋根を取り付けたソンテウというタイ独特の乗り物に乗る。運転手は他の個人客も集めたがったが、列車から降りた観光客はもう私たち二人しか残っていない。

最初は近くまでのつもりだったのだが、私たちだけというので、貸切にして観光地を回ってもらうことにする。他に客がいないため、値段交渉は最初から私たちに有利であった。彼は、貸切は嬉しいものの言い値よりかなり値切られたためか、複雑な心境といった表情でハンドルを握った。聞けば、普段は工場のマネージャーをしており、ソンテウの運転手は休日の副業だという。

自動車の通行量が少ない国道を時速百キロ以上で飛ばして十五分、最初にヘルファイヤー・パス記念館という泰緬鉄道の史跡を訪れる。「地獄の業火道」とはまたどえらい悪名だが、もともとは「ヒントクの切取り」と称される森の中の切通しだった。猛烈な速さで建設工事が進められた当時、この切通しで松明に照らされた夜間作業の姿が地獄の火の中で働いているように見えたことから、現場にいた連合軍の捕虜たちがこの切通しを「ヘルファイヤー・パス」と名付けたのである。

館内の展示やスライドを見学した後、裏の急階段を下っていく。遊歩道となっている山道は泰緬鉄道の路盤跡で、ところどころに当時の枕木が埋まっている。山道からは生い茂る木々に遮られて見にくいが、眼下には緑豊かな盆地が広がっている。

静寂に包まれた森の山道をしばらく歩くと、道の両側が見事なまでに切り立った切通しにぶつかった。その真ん中に、当時の線路と枕木が遺され、ここが「ヘルファイヤー・パス」であることを示す記念碑が埋め込まれている。その先に架かっていたというトレッスル橋は今は跡形もなく撤去され、遊歩道として整備されている。だが、午後になって雲行きが怪しくなってきており、歩いているのは私たち二人だけだ。

泰緬鉄道は日本軍の物資輸送を目的に、連合軍の捕虜を酷使して完成した。〝地獄の業火〟の中で一生懸命に働くイギリス兵に対し、日本の将校が「なぜ敵国の鉄道工事をそんなに熱心に手伝うのか」と尋ねたとき、その兵は「この鉄道は必ずイギリスのものとなる。我々はこの鉄道に乗ってロンドンに帰るのだ」と言い放ったという。

だが、開通から二年も経たないうちに日本が戦争に負けると、今度はイギリス軍の指揮の下、日本軍捕虜たちの手でそのほとんどが撤去された。タイとビルマを直結する国際鉄道の存在は、同じ自国の植民地であるシンガポールの繁栄をおびやかしかねないとイギリスは考えたのだ。しかし、そのイギリスも、やがてアジアの植民地を全て失う。

かくして、死屍《しし》累々《るいるい》で建設された泰緬鉄道は三年足らずで消滅し、その痕跡は今のような静寂の密林に帰した。木々の葉が風に揺れてかすかにざわめく森の佇まいは、「驕《おご》れる者は久しからず」という盛者必衰の理を無言で語っているかのようである。

ヘルファイヤー・パスを見物した私たちはその後、日本軍が戦時中に掘り当てた川べりの温泉などに立ち寄り、帰りはバスでカンチャナブリーに戻った。アルヒルの桟道を渡る列車を見ることもできたし、密林に眠る泰緬鉄道の廃線跡を訪れることもできて充実した一日だった。

今度はあの桟道を列車に乗って体験したい。カンチャナブリーから桟道までの区間も乗りたいし、その先も大混雑で車窓を楽しむどころではなかったから、のんびり乗ってみたい。とすれば、適当な列車はカンチャナブリーを6時07分に出る一番列車しかない。

夜明け前の5時半頃、野犬に吠え立てられながら、暗い夜道を一人でカンチャナブリー駅へ。ナムトクまでの切符は十七バーツ（約四十六円）で、地元客も外国人も変わらない。

昨日、タムクラッセから乗車した日中の二五七列車にこのカンチャナブリーから乗る場合、外国人はナムトクまで三百バーツ（約八百八円）を徴収されることになっている。軽食や飲み物や事故の際の保険が含まれるということだが、外国人専用の特別列車でもないのに、国内人向け料金の十八倍もの外国人料金を設定する鉄道は世界的にも珍しい。

東の空が白み始めた6時08分、前照灯を煌々《こうこう》と輝かせながら、ナムトク行き一番列車である四八五列車が到着。この列車の始発駅はバンコクではなく泰緬鉄道の本来の起点たるノーンプラドックだから、泰緬鉄道を偲《しの》ぶ旅には最もふさわしい列車と言える。

昨日の十八両もの長大編成には驚かされたが、さすがに朝早くから大量の観光客を乗せることは想定していないようで、編成はディーゼル機関車が荷物車一両、次いで客車四両を従えた短編成となっている。私以外には、観光バスが一台だけ駅にやって来て韓国人らしき団体十数人が乗り込んだが、あとは地元客ばかりがちらほら。最後尾の客車の乗客は私一人だ。

定刻より十六分遅れて、6時23分発車。カンチャナブリーの町外れの原っぱを快走し、五分でクウェー川鉄橋駅に着く。『戦場にかける橋』の観光用に設けられた駅だが、早朝の今は寂としている。

鉄橋駅を出ると、すぐにそのクウェー川鉄橋に差しかかる。橋の上を歩いて渡る観光客の姿も今は全く見えない。朝日を浴びて滔々《とうとう》と流れる大河を、一分半かけて最徐行で渡る。突貫工事のため、なるべく鉄橋で川の本流を渡らないことを旨として建設された泰緬鉄道における、これが唯一の例外である。

川を渡って五分ほどでカオポン着。この先でゆっくりと右へカーブする。最後尾の車窓から身を乗り出して前を見ると、先頭の機関車が深い繁みに覆われた細い切通しに進入しようとしている。「チョンカイの切取り」と呼ばれる難所に違いない。

切通しは列車の車体がギリギリ通行できる程度の細さで、両側の岩の壁はほとんど垂直に近い。何の落石対策も施されず、自然のまま旅客列車が通行している。日本の鉄道の安全基準ではまず考えられない地形だ。しかも一つだけでなく、すぐにもう一度同じような切通しを通った。

車窓に凸凹の山並みが続く中、6時58分ワンイェン着。上りの一番列車が待っていた。朝の列車らしく、制服姿の通学生でいっぱいになる。

ワンイェンを出ると、こちらの列車にも、森や畑の中の小駅に停車するたびに通学生が乗り込んでくるようになった。車内改札に来る車掌は彼らとは顔馴染みのようで、定期券をチェックした後もしばらく談笑している。

学生たちが窓から身を乗り出して遊んでいるうち、突兀とした奇峰群に囲まれた列車は7時43分、タムクラッセという停車場に到着。だが、昨日訪れた同じ名称の駅は、すぐ前方に見えるアルヒル桟道の先にある。同じ名前の駅が、桟道の両側に設置されているのだ。

カンチャナブリー側のタムクラッセ駅を発車すると、そろりそろりという感じでアルヒル桟道に足を踏み入れる。左下に悠然と流れるケオノイ川の流れが見下ろせる。右の岩肌は列車の屋根の上にまでせり出している。頭上を岩壁が覆い、眼下は深い谷底――列車が宙を走っているようだ。毎日この眺望に接しているはずの車内の通学生も、窓から身を乗り出してはしゃいでいる。

三百メートルの桟道を五分以上かけて渡り、ナムトク側のタムクラッセ駅に到着。アルヒル桟道、ぜひとも外から見て、列車でも通るべき鉄道名所である。

昨日と同じくタムクラッセから約十分でワンポー着。ここに学校があるらしく、学生たちが一斉に下車して急に車内は静かになった。観光客で賑わう昼とは、同じ駅や車内でも様子がまるで違う。反対列車待ちでもないのに、定時を過ぎても一向に発車しないのでホームに降りてみたら、運転士も車掌も揃ってホームの売店で朝食の最中だった。

食事を終えた運転士たちが乗り込んで、8時08分発車。通学生や韓国人の一団体がいなくなった四両の客車に、乗客は私を含めて九人だけとなっている。

ワンポーから、緩やかな勾配を上る。左の眼下には、熱帯雨林に覆われた険しい断崖を両岸にして流れるケオノイ川が一望できる。カンチャナブリーの町外れにある実際の鉄橋よりこの辺りのジャングルの方が、『戦場にかける橋』に登場する橋梁のイメージに近い。ちなみに映画に出てくる橋は、タイではなくスリランカの密林に撮影用に建設したものだという。

ゴアマハモンコルを過ぎると山岳地帯をほぼ抜け出し、あとは雑木林と耕作地の中を快走。すでに車掌は制服を脱ぎ、Tシャツ姿で車内を歩いている。前方に迫る山並みの向こうはミャンマーだ。再び緩やかな坂道を上り始めたところに、終点のナムトク駅が現れた。8時34分到着、乗務員の朝食休憩などがあったわりには、最後は八分の遅れにとどまった。

乗客を吐き出した列車はそのまま前進すると、ホームから見上げる盛土の上の側線に後退し、そこに停車した。ナムトクはスイッチバック駅なのである。終着駅がスイッチバックというのは、山がちでスイッチバック方式の駅が多い日本でも、貨物鉄道である岩手開発鉄道の岩手石橋駅に現存するのみだ。ナムトクの場合は本来は中間駅だったのが終戦後にたまたま終着駅となったので、初めから終着駅としてスイッチバック方式を採用した岩手石橋駅とは少し事情は異なるが、珍しい存在であることには変わりない。

ナムトクから先に延びる線路の上を歩いていくことにした。三キロほど行けば、サイヨークノーイ滝という、森の中にある滝の目の前に出られるはずである。

スイッチバックへの引込線として使用されている駅の外れより先は、線路の踏面は赤錆びていた。だが、路盤に雑草が生い茂ることもなく、歩きやすい。線路のそばの民家の庭で小象が二頭、見慣れぬ通行人の私をじっと見ている。

平坦な路盤を十五分ほど歩くと、片面ホームの小さな駅があった。「ナムトク・サイヨークノーイ」という駅名標が建つこの駅は、旧泰緬鉄道の路盤を再利用して、二〇〇三年にナムトクから路線が延伸されたことにより設置された。終戦から半世紀以上経った二十一世紀になって、かつての泰緬鉄道がわずかながら復活したのだ。

ただ、実際にこの駅まで足を延ばす列車は、日曜運行のバンコク発観光列車に限られている。昨日、アルヒル桟道で見た、あのディーゼルカーだ。地元客のためではなく、もっぱら観光客の便宜を図るために、ここまで線路が再延長されたのである。現に、今乗ってきた一番列車はナムトク到着後、すぐに側線に引っ込んでしまった。

車止めの後ろの軌道敷上には、かつて泰緬鉄道で活躍した蒸気機関車七〇二号機、もとの日本国鉄C56形四号機が静態保存されている。このC56は昭和十年（一九三五年）に製造され、戦時中にこの地へ送られ泰緬鉄道を走った後、戦後はタイ国鉄に帰属して活躍したという。

そのC56の鎮座する目の前の小さな切通しを抜けると、そこにサイヨークノーイ滝という名の滝があった。軌道跡は遊歩道となり、今は子供の遊び場と化しているが、旧軌道敷と滝壺の何と近いことか。かつて泰緬鉄道の機関士は、この滝壺からSLに直接給水したという逸話が残っている。戦況の厳しい戦時中でなく平時の話であれば、のどかな思い出話であるのだが……。

サイヨークノーイ滝でC56に対面し、バスでカンチャナブリーに戻った後は、クウェー川鉄橋を歩いて渡り、泰緬鉄道博物館などを見学。カンチャナブリーには泰緬鉄道関連の見どころが数多いが、とりあえずは一通り回った。残るはその名の通り泰緬国境、すなわち隣国ミャンマーとの国境付近、そしてその国境を越えたミャンマー側の廃線跡である。

現在、ミャンマーは国境地帯に民族紛争を抱えているなどの理由で、陸路国境を基本的に閉ざしている。ただ、タイとの間では、日帰りに限り外国人観光客の入国を認めている国境が何ヵ所かある。泰緬鉄道の通過地点だったスリー・パゴダ・パス（三塔峠）も、そうした数少ない開放国境の一つとなっている。

もっともこの国境、政情不安定なミャンマー側の事情によりしばしば閉鎖される。ミャンマーに入国できるかは、当日に国境に行ってみないとわからないのだ。カンチャナブリーからバスとソンテウを乗り継いで片道五時間近くもかかるためか、日帰りで三塔峠《スリー・パゴダ・パス》の国境へ行った旅行者には一人も出会わず、生の旅行情報は全く得られなかった。

そんな謎めいた国境への日帰り旅行に、一昨日一緒にアルヒル桟道やヘルファイヤー・

パスへ行った同宿の大学生がまたも興味を示し、一緒に行くことになった。国境での手続きは何かと面倒だろうし、タイ語ができる彼の同行は正直有難い。若年者に頼りっきりで情けなくもあるのだが。

朝7時33分、私たちを乗せたミニバンがカンチャナブリー・バスターミナルを出発。このミニバンはれっきとした長距離バスで、ミャンマー国境に近いサンクラブリーという集落までほぼノンストップで突っ走る。普通バスより所要時間が一時間ほど早いため人気があるが、十二人乗りのため切符はすぐになくなってしまう。

一昨日にアルヒル桟道へ行ったときに乗ったバスよりもさらに猛スピードで、同じ国道を疾走。サイヨークノーイ滝やヘルファイヤー・パス記念館の前をあっという間に通り過ぎ、急坂を幾度となく上り下りする。

国境へ向かうこちらの車線にはないのだが、反対車線にはときどき、タイ軍の検問所がある。ミャンマー人の不法入国者を取り締まっているとのこと。さすがは国境へ通じる国道だ。

10時過ぎ、標高の高い位置で視界が開け、緑に囲まれたケオノイ川上流の人造貯水池が車窓に現れる。かつての泰緬鉄道の路盤は、この水底に没してしまっている。ダム等の建設によるリバーサイド・トレインの水没はよく聞く話で、私などは大井川鐵道を連想するのだが、泰緬鉄道を走り戦後はタイ国鉄でも活躍したC56のうちの一両は昭和五十四年（一九七九年）に日本に〝帰国〟し、今でもその大井川鐵道で運転されている。

起伏の激しい地形を快調に飛ばし続けたミニバンは11時10分、無事にサンクラブリーに到着。この静かな田舎町でソンテウに乗り換え、国境の三塔峠を目指す。

今度は国境へ向かう私たちの車も、軍の検問所で停車させられた。検問中の私たちのソンテウの横を、迷彩服姿の軍人ばかりを乗せた大型車両が通過していく。物々しい雰囲気が、国境に迫っていることを実感させる。

サンクラブリーから四十分ほど、正午前に国境に到着。カンチャナブリーから続いた国道はここが終点である。

その国道の終端地点がロータリーになっていて、その中に三基の仏塔が並んでいる。これが、海抜二百七十三メートルの泰緬国境の名にもなったスリー・パゴダである。想像していたよりも随分と小さな塔だ。その塔の目の前に、ミャンマーの国境検問所があった。

国境といっても、検問所の遮断機は上がったままで、地元の住民はノーチェックで平然と通行している。小さな事務所とタイ・ミャンマー両国の国旗が掲揚されていなければ、そこが国境だとはほとんど気づかないだろう。

その国境検問事務所の真裏に、泰緬鉄道の路盤と線路が一部残されている。敷地はミャンマー国内だが、もともと検問所前の道路以外は国境線も曖昧なので、タイ側から見物できる。旧路盤上に建つ「ミャンマー連邦」と書かれた看板の後ろに、モニュメントとして線路が十メートルほど延びている。「ミャンマー〜タイを結ぶ日本の旧鉄道（１９４２）」という小さな記念碑も見える。

三塔の聳えるロータリーを挟んでタイ側の未舗装道路にも、路盤上に赤錆びた線路が記念碑として敷設されている。その線路の前には、日本とタイが共同で建立した小さな寺院がある。未舗装道路はそのまままっすぐ森の中へ向かっている。タイ・ミャンマー両側の線路位置や三基の仏塔の位置、路盤を転用したと思われる道路の存在から見て、この線路の位置を泰緬鉄道が実際に走っていたのはほぼ間違いない。

私たちはタイ側の事務所にパスポートを預け、ミャンマーに入国した。ここでの入国はその日のうちにタイに戻ることが前提となっているため、パスポートをタイに残し、その場で発行される入国許可証をミャンマーに提出する仕組みとなっている。したがって、国境を越えてミャンマーに入国した痕跡はパスポートには残らない。

形式的な書類のチェックだけであっさり入国したミャンマー側の町パヤートンズーは、見た目にはタイの町とさほど変わりがない。買物をすればタイの通貨バーツがそのまま使えるし、タイ語もかなり通じる。ただ、男性の服装が洋服から、ロンジーという長い腰巻に変わった。

泰緬鉄道の路盤は、国境検問所に続く本道から少し外れた位置を通っている。線路が剝がされて半世紀以上経つが、地元の住民に尋ねてみると、彼らはこれが日本の建設した鉄道跡であることを知っていた。未舗装で至るところがぬかるむ悲劇の線路跡は、今は地元住民の生活道路となり、近所の子供たちが歓声を上げて走り回っていた。

線路を走る南米奥地のボンネットバス

▼ボリビア

　ボリビアという国は、鉄道の衰退が進む南米諸国にあって、今でも比較的まともに鉄道紀行を楽しめる国である。大都市から隣国との国境都市までを結ぶ長距離列車は各地に健在だし、今や南米では貴重な国際旅客列車も走っている。観光地へのアクセスとしても機能しており、利用者は多い。

　もっとも、それは大都市間を結ぶ幹線の話に限られる。沿線住民しか利用しないような地方のローカル線は並行道路の整備に伴い次々と廃止され、バス輸送に取って代わられた。

　ラ・パス、サンタ・クルスに次ぐボリビア第三の都市コチャバンバでも、そうしたモータリゼーションによって、一時は街から鉄道の姿が消えた。いったん運行を取り止めた鉄道は、よほど大きな事情の変化でもない限り、滅多に復活することはない。冷厳な、悲しい現実だ。せめて往時の栄光を偲ばせる鉄道駅舎を眺めてみよう、そう思い、私はコチャバンバにやって来たその日の夕方、街の中心に建つコチャバンバ駅舎へと足を運んだ。二〇〇五年（平成十七年）八月のことである。

始発駅にふさわしい白亜の巨大な駅舎は、周囲を無数の屋台に取り囲まれていて、正面玄関の場所すら探し当てるのが困難になっている。鉄道駅が地元住民にとって無意味な存在であることを象徴しているようにも見える。

迷路のような屋台群の中を通って薄暗い駅舎の中央ホールに入ると、切符売場は固く窓を閉ざして埃をかぶり、運賃表の文字はかすれている。頭端式の櫛形ホームが目の前に広がっているが、ホールとの間は鉄扉で仕切られていて中には入れない。車両の姿はなく、人影も見えない。現役の鉄道ターミナルとして機能しているようには到底感じられない。

ところが、ホール中央の掲示板に貼られた小さな告知文を見ると、二〇〇五年五月、つまり、つい三ヵ月前から、このコチャバンバを起点としたローカル路線の運行を再開すると記されているではないか。それも、コチャバンバから二つの異なる方向の路線が相次いで復活したようで、いずれも週に二～三回、下り列車がコチャバンバを朝に出ていき、翌日に上り列車となって戻ってくるという。

今日は月曜日。幸運なことに、明日の火曜日はその二方向の下り列車がともにコチャバンバを出発する日となっている。滞在期間の関係で両方とも乗車することはできないが、どちらかの路線の終点まで行って、その日のうちにバスかタクシー、ヒッチハイクなどでコチャバンバに戻ってくれば日帰りで済む。

となると、無事に日帰りできそうなのは、朝9時にコチャバンバを出てイゲラニという終点に14時到着となっている路線である。アイキレという町まで走るもう一方

ボリビアの鉄道

の列車は朝8時に出発するのに、終着時刻は十時間近く後の17時40分と遅い。スペイン語がろくに解らない以上、見知らぬ町で戻りの交通手段を探すことを考えれば、早めに終点に着く方が安全だ。

手元の地図やトーマスクックの時刻表にもその名がないので、イゲラニという町がどこにあるのか知らないままで乗るのはやや気になる。ただ、イゲラニへの路線は途中でブエン・レティーロという駅を通るらしく、トーマスクック時刻表によれば、この駅はコチャバンバから二百キロ西に位置する工業都市オルーロへ向かう途中にある。コチャバンバ〜

オルーロ間は幹線道路が整備されているから、イゲラニとやらもその道路沿線にあるだろうし、幹線道路沿いの町ならコチャバンバへ戻る自動車も見つけやすいだろう。

というわけで、明日はイゲラニへ行くことに決定。どんな列車なのか、どんな路線なのか、事前知識は皆無である。全ては明日のお楽しみ、と胸を躍らせて早々にホテルに戻った。

翌朝7時半、私は必要最小限の荷物だけをナップサックに入れ、大部分の荷物をホテルに残してコチャバンバ駅を訪れた。ホールからホームへ通じる鉄扉は開いていた。

長大な編成にも対応可能な頭端式ホームの一角に、出発を待つ旅客列車が停車している。が、「列車」と呼ぶにはあまりに珍妙な姿を見た瞬間、私は啞然とした。

バスなのである。中古のボンネットバスの車体からタイヤを取り外し、代りに車輪を履かせて線路の上に鎮座している。ボンネットの真下にある前輪タイヤ部分の泥除け（フロント・フェンダー）が、かつては自動車であったことをよく示している。運転席は大きな円形ハンドルで、どこからどう見ても自動車の運転台である。日本では「レールバス」といってもしょせんはバスに似た鉄道車両だが、これはまぎれもなくバスそのものだ。

ボリビアではかつて、ボンネットバスを改造した車両が旅客列車としてローカル輸送に活躍した時代があった。旅行者の間では、「バスの形をした列車が走っている」と伝説のように語られていたこともある。だが、地方の小規模路線が消えていく中で、その存在もいつしか聞かれなくなっていた。それが、よもやこのコチャバンバで復活した路線に投入されていようとは！　てっきり新型車両でも投入されたかと想像していたので、思いもかけぬことである。

この、日本人の鉄道車両に関する常識を真正面から打ち破るようなユーモラスなバス、いや、列車にぜひとも乗りたい！　そう思って切符を売っている事務室へ行くと、切符売りの職員曰く、この車両は8時発のアイキレ行きだとのこと。では、イゲラニ行きはもうすぐ来るのか、と聞くと、次のイゲラニ行きの列車は三日後だと言う。中央ホールの掲示情報では、イゲラニ行きは今日コチャバンバを出発するはずだが、とにかく、ない列車はないのだ。私には三日待つ余裕もないので、コチャバンバからの汽車旅を楽しもうと思ったら、現在停車中のアイキレ行きに乗るしかない。

もとより、あの前代未聞のバスもどき車両に乗りたい気持ちは強い。だが、アイキレとはどこにある町なのか、今日中にコチャバンバへ戻ってこられるのか、イゲラニへ行くつもりだった私は何も調べていない。

慌てて手元の旅行案内書を開くと、ほんのわずかではあるが、アイキレに関する記事があった。コチャバンバから東へ二百キロほど離れた、訪れる観光客などほとんどなさそうな小集落だが、幹線国道沿いに位置しており、コチャバンバからバスが走っているとも書いてある。これなら何とかなるだろうし、出発時刻の8時まで、迷っている時間はない。そう即断した私は職員に、「では、アイキレまでの切符を一枚」と申し出た。

「イゲラニ行きの列車に乗りたい」と言っていた人間が、方向が全然違うアイキレ行きの列車しかないと聞いて「ではアイキレまでの切符を一枚」と申し出るのは、正常な切符の買い方ではない。東京駅で東海道新幹線の指定席券が売切れだったから、代りに東北新幹線の指定席券をくれ、と言っているようなものである。窓口の職員に「お客さん、いったいどこへ行きたいの」（宮脇俊三『時刻表2万キロ』より）と言われてもおかしくない場面だ。

しかし、切符売りの男性は、特に不審がることなく、二十ボリビアーノ（約二百八十五円）と引換えに、あっさりとアイキレ行きの切符を私に手渡してくれた。もっとも、何かを問い質されたところで、スペイン語を解さない私は答えようがないのだが。

アイキレ行きのレールバスの周りには、見送りや乗客、それに鉄道職員や警官がたむろしている。大きな荷物は屋根の上に載せるが、軽装の私はドアの前で警官に切符を見せてすぐに乗り込む。

小さなボンネットバスは運転席を除いて二十五人乗り、意外にも全席指定である。切符を買うときに、座席表がチェックされる。私は最後部列の右窓側席をあてがわれた。指定席と言っても座席は前向きの横長シートで、窓枠の上にペンキで座席番号が書いてあるだけなのだが、満席になれば乗れない恐れもある。行き先は変わったが、ひとまず乗車できることになったのはよかった。

出発時刻が近いが、荷物の積載作業が続いているので、改めて、このへんてこりんな車両を外から観察する。

ボンネットの真下にあるフロント・フェンダーの足元を見ると、コッペル社製のボギー台車（車体から独立して水平方向に回転できる鉄道車両用の台車）を履いている。タイヤ用のフェンダー部分が空洞になっているので違和感は拭えない。後輪用のホイール・フェンダーは鉄板で綺麗に埋め込まれ、黄色い塗装によって車体と一体化している。その足元には単軸台車。

ボンネットバスであるから、蒸気機関車のように、常に進行方向を向いて走る必要がある。駅構内に転車台は見当たらず、おそらく、三角形に敷設された引込線の各辺を辿って向きを変え、バック運転でホームまで入ってきたのだろう。乗客が多数になってもバスゆえに増結ができないなど、いろいろな意味で非効率的な車両だ。何ゆえに、劇的な（？）復活を果たした路線にかような車両が投入されたのかと思う。

とはいえ、世界に類例のなさそうなこんなユニーク車両に乗れるのだから、一見の観光旅行者である私としては文句などない。よくぞ、このような車両を私の旅行前に現役復帰させてくれたものだと、感謝したいくらいである。

私は定員二十五人のうち十九番目の乗車券購入者だったが、その後、残る六人の乗客も現れ、車内は満席に。8時02分、線路の上のボンネットバスはコチャバンバの長いプラットホームを離れ、アイキレへ向かって走り始めた。

左ハンドル席の運転士は右手でギアハンドルを操り、ローギアから徐々に加速していく。カーブに差しかかると、いささか大きめの円形ハンドルを両手で回す。車輪の向きを線路に合わせるためだろうが、脱線しない限り進む方向が決まっている線路の上を走っているのにハンドルを回しているのは、不思議な光景である。

コチャバンバ駅構内は往時の鉄道全盛期を彷彿とさせる広さだが、他に車両の姿が全く見えない。駅の敷地外へ出る線路上の門が閉ざされており、運転席の横に乗っていた警備員が降りて門へ走り、錠前を外して扉を開く。

門前の警備員に見送られて駅外に出ると、すぐ左に巨大な車両基地が現れる。いや、「車両基地」というより、車両の墓場とでも言うべきか。錆びつき、車輪を外された元・鉄道車両たちがゴロゴロと打ち棄てられている。車庫や転車台もあるが全く使用されていない様子で、椰子の木陰で馬がのんびり草を食んでいる。

車庫だか民家の裏庭だか判然としない場所を抜けると、しばらくは車道に沿って走る。駅でもないのに何度も停車しては、線路脇で手を挙げて合図していた母子連れなどが乗ってくる。乗合バスみたいである。行き過ぎた後で後方から声がかかれば停車してバックし、乳飲み子を抱えた若い母親が慌てて乗り込んできて、「ああ、間に合ってよかった」という表情をする。途中からの乗客に余分な席はないが、みんなで互いに詰め合ったりして、彼女らの居場所を作る。母親の一人は早速シートに子供を寝かせておむつを交換したり、別の母親は胸元をはだけて授乳を始めたりする。

コチャバンバを出発してから三十分ほど経つと、途中の路上からの乗客もあらかた拾い終わり、満員のレールバスは町を離れて灌木の生い茂る荒野の中を激しく揺れながら進む。前方に延びる線路に枕木はなく、大小の石ころが線路内にゴロゴロ転がっている。

8時40分、細いサボテンが散在する丘陵の中腹で緊急停車。台車の下で何やら変な音がしたとかで、運転士と同乗の補助員が降りて車輪の辺りを点検している。

ついでに乗客も車外に出て、離れたところでめいめい用を足す。巨大なサボテンの目の前で停車するボンネットバスの姿は、巨大ターミナルのホームの隅っこに佇んでいたときに感じたユーモラスさとは違い、アメリカの西部劇のワンシーンのようで、どこか野性味溢れる逞しささえ醸し出している。

幸い車体に異常はなく、すぐに出発。左手の車窓に川の流れが寄り添う。やがて巨大なダムが出現し、その先は穏やかな貯水池になっている。対岸の山容が見事に鏡面反射している。よほど水が澄んでいるのだろう。

その湖畔の付近で8時59分、初めての駅アンゴストゥラを通過。進入前に警笛を鳴らしたが、ホームに客の姿がなかったので停車せずに通り過ぎてしまう。ますますバスである。

その後も列車は弧を描くように湖畔に沿って二十分ほど走り、やがて湖面は左後方へと消えた。代わって、放牧風景が断続的に続く。うららかな陽光を浴びて車内の温度はじ

コチャバンバ〜アイキレ間駅名一覧表

km	駅名
0	**コチャバンバ**
	アンゴストゥラ
	タラタ
	クリザ
	サン・フランシスコ
	アンザルド
	サカバンバ
	デスビオ・ラ・クンブレ
	シヴィンガニ
	ヴィラ・ヴィラ
	パフチャ
145	チャグアラニ
	ティン・ティンケ
	ミズケ
	アクアダ
	ルミカンチャ
207	**アイキレ**

※運営はアンデス鉄道。2005年8月現在、コチャバンバ発アイキレ行きは火・木・土曜日の8時出発、アイキレ到着17時40分。アイキレ発コチャバンバ行きは水・金・日曜日の8時出発、コチャバンバ到着17時40分。

わじわと上昇し、乗客の朝寝を誘う。

9時26分に無人のタラタ駅を通過し、始発からまともな駅に一度もきちんと停車しなかったレールバスは、9時40分、比較的大きな村落に差しかかった。線路の右側に未舗装の道路が並行し、古びた住宅地の中を右へ少しカーブしたところにある農家の玄関前で9時46分停車。そこが初めての停車駅、クリザであった。

停車すると運転士はエンジンを止めてしまい、補助員と一緒に下車。駅名標の前、すなわち農家の玄関前には、その家の家族らしき女性たちが机を並べ、大きなタライに山盛りのマカロニやパンなどを揃えている。運転士と補助員、それに多くの乗客が一斉に買い求め、食事休憩となる。運転士たちが食べ終わらない限り出発しないのだ。

この先食料が入手できるかわからないので、コチャバンバで早めに朝食を食べていた私もタライのマカロニにチキンを載せた一皿を頼む。五ボリビアーノ（約七十円）は軽食の物価としてはほぼ適価だが、お世辞にも旨いとは言えない。第一、庭先から拾ってきたようなタライに無造作に盛られたマカロニの山は見るからに不衛生で、日本の保健所員が見たら卒倒しそうな代物である。この先で空腹感に襲われないように……と、半ば義務感にかられて黙々と食べる。

それでも、乗客の大半が食べたため、タライの中はほぼカラになった。ここにやって来る列車は、一日おきに上りと下りが各一回。その毎日一回の到着のときだけ、彼女たちはここに机を並べてこうした食事を供しているのだろう。

とにかくも乗客乗員の腹は満たされ、10時15分、クリザを出発。

人影のない茫漠とした原野をガタガタと走るうちに、線路が上り勾配になり始めた。キィキィと車輪の軋む音を発しながらセミループ線で丘陵をぐるりと大回りすると、眼下には今来た線路が見下ろせ、前方には広大な山野が遠方まで望める。どこまで続くとも知れぬ果てしない原野が、緩やかな起伏を重ねて遥か彼方へと連なっている。

11時を過ぎると、勾配の上下を繰り返す中で車窓に険しい峡谷が現れる。切り立った切通しをすり抜け、峻険な山岳路線の様相を呈する。

そんな山地の中にも桃源郷のごとく小さな村落が点在している。11時30分、高原の小村サカバンバに到着。駅に停車するのは乗降客がいるときだけで、そのたびに運転士と補助員が車外に出て屋根に上り、大きな荷物の積み下ろしをする。ここで数人の乗客が入れ替わり、立ち客が出る。

正午近くなるとさらに山深く入り込み、ループ線も二度通過。トンネルの出口から、通過したばかりの線路が崖下に延びているのを視認できる。

人家など気配も感じられない荒涼とした山岳地だが、12時11分、通路に立つ男性の要求で、褐色の岩場に四方を取り囲まれた場所に停車。大きなビニール袋を担いだ彼は一人で下車し、断崖の上へと歩いて消えた。他の乗客から、「彼はこんな辺鄙な場所で降りて、どこへ行くのだろうか」というような驚きの声が上がる。地元のボリビア人が見ても、この付近は人跡未踏同然の地に映るのだろうか。私たちは今、相当な奥地を走っているらしい。


峠の頂上を越えると、か細いせせらぎを抱く渓谷を車窓右手に見ながら、列車は山道を軽快に下っていく。12時26分、一時間ぶりに人里の中に入り、シヴィンガニに到着。駅と言っても駅名標が建っている他はホームも何もない停留所だが、列車待ちの客が多い。

クリザ以来の簡易屋台も出ていて、村のインディヘナ（原住民）たちが弁当を売っている。乗るわけではなく、列車を眺めに来ただけのような村人もいる。都市部から遠く離れ、まともな自動車道路も通じていない山奥の静かな小村にとって、毎日一回だけ繰り広げられる列車の乗降風景は、それ自体ちょっとしたイベントなのかもしれない。運転士の軽食休憩を兼ね、ここで十分間の停車。

シヴィンガニの村を後にして、再び無人の山峡を走る。13時13分、次のヴィラ・ヴィラで半数近い乗客が下車し、代りに学校帰りらしい小学生の女の子たちが多数乗ってくる。彼女たちは三十分ほど乗って13時51分、次のパフチャで下車。列車は二日に一往復しかないのに、列車のない片道の通学はどうしているのだろうかと思う。

この付近から駅以外でも下車客が多くなり、線路の途中で乗客がたびたび運転士に停車を要求し、一人、また一人と下車していく。線路脇で手を挙げ、列車を止めて乗ってくる人もいるが、次第に空席が増えてきた。

狭い車内に若干の空席ができると、残っている乗客にも気持ちに余裕ができるのか、乗り合わせた者同士の歓談や笑い声が絶えなくなる。気温が上がり、陽気に包まれているせいもあるだろう。南半球のボリビアでは八月は真冬に当たり、しかもこの付近は標高約三千メートルの高地なのだが、日中の日差しは強く、朝夕は必需品のセーター類も不要となる。

不意に、隣の席の男性が私に話しかけてきた。最後部列の窓側席、つまり一番隅っこでじっと黙って景色を眺め、駅に着いては車外に出てウロチョロする私が気になっていたようだ。沿線は起点のコチャバンバを除いて観光客とは全く無縁の田舎ばかりだから、異邦人が乗っていること自体珍しいに違いない。ひょっとすると、三ヵ月前の運行再開後、私が最初の外国人乗客かもしれない。

もっとも、ボリビアに限らず、日系人の多い南米では、生粋の日本人かどうかは外見から判断しにくい。したがって、話しかけられるときは最初から外国人扱いされるのではなく、日系の自国民と見られてスペイン語での会話になる。

そうすると、スペイン語は数の数え方や買物等で必須のフレーズをいくつか覚えているに過ぎない私はお手上げである。皮肉にも「スペイン語、解るか?」という彼のスペイン語は解るのだが、「ノー」と言うしかない。矛盾した会話だが、そうなる。南米では、英語の通用度は日本よりも遥かに低いから、スペイン語が解らないと意思疎通は極めて困難なのだ。

ただ、最近は言葉の通じない相手との有効なコミュニケーション・ツールとして、デジタルカメラが使えるようになってきた。近くの席にいる子供を撮って、その場で画像を母親などに見せると、大抵は非常に喜ばれる。それがきっかけで、言葉がろくに通じないのに仲良くなれるケースも多い。胸ポケットに入ってしまうほどの小さなデジカメが日本製とわかったとき、私が生粋の日本人であることを最もよく納得してくれる。こんな人里離れた南米の山奥でも、メイド・イン・ジャパンの威光は理解されているらしい。彼らにとって日本とは、スペイン語をきちんと話せる日系人か、優れた精密機械や自動車製品などをイメージさせる存在であって、私のように日本から来た生身の日本人では、逆になかなか日本という国をイメージしにくいようだ。

コチャバンバ出発から六時間以上が経過しても、列車は依然として、無人の丘陵の中腹から盆地や渓谷を見下ろしつつ、軽いアップダウンを繰り返す。たまに駅でも停車するが、基本的には乗客が申告するか、線路脇で手を挙げて合図を送る人がいればどこでも停車する。駅でも客がいなければ何も言わずに通過する。途中駅で唯一距離がわかっている百四十五キロ地点のチャグアラニは知らない間に通過しており、14時49分ティン・ティンに到着。がらんどうの駅舎の中から木が生えている、化物屋敷みたいな駅舎だ。ここまでコチャバンバ以外に有人駅は一つもなく、途中の駅舎はどこも廃墟と化したところばかりである。

全体の三分の二を走破し、そろそろ、どうやって今日中にコチャバンバまで戻るかを真剣に考えないといけない。もしも幹線道路や大型集落が途中にあれば、帰りの自動車を拾うために途中下車してしまうのも手かと思っていたが、ここまで百五十キロほど走っているのに、車窓から集落はおろか、まともな並行道路すら全く見られない。

無人の荒蕪地《こうぶち》だった山岳部とは違い、線路沿いの川岸に農耕地や農家が見られる。羊の群れが線路上に溢れて列車の進行を妨げたりする。人の生活の匂いは車窓から感じられるようになってきたが、鉄道以外の交通手段が見当たらないのだ。こんなところで降りたら、間違いなく今日中には帰れなくなる。

ところが15時34分、ミズケを出て十分近く走った場所で、目の前の踏切を路線バスが直前横断した。そのまましばらく、バス同士で併走。未舗装道路なのでスピードは遅いが、レールバス以外の公共交通手段の存在を車窓から確認できて、少しホッとした。その二分後、レールバスはアクアダに着く。

あとは、終点のアイキレ到着が遅くなり過ぎないことを祈るだけだが、何しろ列車が今どの辺りを走っているのか、通り過ぎる駅名を見ても見当がつかないので、あとどのくらいかかるのかさっぱりわからない。駅以外にも線路脇の茂みから住民がヌッと現れては列車を止め、ちょっと乗ってはすぐ降りる、ということが何度か繰り返される。乗客はすでに私を含めて七人にまで減っている。

16時08分、緑の茂みの中で、車体が大きな衝撃音とともに激しく揺れた。線路上で何かを踏んだらしい。すぐに列車を止め、運転士たちが後方の線路上へと走る。乗客も手持ち無沙汰なので、車外に出て一緒に見に行ったり周辺をブラブラしたり。私は、車輪に異常が生じているのではないかが心配だった。ここまで来て立ち往生されたら一大事である。

どうやら線路上の石をまともに轢《ひ》いたようだが、車輪等には問題がなかったらしい。八分間の停車だけで再始動したが、その間に、この近所まで乗るつもりだったらしい乗客二人がいつのまにか姿を消し、旅客は五人になった。

日々のまともな保線作業など行われている気配のないこの路線、前方を見ていると、石どころか倒れた枯れ木やら巨大なゴミやら、さまざまなものが線路の上に転がっている。あまりに大きな障害物があると、いったん停止して添乗の補助員が降り、前方に走ってこれを除去する。自分で保線しながら走っているみたいだ。

湖畔に沿い、荒野を貫き、無人の山岳地をループ線で越え、線路上に横たわる数々の障害物を人力で除去し、あるいは踏んづけながら怪走してきたボンネット型レールバスは、なおも丘陵地の鬱蒼とした雑木林を抜け、下り坂をS字形に蛇行。賑やかな浮世と終始無縁だった車窓の左手に16時43分、初めて立派な舗装道路が出現すると、すぐにゴミ捨て場のような切通しを右へカーブし、アイキレ駅に辿り着いた。到着時刻は16時46分、時刻表上の予定時刻より五十四分も早かった。まだ陽も高い。これなら、今日中にコチャバンバへ戻るバスも見つけやすかろう。

私たち乗客を降ろすと、レールバスは方向転換のため、構内の三角形の引込線を移動する。敷地内で遊んでいた近所の子供たちが、歓声を上げて一斉に乗り込む。車両はその子供たちを乗せたまま三角形の各辺をなぞって、コチャバンバ方面を向いてホームの前に移動。戻りの列車は明日の朝8時出発予定である。

終点のアイキレ駅舎もまた、駅員のいない無人駅であった。オンボロの駅舎には住民が住み着いていて、ホームで夕食の準備をしている。駅舎の中を窓越しに覗いたら、〝住人〟らしい子が、「私の家に何か御用?」という表情で私を見た。車両は異色のボンネットバスで復活したが、終着駅の駅舎が鉄道駅舎に戻る日は来るであろうか。

ブラックアフリカのジャングルトレイン

▼カメルーン

航空会社のマイレージが使用しないままかなり貯まっていたので、無料航空券を使ってアフリカまで行ってみようと考えた。マイレージを利用して海外旅行をしたことは何度かあるが、私の場合、マイレージを利用する場合は市場に出回る格安航空券や団体旅行では入手できないようなルートを考えて発券することが多い。

ただ、国際線のマイレージ利用による無料航空券は、予約を入れるのがとても難しい。自分が行きたいと思った都市へのチケットを、いつも思い通りに入手できるわけではない。そのため、行きたい都市を先に絞るのではなく、目的地域を広く決めて、その中で無料チケットの予約ができた都市を拠点として旅をする、というやり方を何度か実行してきた。なんにも用事がないけれど、汽車に乗れれば目的地はどこでも構わないからである。

そういうやり方で目的地を「中央アフリカ」と広く捉えて片っ端から空席の有無を調べ

た結果、二〇〇六年（平成十八年）十二月のクリスマスに近い混雑期に、フランスのパリ経由でカメルーン最大の都市ドゥアラまでの席を押さえることができた。「何が何でもカメルーンに行きたい！」と心の底から念願して訪れたわけではないので、カメルーンには若干申し訳ない気がしないでもない。

だいたい、カメルーンへ行くと言っても、日本で得られる情報は極めて乏しい。二〇〇二年に日本と韓国で行われたサッカーのワールドカップで、大分県の小さな村をキャンプ地にしたカメルーン代表がマスメディアで大きく取り上げられたときに日本での同国の知名度が飛躍的に上昇したが、逆に言えば、それ以外でカメルーンという国を日本で意識する機会はほとんどない。

世界中の旅行先を網羅しているような印象を持たれている『地球の歩き方』でも、アフリカについてはケニアや南アフリカ共和国などの東部・南部アフリカ、あるいはモロッコやエジプトなどアラブ圏に近い北部のシリーズは出ているものの、カメルーンを含むアフリカ西部諸国については全くカバーしていない。鉄道専門雑誌ではときどき、一般の旅行情報誌に載らない詳細な海外の鉄道情報が出ることもあるが、カメルーンの鉄道が取り上げられたことは、私の知る限り一度もない。

ほぼ唯一の情報源と言うべきトーマスクックの時刻表によれば、大西洋に面したドゥアラと内陸にある首都のヤウンデを結ぶ二百六十三キロの路線に、毎日三往復の急行列車が設定されている。同じ区間を一日に複数の列車が往来しているということは、列車の運行状況が比較的安定している可能性が高い。トーマスクックの時刻表では、社会情勢が不安定な国になると「本書印刷時に情報を入手できず」を意味する記号がズラリと並び、見るからに不安をかきたてるのだが、カメルーンの鉄道はヤウンデからさらに北の奥地へ向かう路線も含めて分単位までほぼ掲載されている。無料航空券の残席事情に左右されつつも最終的にカメルーン行きを決めたのは、少なくともドゥアラ～ヤウンデ間ではほぼ問題なく列車に乗れそうだと、トーマスクックの時刻表を見て判断したからであった。

広大なサハラ砂漠を飛び越えてドゥアラに到着した翌朝6時過ぎ、最小限の手荷物だけを持って早速、街の北東部にある鉄道駅を訪れた。

頭上に時計塔が聳え立つ巨大な駅舎入口の正面に、英仏両語で「ドゥアラ中央駅」と掲げられている。西アフリカ諸国はフランスの植民地だった名残で第一外国語をフランス語とする国が多いが、カメルーンは国土の一部がイギリス領だったため、英仏両語が公用語とされている。英語を第一外国語として学んだ標準的日本人にとっては、ひとまず英語が

通用する余地があるという点で有難い。

トーマスクックの時刻表の通り、7時15分発のヤウンデ行き急行列車が三番線に停車している。先頭の真っ赤なディーゼル機関車はフランス・アストロム社による一九九一年製で、その後ろに、赤と白の二色に塗り分けられた客車が四両連なっている。前二両は四人掛けの座席が左右に並ぶ二等車、その次が「バー&レストラン」と側面に大書された一等車。最後尾は荷物専用車で乗客は利用できない。カメルーンの鉄道は欧米の旧植民地に多いメーターゲージ（軌間一メートル）なので、車両の大きさは日本のＪＲ（軌間千六十七ミリ）に近い。

ヤウンデまでの一等運賃は六千セーファーフラン（約千四百三十六円）、二等運賃はその半額。私は一等車の中も自由に見たくて一等の指定席券を買ったが、乗り込んでみると一等扱いの食堂兼用車は薄暗く、床はあちこちへこんでいるし、座席自体もいくつか剝ぎ取られている。そのため、一等の切符を持ちつつも、自由席で左右のどちらの車窓も楽しみやすい二等車の一角に座った。他の乗客もほとんどが二等切符を手にしていて、一等車には誰も乗っていない。

やがて車掌が笛を吹き、7時14分、定刻より一分早くドゥアラ駅を出発した。広い駅構内と車両基地を出て、しばらくは雑踏する朝の下町を走る。

7時25分、最初の停車駅バッサから大勢の乗客がどっと乗ってきた。繁華街に近いらしい。賑やかなホームの乗降風景を見ていたら、若い男が窓の外から私に向かって、唐突に「金をくれ」と迫ってきた。さらに車内にまで乗り込んできて、私の席まで来て同じことを言う。武器を持っていたら強盗そのものだが、そういう切羽詰まった雰囲気ではないし、周囲の乗客も全く気に留めてくれない。中国系らしい外国人が目に入ったのでとりあえず無心してみた、という感じで、強気の物乞いとでも言うべきか。無視していたら諦めて下車したが、出発から十分そこそこでこんな場面に遭遇するとは、身の安全に若干の不安を覚える。

もっとも、彼に限らず、車内の乗客たちからも、一人だけ肌の色が明らかに異なる自分に物珍しげな視線が送られていることは容易に察せられる。同じアフリカでも大都市の街路を歩いているだけでは特に意識しないが、黒人以外の外国人が滅多に利用しない地元客向けの公共交通機関に紛れ込むとこうなる。アジアや欧米を旅しているときにはほとんど

ドゥアラ→ヤウンデ間時刻表（2006年12月現在）

km	列車番号		IC21	3		181
0	ドゥアラ・ベッセンギュー	発	715	830	…	1300
	バッサ	〃	*	*	…	*
	ディバンバ	〃	レ	*	…	*
	ロンガヒー	〃	レ	*	…	*
72	エデア・ボヤージェウルス	〃	825	1130	【土曜・休日運転】	1430
	マコンド	〃	*	*		*
	メッソンド	〃	*	*		*
	ヒコア・マレプ	〃	レ	*		*
152	エセカ	〃	935	1430		1600
	メンロ・マルメー	〃	レ	*		*
	マカク	〃	*	*		*
216	オテレ	〃	レ	*		*
220	ンゴウモウ	〃	1100	1650	…	1745
	ビングエラ	〃	レ	*	…	*
	ムボリエ	〃	レ	*	…	*
263	ヤウンデ	着	1145	1800	…	1940

＊ は停車時刻不詳

感じられない、アフリカ独特の雰囲気だ。

バッサから単線になり、車窓も市街から緑の大地へと変わった。そのうちに鬱蒼としたジャングルの中へ進入する。広々とした眺めに接して気分がようやく落ち着いてきたが、車内ではバッサから乗った旅客たちの談笑やフランスパンを売り歩く女性の売り声が絶えない。駅の喧噪がそのまま持ち込まれた感がある。

茶色く濁った広い川を渡ると、やや離れた位置に錆びついた古い鉄道橋が残っているのが見える。ほとんど人跡未踏のごとき奥地だが、時折線路際に掘立て小屋のような民家が建っている。どうやって生活しているのだろうかと思う。

そんな風景を見ていたら、8時半頃、ライフル銃を肩から提げて車内を巡回していた警官と車掌から「ちょっと来い」と呼ばれて、一等車へ連行された。

一等車のテーブル席に私を座らせた警官は、私の胸ポケットに入っているコンパクトサイズのデジタルカメラを取り上げて、黒光りする長い銃身をこれ見よがしにちらつかせながら威圧的な物言いで私に何やら注意する。「写真を撮るな」と言っていることは明白だが、彼が話しているのはフランス語なので、「貴方の言っていることはよくわからない」と英語で繰り返してすっとぼけた。しばらく「撮るな」「フランス語はわからん」という蒟蒻《こんにゃく》問答を続けたが、最後は「要するに写真を撮らなきゃいいんだろ」という仕草をして何とか納得させて、カメラを返してもらった。

ただし、二等車へ戻ることは制止され、この一等車に座っているように指示された。私が所持しているのは一等車の指定席券だから、文句は言えない。

憮然として警官たちから少し離れた一等車の片隅の座席に腰掛けると、英語を話す男性乗客が話しかけてきた。「スナップを撮るくらいならいいんだ。駅や車両の写真はダメなんだよ」と言う。私と警官たちのやり取りを見ていて心配してくれたらしい。欧米バックパッカー必読の英文旅行案内書『ロンリープラネット』の西アフリカ編には、カメルーンの旅行情報として「鉄道駅で写真を撮らないように。警官その他の官吏の前でカメラを手にしないように」という趣旨のことが書かれている。

警官と車掌から横目で監視を受けながら、さらに列車に揺られて森の奥深くへと進む。

ドゥアラから約百キロ、三時間近く走っている。ときどき通過する小駅にはホームにマンゴーなどが自生し、廃屋のような駅舎が建っている。

と言っても、おどろおどろしい未開のジャングルの中にいる気はしない。我が急行の停車駅には、森のどこからやって来たのか物売りがホームに大勢いて賑やかだし、密林を走行中でも車内では携帯電話で喋っている乗客がいる。

それに、少しでも緑の外気を吸いたいと思っても、一等車は窓が開かないので蒸し暑く、窓の外の世界が遠く感じる。涼を求めて二等車へ移動しようとすれば、例の警官がライフル銃に手をかけて私を睨《にら》む。

11時08分、ドゥアラから百三十四キロのヒコア・マレプという駅で、初めて反対方向への旅客列車と出会った。我が急行と対を成す、ヤウンデ発ドゥアラ行きの上り急行列車である。カメルーンの首都はヤウンデなので、本来ならあちらが下り列車であるはずだが、カメルーン鉄道の本社がドゥアラにあるため、列車番号はドゥアラ発が下りを意味する奇数、反対列車が上りを示す偶数となっている。

両列車に挟まれて物売りその他で賑わうホームに、私を監視していたあの警官が降り立った。そして11時16分、先に動き出したドゥアラ行きの車両に乗っていってしまった。11

時19分にこちらも動き出すと、新たに乗ってきた車掌がもう一度検札に来た。この駅を境に車掌の管轄区間が変わるらしい。警官と一緒に私を尋問した車掌はまだ一等車内にいるが、あの警官がいなくなったせいか、私が車内を動き回っても停車駅のホームに降りてみても、何も言わなくなった。

監視から解放されたので、蒸し暑い一等車の客室を出て、ドアが開けっ放しの乗降デッキに立つ。心地好い風とともに、線路付近で行われている野焼きの煙が吹き込んでくる。場所によってはかなり激しく燃えていて、初期の山火事のようにも見える。

平地のジャングルから起伏のある低い丘陵へと進み、正午前には初めてトンネルに入り、三分近くかかって通り抜ける。トンネルの先も高台の密林を走り続ける。停車駅のたびに一等車内にも乗客が増えていくが、小さな集落が形成されている急行停車駅周辺以外はジャングルばかりが延々と車窓に流れ続けている。

14時を過ぎると、濃緑の森が広がる丘陵の中にようやく人家がぽつぽつと見えるようになる。線路際に立つ住民の姿も増え、列車を見てはしゃぐ子供向けにディーゼル機関車が警笛を鳴らし続けて走る。

ムボリエという最後の停車駅を出たのは14時07分。駅前通りを行き交う自動車が多く、ドゥアラ以来の都会に入った。石油精製工場らしい巨大なタンクやトヨタの看板を掲げた自動車工場も、線路の左右に広がっている。

ゴミ捨て場のようなダウンタウンが線路際に並ぶ先に高層ビル群が見えたところで列車は右へ大きくカーブし、14時12分、首都のヤウンデ駅に滑り込んだ。ドゥアラ出発は定刻より一分早かったのに、到着時刻は二時間二十七分も遅れていた。

普段なら、私は列車の到着後もホームに立ち止まり、しばらく駅構内や列車の内外を観察するのが常である。だが、車外に出た私たち乗客はホーム上で立ち止まったりうろうろしたりすることは許されず、切符も回収されて追い立てられるように駅のホームから退出させられた。

それでも、今日は名残惜しさを全く感じず、むしろ早く駅から離れて街の人波に紛れたかった。ジャングルよりも都会が恋しくなったのか、何かと乗員官吏の視線が気になる鉄道に息苦しさを覚えたのか、自分でもよくわからないまま、足早に駅舎の前の坂道を上った。そして、坂道の上からようやく後ろを振り返って、小さくなった駅舎やドゥアラから乗ってきた列車の姿を見たとき、ここからさらに北の路線にもいつの日か乗りに来たいという気がようやく湧き起こってきた。

内戦をくぐり抜けたバルカン半島のローカル線

▼ボスニア・ヘルツェゴビナ

一九九五年の春に〝本家〟とでも言うべきオリエント急行（101ページ以下参照）に乗ったとき、始発駅のブダペストで隣のホームに停車していたのは、ボスニア紛争中のユーゴスラビアへ向かう急行列車だった。内戦や独立紛争が続いた一九九〇年代のバルカン半島は、とても旅行などできる場所ではなかった。

その後、二〇〇六年にセルビアとモンテネグロが分離し、旧ユーゴスラビアを構成していた国家は全て独立した。独立国相互が今も仲直りしたわけではないが、ようやく、外国人観光客がバルカン半島を平穏に訪れることができるようになった。もともと、海あり山ありの自然景観から中世以降の史跡が多いなど、観光資源が豊富な地域である。

ただ、他の東西ヨーロッパに比べて、鉄道の便は良くない。旧ユーゴスラビア内の路線網は現在のように別々の国に分かれることを想定して建設されたわけではなく、新たな国境によって路線が分断された場所が少なくないからだ。それに、景勝地への旅客輸送の便を考慮するという発想は、旧共産主義圏の鉄道には望みにくい。

そんなバルカン半島の中で、気軽な日帰り旅行に利用しやすい数少ない路線の一つが、ボスニア・ヘルツェゴビナの首都サラエボからアドリア海へと延びるローカル線である。起点の街にも目的地にも、中世を偲ばせる旧市街とつい最近まで行われていた戦乱の生々しい爪痕が混在している。数少ない旅客列車の存在を示す時刻表を開くだけでも、平和に汽車旅が楽しめる有難さを嚙《か》みしめずにはいられない。

ボスニア紛争中は激戦地として世界中でその名が報道されたサラエボは、学校の世界史の授業で誰もが習う第一次世界大戦を引き起こしたサラエボ事件の現場としても知られている。一九一四年、オーストリア・ハンガリー帝国の皇太子夫妻がセルビア人青年の銃撃によって暗殺された事件である。

二〇〇八年（平成二十年）十二月、サラエボを訪れた私は、旧市街のホテルに投宿した後、珍しく鉄道駅を見るよりも先に、この事件現場へ足早に歩いていった。サラエボ事件の遺品の一部はウィーンの博物館に展示されており、学生時代に見たことがある。生々しい血糊《ちのり》の跡や貫通した銃弾の穴が開いている事件当時の皇太子の着衣は、今でもよく覚え

ている。当時は内戦中で近づくことさえ不可能だったその世界史の舞台に、十余年の歳月を経てついに来たと思うと、気持ちが高ぶる。

事件現場のラティンスキー橋の袂には小さな石碑が設置され、目の前の古い建物が博物館になっていた。橋の前の通りは一方通行の車道と細い歩道で、さらに路面電車が単線で走っている。サラエボ市電は十九世紀末に開業したヨーロッパ屈指の伝統ある路面電車で、サラエボ事件当時にはすでに市民の便利な足として定着していたはずである。

現場は現役の生活空間でもある旧市街の一角にあるため、往来する自動車を除けば、周辺の雰囲気は事件当時からさほど変化していないのではないかと思われる。人通りは観光客よりも地元住民の方が多く、観光地然とはしていない。皇太子夫妻が通った場所というからもっと幅広の道路や大掛かりな橋を想像していたが、一方通行の車道と単線の路面電車が走る川沿いの道路も橋の幅も、思っていたよりずっと狭かった。こんな小さな街角から、遥か遠い日本までもが参戦する史上初の世界大戦が始まったのかと思う。

事件現場を走る路面電車は、サラエボ中央駅にも通じている。路線図がないので全容はよくわからないのだが、一番という系統番号の電車が旧市街と中央駅とを結んでいる。共産主義時代の東欧製とおぼしき二両編成の電車内は、硬いベンチが前向きに並んでいる以外には広告も少なく、何となく寒々とした印象を受ける。

その市電が広々とした駅前に発着するサラエボ中央駅も、ドーム型の高い天井を持つエントランスホールの薄暗さが寂しさを醸し出していた。食堂やカフェが営業しているものの、列車の発着がない夕方の時間帯とあって人影は少ない。中央駅と言っても、クロアチア経由でハンガリーのブダペストまで行く急行列車と、隣国クロアチアの首都ザグレブ行きの二本以外は基本的に中距離以下のローカル列車ばかりで、ヨーロッパの首都駅らしい国際色は全く感じられない。

ホールの二階には旧ユーゴスラビア時代の鉄道関係のパネルが展示され、小さなボスニア鉄道博物館のような空間になっていた。貴重な蒸気機関車などの写真に混じって、第二次世界大戦直後から一九八〇年に死去するまで旧ユーゴの最高権力者として君臨したチトーの演説写真も飾られている。民族対立の激化の果てに二十万人以上の死者を出したボスニア紛争から十年余り経つのに、その多民族を同一国民として共存させていたチトーの写真を鉄道駅で目にするとは思わなかった。

翌朝、まだ夜明け前の6時半過ぎに中央駅へ向かった。サラエボから南の路線はアドリア海に面したプロチェという港町までの百九十四キロで、その途中の百二十九キロ地点にあるモスタルという街が、列車での私の目的地である。

モスタルの中心部を流れる渓谷に架けられたスタリー・モストという石橋は、十六世紀半ばの橋としては世界で唯一、川の中に橋脚がなく両岸を直接結びつける構造になっていた。混住する多民族に愛された伝統ある石橋だったが、ボスニア紛争中に砲撃を受けて崩落。その瞬間の映像は、かつて私もテレビで見た。そして、紛争終結後の二〇〇四年に再建されて、ボスニア・ヘルツェゴビナ初の世界遺産に指定されるという経緯を辿っている。

サラエボから列車で日帰りできる恰好《かっこう》の遠足先なのだが、サラエボからモスタルまで行くプロチェ行きは朝夕の二本だけなので、事実上、早朝7時05分発の列車に乗るしかない。終点のプロチェは国境を越えたクロアチア領内にあり、サラエボとの直通列車は国際列車として運行される。ユーゴスラビアの解体によって生まれた新しい国境線が、もともとは同一国内路線だった鉄道の運行形態を分断してしまったのだ。

エントランスホールの窓口で片道切符を購入する。モスタルまでの二等運賃は十マルク（約六百八十八円）。日本の旅行会社で同じ区間の切符を事前に手配しようとすると、費用は三千百円と見積もられる。予約不要の自由席だし、他に乗客の姿がほとんど見られないので、当日の朝にこうして自分で買えば十分だ。

それにしても、窓口の職員が発した「マルク」という響きが懐かしい。ボスニア・ヘルツェゴビナの通貨はコンベルティビルナ・マルクと言い、一九九八年に当時のドイツ・マルクと等価であるとして導入された。ドイツのマルクはすでにユーロに切り替えられて久しいが、名前だけは旧ユーゴの新通貨に形を変えて生き残っているのである。

二番線に、別々の方向へ向から列車が少しの間を空けて直列に並んで停車している。一

サラエボ～プロチェ間時刻表（2008年12月現在）

国名	km	列車番号			391						397	
		始　発									ザグレブ 857	
ボスニア・ヘルツェゴビナ	0	サラエボ 発	…	…	645	710	…	1540	…	…	1818	1930
	67	コニツ 〃	…	…	758	836	…	1706	…	…	1931	2103
	129	モスタル 〃	…	…	906	…	…	…	…	…	2043	…
	149	ジトミスリッチ 〃	…	…	926	…	…	…	…	…	2103	…
	163	カプリーナ 〃	…	…	957	…	…	…	…	…	2134	…
クロアチア	173	メトコビッチ 〃	520	715	1022	…	1325	…	1727	1850	2157	…
	194	プロチェ 着	541	736	1041	…	1346	…	1748	1911	2216	…

方は北へ向かうブダペスト行き、もう一方は南のプロチェ行き。私が乗るのは後者だが、ブダペスト行きと異なり列車のどこにも行先表示がない。日の出直前の薄明るいホームに乗客は私しかおらず、二つの国際列車が揃って出発を待つ華やかな雰囲気はない。

プロチェ行きは「ボスニア・ヘルツェゴビナ連邦鉄道」と側面に大書された白い電気機関車がスカイブルーの客車三両を従える軽量編成。機関車には一年前の二〇〇七年製造と記された銘板が取り付けられているが、スカイブルーの客車は一目で旧共産圏生れとわかる無骨なスタイルをしている。側壁や窓枠が木製というクラシックな内装もさることながら、一両の半分が二列対一列の開放型客室で、もう半分に六人用個室が四室並ぶという構造も珍しい。

暖房がよく効いていて暖かい車内に、出発間際になっても他の乗客はほとんど現れない。定刻を過ぎてもなかなか動き出さないうちに日の出時刻を過ぎて明るくなり、十四分遅れの7時19分、回送列車のような状態でようやく発車した。

車窓左手に朝ぼらけのサラエボ市内が広がる。比較的新しそうな民家や集合住宅と、砲弾で破壊されて崩れ落ちかけているレンガ造りの建物が線路沿いのあちこちに見える。

破壊された建物等を撤去したと思われる空き地の一部は墓地になっている。盆地を取り囲む丘陵の中腹にも、白い墓標が点々としているのが見える。空き地の一角に色や形が同じ墓標を雑然と並べただけの簡素な墓地がほとんどで、内戦中の犠牲者をまとめて葬った場所であろうことが容易に推測できる。一九八四年に開催され、日本からはスピードスケートの黒岩彰や橋本聖子が出場したサラエボ冬季五輪の施設の一部も、共同墓地に転用されているという。

8時過ぎ、市街地から離れて雪景色の渓谷へ進むと、起伏のある丘陵を長いアーチ橋で跨ぐ場所が多くなった。地表や渓流の水面から高い位置にある橋梁が左右へカーブしながら設けられているので、車内から前方を見ていると、渓谷を横切る優雅なアーチ橋に先頭の白い機関車が差しかかる様子がよく見える。

さらにトンネルとループ線を繰り返して、勾配を上っていく。日本でよく見られる峻険で狭隘《きょうあい》な渓谷ではなく、広範囲にわたる背の低い山岳地域を遠くまで見渡しながら走るので、数キロ先にある谷の向いの中腹に姿を見せるアーチ橋や、その下方のトンネルから現れるループ線を一望できる。いずれも、これから十数分の後に我が列車が通過し、あるいはしばらく前に通過した場所である。

原寸大の箱庭の中にいるような錯覚を起こさせる眺望が三十分近く続き、ようやく峠を越えて谷底の小さな集落に入り、8時27分コニツ着。サラエボからこのコニツまでは近距離列車が一日三往復設定されているが、この先は我が列車と19時半過ぎのプロチェ行きの二本しかない。

ガラガラだった車内に、初めて多数の客が乗り込んできた。それでも私がいる個室にあえて入ってくる人はなく、独占状態が続く。

隣の個室は車掌が滞在していて、ホットコーヒーを一杯一マルク（約六十九円）で売っている。ボスニアコーヒーと呼ばれるこの地方のコーヒーは、細かく挽《ひ》いたコーヒー豆を煮詰めて、フィルターで漉《こ》さずに上澄み部分を小さなカップに注ぐトルコ式。エスプレッソのように濃厚で、コーヒー好きの私はそれを大事に少しずつ飲みながら、コニツの町から線路に寄り添って流れるネレトヴァ川を眺めている。幅広で悠然と流れる緑色の川面は、モスタルに架かるスタリー・モストの足元まで続いているはずである。

ネレトヴァ川に沿ったまま、8時35分、チェレビッチという小集落の駅に到着。ここでプロチェからやって来たザグレブ行き上り列車と行き違う。あちらはフランスやイタリアなどでよく見られる、柔らかい丸みを感じさせるヨーロピアンスタイルの客車で、共産圏スタンダードのいかつい我が客車とは対照的だ。

クロアチアとボスニア・ヘルツェゴビナが旧ユーゴから別々に独立したことで、プロチェ付近の路線はザグレブを中心としたクロアチアの鉄道網と直接結ばれない離れ小島のようになってしまった。そのため、プロチェ〜ザグレブ間を結ぶこの列車は、同じクロアチア領内の二都市を直通するために他国の領土を回廊のように通過することになる。こういう列車は俗に〝回廊列車〟と呼ばれ、他国領内では乗降できない場合も多いのだが、目の前にいるザグレブ行きには小さな駅舎から出てきた乗客がさっさと乗り込んでいる。

その駅舎の側面に取り付けられている駅名の文字に、ちょっとした異変を感じた。「ČELEBIĆ」とラテン文字で書かれている部分の横に、キリル文字で取り付けられていたらしい同じ駅名表示が外された跡が壁に残っているのだ。駅名が壁の真ん中ではなく左に偏って表示されているので、取り外された右側の文字の跡がかえって目立つ。

ボスニア・ヘルツェゴビナという国は、内戦を経て完全に多民族が融和したわけではなく、ムスリム人（イスラム教徒）とクロアチア人による「ボスニア・ヘルツェゴビナ連邦」と、セルビア人による「セルビア人共和国」という二つの地方政体に二分されている。実は首都のサラエボも両地域に分かれていて、中央駅やサラエボ事件現場などは連邦側に位置している。国内鉄道もボスニア・ヘルツェゴビナ連邦鉄道とセルビア人共和国鉄道の二社による分割運営になっていて、このサラエボからの路線はクロアチア国境までの全区間が連邦鉄道に属している。

検問所などはないので、両地域の境界線は目に見えない。ただ、ムスリム人とクロアチア人はラテン文字を使うのに対し、セルビア人はキリル文字を使う。したがって、公共の場でどちらの文字が主体的に使用されているかを見れば、そこがいずれの地域に属しているかがわかる。

もっとも、多民族が共存する旧ユーゴ時代には、国内でラテン文字とキリル文字が併用されていた。今でも鉄道は各民族が共用している。にもかかわらず、キリル文字の駅名だけわざわざ取り外しているところに、連邦側に属する民族のセルビア人に対する意識が如実に表れている。

一時は湖のように広がったネレトヴァ川沿いの路線が、9時前に長いトンネルを抜けた直後のヤブラニカ・グラードという駅を出た辺りから、急に山峡鉄道へと趣きを変えた。谷底の川面と線路を挟み込むような両岸の切り立った断崖は岩肌が剝き出しで、斜めの褶曲線《しゅうきょくせん》が縞模様《しまもよう》を形成している。サラエボ出発直後のループ線やアーチ橋の連続による開放的な展望での峠越えとは対照的に、頭上の空だけが明るい大型の切通しのごとき峻険な景観の中を、川の流れとともにすり抜けていく。

そして9時25分、左前方の視界が広がり新たな盆地が現れた。赤茶色の屋根を持つ民家の集落が広がり、寄り添っていた川が離れて、9時39分にモスタル駅に滑り込んだ。駅舎は巨大だが上下線が両側に停車するホームが一つあるだけで、売店もなく素っ気ない。半分以上の客が下車すると、列車は名残惜しさを感じさせる暇もなく、すぐにプロチェへ向かって出発していった。

駅から外壁の一部を残して崩れ落ちた民家や無数の銃痕が残る商店が並ぶ大通りを、日本のODAによって提供された市バスが走っている。その先へ一キロほど進むと、オスマン・トルコ時代以来の古い街並みが現役の市街地となっている。その路地の一角に入って階段や坂道を下りていったところに、相変わらず緑色の川面をしたネレトヴァ川を跨ぐスタリー・モストがあった。

形状は再建前と同じかもしれないが、実際に橋の上に立ってみると、両岸の旧市街の建物とは明らかに異なる足元の石材の白さが、新しさをよりいっそう際立たせる。橋の下には、一九九三年にクロアチア系の民兵たちによる砲撃で破壊された当時の橋の残骸の一部が今でも転がっている。橋のそばには、「DON'T FORGET '93」とだけ英語で刻まれた、外国人向けと思われる小さな石碑が置いてある。橋の東側はクロアチア人、西側はムスリム人の居住地域で、私たち観光客は普通に橋を行き来しているが、住民相互の往来は今でもほとんどないのだという。

旧市街から橋に至る路地のそばに、列車の中からあちこちに見えた共同墓地があった。白い墓標に刻まれた没年がどれも一九九三年なのが、この墓地の特異性を示している。

私と同じ一九七五年生れの青年も何人かいる。彼らが砲煙弾雨の中で倒れたとき、同い年の私は高校三年生だった。それから十五星霜を経てここに眠る彼らと、汽車に乗るためにはるばるやって来てその前に立つ私、その境遇差の冷酷なこと!

テキーラ・エクスプレスの酔狂な一日

▼メキシコ

新幹線のような特殊な高速鉄道は別として、鉄道事業が収益を上げるには、旅客営業より貨物輸送の方が重要である。貨物列車は機関車の運転士など最小限の人員だけが乗務して一度に大量の物資を運べるが、旅客列車は一般的に一人あたりの支払運賃が低額で、しかもきめ細かいサービスや安全対策のためには人員や施設をある程度揃える必要がある。過疎地のローカル線が利用客の減少によって旅客営業収支を悪化させるのは、鉄道事業の性格上致し方ない一面があるのだ。だからといって、仮に全国で約二万キロの路線を持つJRが線区ごとに旅客営業成績を算出して赤字路線の旅客営業を全部廃止したら、残るのは山手線など大都市の通勤電車と新幹線だけになってしまうに違いない。

ところが、国有鉄道が民営化されたら、日本と同じ約二万キロの路線の大半で、赤字を理由に旅客営業がことごとく廃止されてしまった国がある。中米のメキシコである。一九

九〇年代半ばまで全国に走っていた多数の旅客列車は、それから十年もしないうちに一斉に姿を消した。都市部の地下鉄を除き、多くのメキシコ国民にとって鉄道は日常生活に無縁の存在となってしまったのだ。

ただ、旅客列車はなくなっても貨物列車が走る線路はあるから、観光客向けの非日常的なイベント列車を走らせることはできる。首都メキシコシティーに次ぐ第二の都市グアダラハラには、地元の特産品や世界遺産に指定された観光地と列車の旅を組み合わせることで集客に成功している名物列車「テキーラ・エクスプレス」が、週末を中心に運行されている。メキシコに現存する旅客鉄道としては、観光路線として全国で唯一、国鉄時代から一般旅客営業が続いているチワワ太平洋鉄道が知られているが、このテキーラ・エクスプレスもまた、メキシコに残る数少ない貴重な旅客列車である。

テキーラ・エクスプレスが発着するグアダラハラ駅は、市中の繁華街から南へ二十分ほど歩いたところにある。「エスタシオン」(駅)という名の駅前ホテルがどことなく寂れて見えるのは、駅に定期旅客列車が発着せず交通至便の好条件が意味を成さなくなっているからであろう。駅舎の入口に掲げられている文字も駅名ではなく毎週土曜日にだけ運行される「テキーラ・エクスプレス」という列車名だけで、グアダラハラという駅名が駅舎のどこにも見当たらない。

運行日(二〇〇八年九月)の朝9時半過ぎ、駅舎前の駐車場は乗客の自家用車でほぼ満車状態になっていた。受付で予約者名と照合し、「10時30分出発」と記されたチケットを受け取る。天井が高いエントランスホールに、団体客が徐々に増えていく。私のように一人で乗りに来る人は少ないらしい。

10時18分、改札前の広いスペースに、青と白の刺繍《ししゅう》服で着飾った若い男性が八人並んで、バイオリンやギターで演奏を始めた。マリアッチである。メキシコ独特の男性による楽団をマリアッチというのだが、演奏が陽気で軽快であるだけでなく、登場した奏者がいずれも足が長くスマートな美男子揃いとあって、女性客が曲の合間に彼らの横に次々と立って記念撮影を始める。奏者たちも笑顔でそれに応じていて、芸能人が登場したような雰囲気になった。

歓迎の演奏が十分ほど行われた後、10時32分になってようやく乗車開始。鉄扉で厳重に閉ざされていたホームに入ると、テキーラの原料となる緑のアガベを水色の車体全体に描いた専用客車四両が待機していて、ちょうどそこへ、先頭に立つ二両のディーゼル機関車が入線してきた。

四両の客車は号車番号ではなく、緑・青・橙・赤の四色で区別されている。「赤号車の十三番」という右の窓側座席を指定された私の客車は、前から三両目。客車間の扉は施錠されていて車内では行き来できない。座席は柔らかく冷房完備で乗り心地は好いが、窓が密閉式なので、都心部の排気ガスも郊外の草いきれも自席で感じることはできない。

乗客が全員乗り込むと、10時58分、客車間の連結器がぶつかる軽い衝撃を発して静かに動き出した。出発予定時刻から二十八分の遅れだが、誰も特に気にしていない。

出発直後は市街地の中に広がる操車場か貨物ターミナルのような場所を走る。高い壁に囲まれて厳重な警戒区域内に、輸送会社名が英語で書かれた巨大な貨車を何度も目にする。隣のアメリカ合衆国から国際貨物列車に連結されてきたらしい。旅客列車は消えても貨物列車は健在なのだ。

車内では出発直後から乗務員が各客車の通路に立ち、マイクを握って歓迎のスピーチを始めた。車内放送は使用せず、客車ごとにそれぞれマイク・パフォーマンスが繰り広げられる。自己紹介に続いて、通路を挟んで左右の着席者同士による対抗ゲームが始まる。陽気なメキシコ人たちが歓声を上げながら車内全体で盛り上がっているが、全てがスペイン語で進むので私には詳細がよくわからない。

車内の雰囲気が温まったところで、英語を話すガイドが私のところにやって来て「何が飲みたいか？」と尋ねてくる。缶ジュースを配っているのかと思ったら、ジュースではなくいずれも缶入りのアルコールやビールであった。手初めにサンガリータ（テキーラをトマトジュースやオレンジジュースなどで割ったカクテル）の缶を渡され、それを飲みながら今日のツアー行程の説明を受ける。

その後も間断なく酒が振る舞われ続ける。テキーラの原液を使い捨てコップに少量注がれ、私と周辺の席にいる男性乗客に配られて全員で一斉に「サルー（乾杯）！」と言って飲むと、身体の内側から顔の辺りまで急に火照った。その様子を見た隣席の男性に「ハッハッハ、まだ始まったばかりだぜ、しっかりしろ」と笑い飛ばされる。

ジョージと名乗る隣席の男性は、近くに座る仲間と七人でロサンゼルスから遊びに来たという。彼は両親がメキシコからの移民で、他の仲間もみんなメキシコ系なので英語とスペイン語を解する。つばが広いメキシカンハット（ソンブレロ）を彼らと並んで被り、互いの即席マリアッチ姿を笑い合ったりしているうちに、彼ら七人グループに私が吸収されたような雰囲気になる。そのうち、英語ガイドが私に昼食のグループ分けなどを説明すると、ジョージが「彼は俺たちのアミーゴ（友達）になったから、一緒のグループにしてくれ」と言って、勝手に私の所属替えを交渉したりする。「まだ始まったばかりだぜ」と私を笑い飛ばした当人が、早くも酔っ払いの行動の様相を呈し始めている。

グアダラハラ出発から三十分ほど走ると、車窓から巨大工場や市街地の景色は消えて、広々とした緑の高原をやや高い位置から見下ろしながらゆっくり走る。客室内の窓は開かないが、客車両端の乗降デッキのドアにはガラスが入っていないので、そこに立つと列車の前後までよく見える。

単線なので時折、列車の行違いができる信号場のような場所が現れるが、旅客駅は痕跡も含めてほとんど見られず、旅客列車が絶えて久しい様子が窺える。線路際にときどき見られる「1711」などの数値を記した標識はおそらくキロポストだろうが、この付近から千七百キロ離れた起点というのはどこなのだろうか。

乗降デッキから自席に戻ると、乗車前に駅で演奏していたマリアッチたちが隣の車両から赤号車にやって来た。出発から一時間足らずですでに酒が回っている私たちの拍手と歓声が沸き起こる。狭い通路に適当な距離を取って、揺れる車内での器用な生演奏に合わせて、男女や年齢を問わずほとんどの乗客が声を揃えて歌い出す。メキシコ人なら誰でも知っている歌らしい。

仮に日本で同じ列車を走らせても、同じ光景にはならないのではないかと思う。それは、遠慮がちな日本人が初めて乗り合わせた見ず知らずの乗客と一緒に昼間から酒を飲んで放吟することが考えにくいということもあるが、老若男女が一緒に楽しく歌える国民共通の歌謡曲が、今の日本にはないように思えるからである。というか、世代間の価値観の差が拡がり、嗜好も多様化した現代の日本で、世代を超えて共通に親しまれる歌謡曲というものが存在し得るのだろうか。


12時03分、緑色のアガベ畑が一面に広がる直線の線路上で停車。駅でも信号場でもない。運転上のトラブルがあったようで、乗降デッキから乗務員が車外に身体を乗り出して、トランシーバーを手にせわしなく他の車両と連絡を取り合っている。飲めや歌えで宴会状態がヒートアップしている客室内の乗客たちは列車が停止しようが全く意に介していないが、楽屋裏では、客室サービス係も兼ねていた乗務員たちが鉄道マンの表情に戻って動き回っている。12時22分、原因不明のまま運転再開。

よろよろと動き出した列車を取り囲むように、緑色の長く硬そうな葉が天に向かって伸びるアガベの畑が、車窓の遠方まで展開している。畑の外の線路際にも野生のアガベが点々と自生している。乾燥した大地に根を張るアガベはサボテンのようにも見えるし、実は私もテキーラはサボテンから造る蒸留酒だと思い込んでいたのだが、アガベはサボテンの仲間ではないらしい。二〇〇六年に世界遺産に指定されたのは、テキーラの醸造所等の古い産業施設群と、一面に広がるこのアガベ畑の独特な景観そのものである。

その後も世界遺産の車窓が続くが、景色を眺めているのは私くらいで、客席の乗客のほとんどは赤ら顔になり、酔いのせいか歓談の声も笑い声も大きくなっている。列車名の通り、缶入りのテキーラが出発直後からこれでもか、というくらいに頻繁に無料で配られ続ける。果汁で割ったカクテルはジュースのようで飲みやすいので、自制しないと列車の到着前に酩酊しかねないが、そうは言っても美味しいので私の手からもテキーラ缶が離れない。

13時46分、アガベ畑の中で貨物列車の編成と遭遇し、そこで停車した。単線上の行違いかと思ったら、すぐに我が列車がバック運転を始めて側線に進入し、13時50分停止。列車の右側にある小さな片面ホームが、グアダラハラから七十二キロ離れた終点のアマティタンという駅だった。客車は四両だがホームに収まるのは二両だけで、前の二両の乗客は線路上に直接降りることになる。駅舎はおろか駅名標もホーム上の屋根もなく、下車した旅客は横づけされた専用バスにすぐに乗り込めるようになっている。古くから存在した旅客駅でないのは明らかで、このテキーラ・エクスプレスのためだけの最低限の乗降スペースとして設けられたか、もしくは貨車用の引込線を流用したものと思われる。

真っ昼間からテキーラ飲み放題の酒呑み列車を降りた私たちは、すぐに専用バスに乗り換えて、テキーラの醸造所に向かった。そこでも見学しながらあちこちで試飲を繰り返し、所内の特設会場でマリアッチやダンスのランチタイム・ショーを見ながらグラスを空け、帰りの列車の中でもジョージたちと一緒にテキーラ缶を空にしては窓辺に並べ続けた。日没後の夜9時前にグアダラハラ駅に戻ったときには、下車した客の一部が千鳥足になっていたようにも見えたが、事実そうだったのか、私が酔っていたからそう見えたのか、今となってはよく覚えていない。

家族で楽しむキュランダ高原鉄道

▼オーストラリア

小さな子を持つ若い夫婦が家族で海外旅行へ行くには、数々の障害がある。国際線の航空便は二歳未満の幼児が無料になるだけで、列車のように六歳以下はタダ、小学生は半額というわけではないし、そもそも長時間のフライトは親子ともどもかなりの体力を要する。幼児は時差や気候の変動で体調を崩しやすい。現地の緊急小児医療体制も気になる。

そんな悩みをことごとくクリアできる優れものの観光地が、オーストラリア北部のケアンズだ。成田と関空からLCC（ローコストキャリア）のジェットスター航空が就航しており、旅行会社のパックツアーで航空運賃を含めた子供料金を設定している割安のファミリープランを見つけやすい。

フライト時間は七時間半かかるが、日本との時差はわずか一時間。気候も年間を通じて最高気温が摂氏二十五度から三十度前後と一定して暖かい。日本語で二十四時間対応してくれる医療施設まで街の中心にあり、どこからでも歩いていけるので心強い。世界遺産になっているグレートバリアリーフをはじめ、各種の見どころは全部ケアンズの街から日帰り圏内にあるので、荷物を抱えての移動をなるべく避けたい幼児連れには有難い。

そして、その日帰り圏内に、これまた世界遺産に指定されている熱帯雨林を走り抜けるキュランダ高原鉄道がある。テレビ朝日系列で放送されている『世界の車窓から』では、かつて十年間にわたってこの鉄道をオープニング画像に用いていたという。二〇一〇年（平成二十二年）九月、一歳の娘を連れての家族旅行でも何とか汽車ポッポに乗る機会を探っていた私は、いかにケアンズが小さな子供を連れての海外旅行先として優れているかを妻に繰り返し力説して、家族三人での夏の旅行先にケアンズを選定し、旅行のスケジュールにこのキュランダ高原鉄道の乗車スケジュールを組み込むことに成功した。

機中で一泊して早朝にケアンズへ着いた私は、疲労回復のため初日はホテルでのんびり過ごす妻子を残して、一人で早速ケアンズ駅まで歩いていった。

ケアンズ駅は大陸の東海岸を南下してブリスベン方面へ向かう長距離列車の起終点なのだが、巨大なショッピングセンターの駐車場の片隅を間借りしているような小さな駅であった。ホーム横だけでなく真上も立体駐車場なので、昼間でも長大なホーム全体が薄暗い。一番線と二番線のプラットホームが向かい合っているだけなので、オーストラリア北部のターミナル駅という雰囲気も感じられない。

二番線に、9時30分発のキュランダ行き観光列車が停車している。ディーゼル機関車二機が十三両もの客車を牽引する長大編成だ。もっとも乗客の姿は少なく、大量の空席を抱えたまま、定時から少し遅れて出発していった。

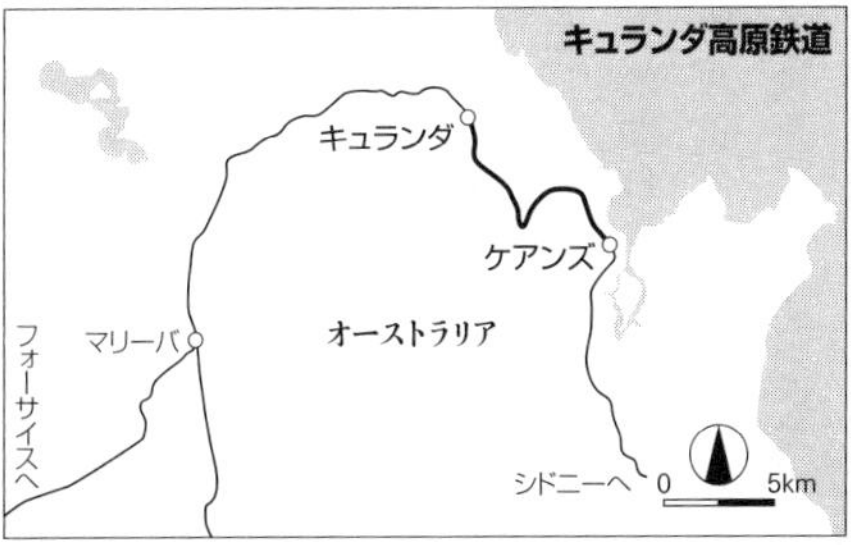

もともと、ケアンズ発の下り列車は団体ツアー客の利用が少ないと言われている。キュランダ高原鉄道の体験乗車が組み込まれたケアンズ発着の日帰りツアーは、キュランダからの復路に乗車するスケジュールになっていることが多い。しかも、郊外にある隣駅で乗降するツアーが多く、それらに参加するとこのケアンズ駅を利用しないことになるのだ。

この列車に乗るのがケアンズ旅行の最大の目的である私にとっては、そのたった一駅分の未乗車区間の存在は許容できない。とはいえ、子連れの家族旅行の建前上、個人旅行スタイルで列車に乗って往復するだけというわけにもいかない。結局、日本の旅行会社ではその一区間を端折《はしょ》らないツアーを見つけることができず、「帰りの列車は終点のケアンズ駅までちゃんと乗ります！」を謳《うた》い文句にしていた当地の旅行会社のツアーに参加することにした。ツアーと言っても、キュランダ到着後はケアンズ駅に列車で戻ってくるまで自由に行動できるプランである。

翌朝、私たちはその旅行会社のミニバスに乗ってキュランダの熱帯雨林を訪れた。ケアンズ郊外に広がるジャングルは、一億三千万年前の白亜紀に形成された世界最古の熱帯雨林であるとして世界遺産に登録されている。その上空にスカイレールという全長七・五キロのロープウェイが二つの乗換え駅を挟んで運行されていて、六人乗りのゴンドラに揺られて広大なジャングルの真上を悠然と横断する。帰りに乗る高原鉄道の路線も眼下に見下ろせて、これはこれで列車とは違って楽しい。

地上に降りた後は、第二次世界大戦中に使用されたという米軍製の水陸両用車に乗って木々の合間やクリークの中をズブズブと進んだり、カンガルーやワラビーが放し飼いになっていてコアラを抱っこさせてくれる公園を散策したりして過ごす。キュランダ駅近くの世界最大という蝶の保護区では、温室内に色鮮やかな蝶が乱舞するさまが圧巻で、一歳の我が娘が「ちょうちょ、いっぱい！　すごいねー」と大興奮だった。コアラよりインパクトが強かったようで、これで私も心おきなくキュランダからの列車の旅を楽しんでよいような気になった。

15時15分頃にキュランダ駅へ。明るい緑の木々に覆われた赤茶色の小さな駅舎のそばに、ケアンズ行き列車がすでに停車している。駅舎内は土産物屋になっていて、出発前の乗客たちで賑わっている。

昨日ケアンズ駅で見たのと同じディーゼル機関車二機と客車が十三両。このうち、私たち家族が乗る七号車ともう一両だけが、ゴールドクラスという上級クラスの客車である。キュランダ〜ケアンズ間の片道運賃は四十五オーストラリア・ドル（約三千八百十二円）だが、その倍額を払うとゴールドクラスへアップグレードできるのだ。

ゴールドクラス客車の入口にだけ専属の乗務員が立っていて、検札を受ける。三歳以下に該当する娘は運賃無料だが、私たちは三人客として扱われ、二対二の四人掛けシートの一角に案内された。シートは全て一人用の柔らかいソファー、窓辺には小さなテーブルが備え付けてあり、無料で振る舞われるワインやビール、コーヒーなどのリストカードが置かれている。木目の優しい雰囲気とワインレッドに塗られた内壁が、車内全体に落ち着きと重厚感を醸し出している。

着席するとすぐに、乗務員がドリンクサービスに来てくれる。歩き回って程良く汗をかいていた私たちは、冷たいスパークリングワインで乾杯した。娘は駅のホームに着いたときにはもうベビーカーの中でお昼寝タイムに入っていて、今は妻の膝の上で夢の世界へ行ってしまっている。

外装を茶色とクリームに塗り分けられた隣の一般客車を覗くと、ホーム側にのみ面した三人掛けのシートが向い合せに並べてあるだけ。もちろん飲料の無料サービスなどはない。窓を全開にして熱帯雨林の野趣を楽しむには、むしろ向いているかもしれない。ヴィクトリア調の我がゴールドクラス客車とは、全く別の世界の趣きである。

定刻より二分早い15時28分、乗務員が客車のデッキに施錠すると、列車は静かにキュランダ駅を離れ、すぐに深い森の中に入る。ゴールドクラスの車内では、窓上のモニターにキュランダ鉄道の歴史解説ビデオが流れ始めた。

ケアンズとキュランダを結ぶ鉄道は一八九一年、日本で言えば明治二十四年に開業した。もともとはアサートン台地と呼ばれるケアンズ南西の丘陵地帯から東海岸までの鉱石輸送路線として建設されたが、第二次世界大戦前から、地勢の険しい峡谷を通過するケアンズ〜キュランダ間三十三キロに観光列車が運行されていたという。キュランダの先にも約四百キロの路線が続いており、ケアンズからキュランダも経由して週一回、「サバンナランダー」という片道一泊二日の観光列車が終着駅のフォーサイスまで運行されている。

キュランダから五分ほど森の中を走ったところで、急に車窓左手の視界が開かれて駅のホームが出現し、15時34分、バロンフォールズ駅に到着。ホームの真下へと続く渓谷と対岸の岩壁を流れ落ちる滝の展望台として設けられた無人駅である。上空には先ほど乗ったスカイレールのゴンドラが等間隔で往来している。列車はここで約十分間停車することになっていて、乗客が一斉にホームに降りていく。

ゴールドクラスの車内では、専属乗務員が赤と白のワインボトルを持ってしばしば客席に来て、空になったグラスにおかわりを注いでくれる。私は暑さも手伝って、冷えた白ワインを何杯も飲んだ。アルコール類が無料という車内サービスは、酒を飲むこと自体を売りにする列車を除けば、世界中の観光列車の中でも珍しい。ドライフルーツやクラッカー、チーズなどもどっさり用意されていて、ついつい手が伸びる。

乗車料金が一般客車の二倍もするせいか、ゴールドクラスの旅客は比較的年齢層が高く、子供が走り回ったりしないので、車内の空気が落ち着いている。私たちだって、一歳の娘が無賃でなかったらゴールドクラ

キュランダ高原鉄道時刻表（2010年9月現在）

3K30	3K32		km	列車番号		3C61	3C65
830	930	発	0	ケアンズ	着	1545	1715
850	950	〃		フレッシュウォーター	発	1520	1650
*	*	〃		バロンフォールズ	〃	*	*
1015	1115	着	33	キュランダ	発	1400	1530

＊ 全列車ともバロンフォールズ駅で10分停車。同駅での途中下車・乗車は不可。

スには乗っていない。大渓谷のパノラマを前に停車中の客車内は時間の流れまでが止まったように静かで、ワイングラスを片手にクラッカーを食べる自分の咀嚼《そしゃく》の音がよく聞こえる。

15時46分、渓谷にディーゼル機関車の警笛が響き渡ると、ホームの乗客たちがそれぞれの客車に戻る。そして、二度目の警笛と同時に、再びケアンズに向けて動き出した。

列車はその後も鬱蒼とした森の中を右へ左へと蛇行していく。やがて16時12分、左前方に沿線最大の見どころとされるストーニークリーク橋とそのそばの岩壁を流れ落ちる滝が見えてきた。乗客が車窓を堪能できるように、列車はここで速度を落とし、切り立った断崖の形に合わせて大きく弧を描く鉄橋を三分ほどかけてゆっくりと渡る。右窓には滝が眼前に迫っているが、乾季のせいか水量に乏しく迫力はない。ほとんどの乗客は滝がある右側の窓に注目しているが、列車は橋の線形に合わせて左へカーブするので、左窓から外を眺めていると前方の列車から眼下の渓谷の様子までを見渡すことができて面白い。

ざわめく車内の様子を察知したのか、疲れて熟睡していた娘がむくりと起き出した。キュランダの公園で走り回った後にベビーカーに乗っていたはずなのに、いつのまにか見慣れない列車のソファーの上にいて、目の前に滝が流れ落ちる断崖絶壁の眺めが現れては後方へと流れ去る状況をすぐに理解できないらしく、きょとんとしている。

橋の先の木立の中で、ストーニークリークという名の小さな駅を静かに通過。すぐに入ったトンネルを抜けると、今度は遥か前方にエメラルドグリーンの海が現れた。その後も断続的にトンネルをくぐり、徐々に標高が下がっていく。

平地にはサトウキビ畑が広がっている。時折、サトウキビ運搬鉄道の線路を跨ぐ。畑の中で貨車が連なっている様子も見える。この地方ではサトウキビ列車が今も現役で稼働していて、自動車で走っていても畑の中から線路を横断したり無蓋貨車が並んでいるのをしばしば目にする。

ケアンズ北方の港町ポート・ダグラスでは、こうしたサトウキビ鉄道のうち使用されなくなった一部の路線を利用して、蒸気機関車による観光列車まで運行されている。このポート・ダグラスのSL列車は日本の旅行案内書ではほとんど紹介されていないが、ケアンズで楽しめる日帰り鉄道旅行はキュランダ高原鉄道だけではないのだ。

サトウキビ畑と同じ高さになった列車は平坦な道を軽快に走り、17時01分、フレッシュウォーター駅に到着。ほとんどの団体客はここで下車して待機していた専用バスに乗り換える。ゴールドクラス客車内の他の乗客も専属乗務員も、五分間の停車時間中に全員が下車した。

それから終着駅ケアンズまでの十八分間、誰もいなくなったゴールドクラス客車は、私たち一家三人だけの貸切車両であった。流れゆく車窓に映る景色に向かって無邪気に手を振る一歳の娘は、きっとこの豪華客車のことなど（半分寝ていたし）覚えていないだろうが、子供が生まれてから久しく経験していなかった大人向けの上級空間で短時間ながらも羽を伸ばすことができて、私たちは十分満足だった。

ベトナム北部のホテル専用列車

▼ベトナム

旅客列車に乗るためには、その列車が走る路線の駅や代理店で切符を買う。最近は携帯電話やインターネットで予約してチケットレスで乗れてしまうケースもあるが、日本の場合、ＪＲの定期列車に連結されている客車に乗るのに、ＪＲの駅や提携の旅行会社でその切符を買う余地がないということはほぼあり得ない。

ところが日本国外では、列車の運行を担う鉄道会社と実際に線路上を走る客車の管理会社が異なっていて、その客車の乗車券は鉄道会社とは別の会社が独占的に販売する、というケースが存在する。旅行会社やホテル会社が専用客車を独占的に使用し、独自の車内サービスを提供し、乗車券も自社で独自に販売し、ただ列車の運行のみを鉄道会社に委託するのである。

線路などのインフラ保有会社とその上を走る列車の保有会社が異なる「上下分離方式」

という鉄道事業の運営手段は日本でも見られるが、自社管理列車の編成中にごく一部だけ非鉄道会社が専有する特別客車が混在して走るという例は、日本では過去にもほとんど聞いたことがない。鉄道会社は客車の提供と安全な運行だけを担当し、車内の接客サービスは最上級のレストランやホテルが全面的に担う列車があれば、少々値段が高くても利用者はいると思うのだが、単に経営上のメリットがないのか、日本では安全確保や法令上の問題があるのか、詳しい事情はわからない。

日本にはないそんなホテル直営列車が、ベトナム北部のリゾート地を目指して運行されている。「ヴィクトリア・エクスプレス」という名を持っているが、そういう名称の単独列車は存在しない。フランス資本のヴィクトリア・グループというリゾート会社が、中国との国境に近い高原の避暑地サパで営業するコロニアルな豪華ホテル「ヴィクトリア・サパ・リゾート」の宿泊客のためだけに、首都のハノイから麓の国境駅ラオカイまで運行される一般の夜行列車に自社専用の寝台車や食堂車を連結し、その専用車両をヴィクトリア・エクスプレスと呼んでいるのだ。同じ列車でありながら、一般乗客向けの車両とは設備も車内サービスもグレードが段違いで、欧米からの観光客の人気が高いという。

このハノイ〜ラオカイ間二百九十六キロの路線には、このように独自に専有する客車を定期列車に繋げて運営する会社がいくつかあって、国内外の旅行客を取り込む激しいサービス合戦を繰り広げている。共産主義国家の国営鉄道とは思えない。

その中でも別格扱いの最上級客車ヴィクトリア・エクスプレスに乗るには、サパにある自社ホテルに宿泊することが絶対条件となっている。専用客車はあくまでもハノイからサパの自社ホテルへの送迎手段なのだ。サパでは最高級ホテルで、宿泊料金もそれなりに高い。二〇一〇年（平成二十二年）八月にハノイの旅行代理店でヴィクトリア・エクスプレスによるラオカイ往復とサパのホテル二泊を予約したら、ラオカイ駅からサパまでの往復送迎も含めて全部で八百二十六ドル（約七万三千三百八円）だった。ちなみに、ハノイ出発日に私がチェックアウトした市中の安宿は一泊七ドル（約六百二十一円）、ハノイ～ラオカイ間に毎晩複数走っている一般の寝台列車の料金は、高くても三十万ドン弱（約千三百円）である。

「カフェ・スア・ダー」

ハノイ駅舎の玄関先に出ている簡素な屋台で

そう言うと、おばちゃんは「また来たのね」というような表情ではにかみながら、手際良く作った濃厚なアイスコーヒーを私に差し出した。蒸し暑い真夏のハノイに来た私はカフェ・スア・ダー、つまりコンデンスミルク入りのアイスコーヒーを、訪れたばかりのハノイ駅のこの屋台に何度も足を運んで飲んでいた。わずか一万ドン（約四十六円）で味わえる濃厚なベトナムコーヒーは、この国に来たときの私の大きな楽しみの一つである。

だが、今夜はそのささやかな嗜好とは別世界の豪華列車の旅が、その屋台の前に立てられた「ヴィクトリア・エクスプレス」の専用案内板の前から始まる。20時過ぎになって立札の近くに立っていたら、黒いポロシャツ姿の男性に「ヴィクトリア・エクスプレスに乗るミスター・コムタですか？」と声をかけられ、駅舎内の一般待合室に隣接する国際旅客用の待合室に招き入れられた。一般待合室の中は冷房がよく効いている。室内が中華風なのは、もともと北京行きの国際列車の乗客向けの部屋だからであろう。

出発まで一時間以上あるのに、20時30分、早くも乗車開始。重い荷物はポーターが全部持ってくれて、明りが少ないハノイ駅構内の七番線ホームの一番遠いところまで案内される。先頭のディーゼル機関車に続く十五両の客車のうち、後ろの二両だけが白と濃緑の二色に塗り分けられたお目当てのヴィクトリア・エクスプレスである。

赤い絨毯がホームに敷かれた乗降デッキ前で、一人ずつおしぼりが手渡される。冷たくて気持ちいいのと同時に、柑橘系《かんきつけい》のほのかな香りがした。車内に入っても、通路全体に同じ香りが漂っている。後で知ったが、香りの正体はレモングラスらしい。

今夜は二人用個室寝台を一人で使うことになっている。一両に七部屋ある個室のうち、私の一室だけが二人用で、あとは四人用。ベトナム国鉄の一般営業車両には二人用の個室寝台というのはないので、私と、隣の車両にある同じ一室の居住者が、今夜ベトナム国内を走る全ての列車の中で最上の旅客ということになる。二人用といっても、もともと四人用だった部屋の上段寝台を取り外しただけだが、それだけでも天井が広く感じる。

　通路や客室の内壁は柔らかい雰囲気を醸し出す木目調で統一されている。サパ周辺の山岳地帯で暮らす少数民族の民芸品らしい織物が寝台の上に置かれ、どことなく中華風の木組み細工が扉に施されている。橙色の室内灯が、木目調の飴色をより際立たせている。おそらく、新造車両ではなく古い寝台車を改造したのだろうが、車内に漂うレモングラスの香りも手伝って、落ち着きのある上品な夜汽車の一等寝台の趣きは十分に感じられる。

　堪能な英語と笑顔で私たちを出迎える女性スタッフが、夕食の注文を

ハノイ→ラオカイ間時刻表(2010年8月現在)

km	列車番号	LC3	YB1	SP7	SP1		SP3	LC1	LC7
0	ハノイ発	610	1300	2040	2110	┐【土曜・休日運転】	2150	2205	2305
3	ロンビエン〃	レ	1311	レ	レ		レ	レ	レ
6	ザーラム〃	628	1327	レ	レ		レ	2223	レ
99	フート〃	912	1612	レ	レ		レ	110	レ
155	イエンバイ〃	1056	1800	035	120		205	253	337
296	ラオカイ着	1635	…	455	525	…	615	720	755

取りに現れる。彼女から冷えた白ワインをウェルカムドリンクとして受け取り、寝台でグラスを傾けたところで、21時50分、定刻通りにハノイ駅をゆっくりと離れ始めた。五分足らずでハノイの街を流れる紅河《ホンホー》を渡る。少し離れた下流に架けられている自動車橋梁が紫色にライトアップされている。

市街地を出てしまえば、あとは闇の中を走るだけで車窓の楽しみはない。ウェルカムドリンクに続いて、ハムとチーズのホットサンドイッチを恭しく載せた皿がナイフとフォークとともに運ばれてきて、漆黒の窓辺に広げられた折畳み式テーブルにセッティングされる。大仰な扱いを受けたホットサンドを、せっかくなのでナイフで切り分けながら口にする。

ヴィクトリア・エクスプレスは二編成がハノイ～ラオカイ間を往復していて、そのうちの一編成にのみ食堂車が連結されている。食堂車がない編成ではこのようなルームサービスで代替されるのである。調理設備がないので食堂車とはメニューにも違いがあり、軽食程度が精一杯なのは致し方ない。

もっとも、軽食と言っても値段は安くない。サパのホテルの朝食料金は宿泊料金に含まれているが、車内での飲食代は別だ。このホットサンドは八ドル（約七百十円）だし、コーラやジュースが三ドル（約二百六十六円）と市価の六倍もする。だいたい、メニューが全て米ドル表示である点からして、金持ちの外国人旅行者を相手にしているのは明らかだ。

23時前にテーブルを片づけてもらい、高級ホテル仕様らしい柔らかい布団に潜り込む。上段寝台がない分、天井が高く感じる。他の部屋はほぼ寝静まったようで、通路を歩く人の気配もない。編成の最後方に連結されているヴィクトリア・エクスプレスの車両は他の車両との連結部分が施錠されているので、一般客は立ち入ることもできない。背中越しに伝わってくる線路の継ぎ目の音が、いつもより優しく感じられた。

山の稜線が白々と浮き上がってきたのは5時頃のこと。狭い盆地を取り囲む山のあちこちに、棚田が広がっている。耕作には多大な労力を伴う棚田が、平地の少ないこの地方にはあちこちに見られる。

6時過ぎに個室のドアがノックされ、モーニングコール。帰路のハノイ行きチケットと真っ黒なベトナムコーヒーが相次いで運ばれてきた。エアコンがよく効いている車内では、ホットコーヒーが美味しい。

車窓左側に茶色く濁った川が現れる。簡素な木製の小舟が数艘《すうそう》浮かんでいて、細々と川魚を捕っているように見える。対岸には密林が広がり、国境の町へ向けてまだしばらく走り続けるだろうと思っていたら、6時46分、男性スタッフが「まもなく到着します」と告げに来た。車窓からは終点に近い雰囲気を全く感じなかったが、それからわずか四分後に列車は終点のラオカイに到着。最後は慌ただしかった。

十五両の客車から降り立った大勢の旅客が、狭い一番線ホームをひしめきながら改札口へと集まる。立ち止まって駅や列車を観察する余裕はない。駅前広場にはホテルまでの送迎車が私を待っていて、またレモングラスの芳香が漂うおしぼりを渡された。

その二日後の18時頃、標高約千五百メートルの高地サパでホテルリゾートを満喫した私は、再びラオカイの駅に戻ってきた。往復とも夜行列車なので車窓の楽しみがない点は同じなのだが、今夜のハノイ行きヴィクトリア・エクスプレスには、往路に体験できなかった専用食堂車が連結されている。「トンキン・レストラン」と名付けられた食堂車でのディナーは、週三回の運転曜日ごとにコースメニューが異なっていて、ハノイ行きの場合は事前にサパのホテルで予約する必要がある。

ハノイ駅に比べて小さいラオカイ駅は、日中は人影が少ないのに夕方から夜にかけては列車を待つ旅行者で溢れ返る。毎日六本あるラオカイ発ハノイ行き旅客列車のうち、五本が夜行列車になっているからだ。短い間隔で同じ行き先の夜行列車が踵を接して出発していく様子は、国鉄時代の東京駅や上野駅を彷彿とさせる。かつては国境を越えて中国の昆《クン》明《ミン》への国際列車も運行されていたが、二〇〇二年に中国側の一部区間が安全上の理由で運休になって以降は中止されている。賑やかな駅舎に隣接する国際旅客向けの出入国審査場施設は、閉鎖されてひっそりとしている。

20時06分、今夜二本目のハノイ行きが出発すると、我々ヴィクトリア・エクスプレスの乗客が一番線ホームに誘導された。先頭のチェコ製ディーゼル機関車に続くハノイ寄りの三両が専用客車で、今夜も乗降デッキの前でレモングラスのおしぼりを受け取る。

ラオカイ→ハノイ間時刻表(2010年8月現在)

km	列車番号	*YB2*	*LC4*	*SP8*	*SP2*	*SP4*	*LC2*	*LC8*
0	**ラオカイ**発	…	915	1930	2005	2045	2120	2205
141	イエンバイ〃	645	1512	2354	032	124	210	256
197	フートー〃	833	1655	レ	レ	レ	*	レ
290	ザーラム〃	1142	1958	356	レ	レ	*	700
293	ロンビエン〃	1152	レ	レ	レ	レ	レ	710
296	**ハノイ**着	1200	2015	415	435	510	650	…

＊ 停車時刻不詳

今夜は四人用個室の相部屋で、私の寝台は上段。下段に若い女性客が一人で乗っている。車内の接遇サービスは欧米人の富裕層を念頭に置いているはずだが、見知らぬ男女が同じ個室で相部屋になるのは、こんなところまで男女平等を徹底する共産主義国の鉄道らしい。

荷物を置いてお目当ての食堂車へ行くと、出発前なのにもう営業を開始していて、半分以上のテーブルが埋まっていた。予約していた氏名を告げると、私一人なのに四人掛け用の席に案内される。寝台は相部屋でも、食堂車では相席はないらしい。

最初のスープが出てきた直後の20時45分、定刻通りにラオカイ駅を発車。今夜ははっきりとした月明りだけが、山や川の姿をほのかに照らし出している。かつてはこのヴィクトリア・エクスプレスも昼間に運行していた時期があったらしいが、往復のどちらか一方、あるいは曜日を限定して日中に運転してくれれば、車窓に風景が流れるという鉄道の食堂車ならではの魅力がもっと生きるのに、と思う。

軟らかい赤ワイン漬けの牛肉ステーキやデザートのタルトタタン（リンゴの焼き菓子）まで、往路のホットサンドと同じように少しずつ切り分けながら堪能して、22時過ぎに自室に戻った。同室の女性はもう寝ていた。

荷物を整理して寝る準備はできたものの、これでまたハノイ到着直前に起こされてバタバタと下車してしまうのはもったいなく思えた。とはいえ、同室者が寝ている以上、自室で遅くまで電気を点けているのも憚られる。それで、23時前に何となくまた食堂車へ足を運んでみた。

ディナータイムが終わった「トンキン・レストラン」では、隅っこのテーブルで若い白人旅行者たちがトランプに興じていた。無料の新聞ラックにはベトナムの英字紙と仏字紙が差し込まれている。フランス語の新聞があるのが、旧フランス領だったベトナムらしい。

厨房の前にあるバーカウンターで尋ねると、ドリンクならまだ注文可能とのこと。「アルコールが強いのでよく眠れますよ」というウェイターの勧めで、プラムのワインを出してもらう。プラムはサパ周辺の高地で採れる特産果実の一つで、サパではあちこちで売っていた。

傾けたワイングラスを映していた黒い窓ガラスの向こうがほんの少しだけ明るくなり、小さな駅を通過するのが見えた。駅名はわからない。暗闇の中で、駅長らしい男性が緑色の信号灯を手に列車を見送っている姿があった。名も知らぬベトナムの山奥で黙々と列車の運行を見守る鉄道員たちは、闇夜の中で通り過ぎるこの特権階級専用のような食堂車や寝台車を、どう見ているのだろうか。

よく眠れるというプラムワインを飲んで寝たはずだが、5時前には眼が覚めた。東の空がすでに明るくなり始めている。5時04分、広い構内のザーラム駅に到着。ハノイにあるターミナル駅の駅名標を見て、もう終点が近いことを知った。

食堂車へ行くと、早々と朝の営業を始めていて、早起きの乗客が朝食をとっていた。メニューも朝食用に切り替わっている。朝食の営業があることを知っていたらもっと早く起きたのに。せっかくなのでコーヒーを頼んだら、朝の喫茶は無料だった。

往路はライトアップされていた下流の自動車橋を見ながら紅河を渡る。住宅街の軒先、早朝にもかかわらず踏切で待機する単車の列……。高原の避暑地から熱気ある都会へ戻ってきた豪華列車は、5時25分、その市街地の真ん中にあるハノイ駅に到着した。

だが、食堂車の真ん中付近に座っている若いフランス人のカップルは、下車するそぶりを全く見せない。列車到着後も食堂車はしばらく営業するらしいが、ほとんどの客が下車して改札口方面へ去った後も、静かになった駅構内を食堂車の窓越しに眺めながら、ティーカップを片手に談笑している。

その二人の様子を、私は荷物を抱えながらホームから見上げた。列車が終点に到着したら速やかに下車するのが当然だと考えてコーヒーを飲むのを急いだのは、ちょっともったいなかっただろうか。だが、そんなことをもったいないなどと考えてしまう自分の感覚より、乗っている列車がどこに停車しようが意に介さず朝のティータイムを満喫している彼らの超然とした態度の方が、破格の豪華列車の利用客にふさわしい気がした。

知られざる豪華ディナー列車に揺られて

▼ザンビア

日本で「アフリカの列車」と聞くと、未開の地を走る危険な鉄道であるかのごとく想像する人が未だに少なくない。

原因は、「日本から遠い」からである。遠いから行くのに時間も金もかかり、旅行先として選ばれにくい。したがって旅行案内書も売れにくいから数が少ないし、実際に訪れる人が少ないから体験的な旅行情報も拡がらない。

だからといって、アフリカの列車がどこもかしこも暗黒大陸時代の様相を呈しているわけではない。「遠い」のは「日本から」であって、ヨーロッパから見れば、すぐ南に隣接するアフリカ大陸は、あたかも日本からアジアを眺めるのと同じような物理的近接感がある。ヨーロッパ人にとっては、文字通り極東に位置する日本をはじめとするアジア地域より、南隣のアフリカの方が身近な存在のはずである。

しかも、アフリカ諸国の大半は一九六〇年代までイギリスやフランスなどヨーロッパ各国の植民地だったため、独立後の現在でも英語やフランス語を公用語とする国が多い。日本人は「外国へ行ったら日本語は通じない」という意識を当然のように持って世界中を旅しているが、国際共通語としての地位を持つ英語やフランス語を母語とする人たちは、外国への観光旅行であっても、自分の母語が通じないという状況を望まないらしい。その点でも、英仏両語のいずれかが公的に通じるアフリカ諸国は、遥か東方のアジアより手軽な旅行先に感じるのかもしれない。

そういうわけで、実際にアフリカに行ってみれば、ヨーロッパからの旅行者が各地に大勢いて、彼らの高い要求レベルに応える旅行サービスを提供する観光産業がある。鉄道もまた然りで、世界一の贅沢列車として名高い南アフリカのブルー・トレインはもとより、最近では同じ南アフリカでロボス・レイルという豪華列車も人気を集めている。

他にも、日本人にはあまり知られていない外国人観光客向けの列車が各国で走っている。南部アフリカの内陸国ザンビアで二〇〇七年から運行を始めた「ロイヤル・リビングストン・エクスプレス」もその一つだろう。私が乗車した二〇一一年(平成二十三年)十二月の時点では、日本語の旅行案内書や鉄道専門誌にこの列車のことは一行も書かれていなかったし、インターネット上でも日本語の乗車体験談を検索することはできなかった。

「アフリカ方面に強い」とされる旅行会社に問い合わせても、「日本でこの列車の手配を取り扱っている会社は多分ありません」と回答される始末であった。

幸い、ザンビアは旧イギリス領だったため英語が公用語となっていて、運行会社の公式ホームページから英語で直接予約や質問ができる（フランス語やスペイン語が公用語の国では、ホームページに英語バージョンがない場合も多い）。「運行日は毎週水曜日と土曜日、乗車料金は一人百六十八ドル（約一万三千五百三十九円）」との現地からの返答を受けて、クリスマス休暇中の予約を確保して乗車したところ、当日の日本人、というかアジア人乗客は私一人であった。テレビ朝日系列の番組『世界の車窓から』では二〇〇九年の放映で取り上げられ、関連商品としてＤＶＤや簡単な列車紹介文を付した写真付き冊子が発売されたこともあるが、本稿は、おそらく日本語で活字として公開される初めての詳細なロイヤル・リビングストン・エクスプレスの乗車体験記になると思われる。

ザンビア最大の観光地といえばリビングストン。スコットランドの探検家の名にちなんだこの街は、ジンバブエとの国境に横たわる世界三大瀑布の一つ、ヴィクトリア滝への観光拠点であり、ロイヤル・リビングストン・エクスプレスの発着地でもある。

首都ルサカからバスでやって来た私は、投宿後すぐにリビングストン駅を訪れた。四百六十七キロ離れたルサカからは定期旅客列車もあるのだが、週一回だけの運転で、しかも始発駅を十時間以上遅れて出発することもあるらしい。今回の私の旅行日程では、きちんと定時運転されるなら乗ることもできたのだが、大幅に遅れてロイヤル・リビングストン・エクスプレスに乗り損ねたら元も子もないので、やむを得ず速くて快適なバスに魂を売ってしまった。

街の中心部から南西へ歩いて十分ほどのところにあるリビングストン駅は、列車の発着がない日中は閑散としていた。水色と白の二色で塗り分けられた明るい色調の駅舎の中に、ルサカ方面への時刻表と運賃表が小さな紙片に印刷されて貼り出されている。ダイヤ改正によって急行列車が廃止されて普通列車だけになった、などと案内されている。側線に留置されている客車も駅舎と同じく水色と白の明るい外観をしていて整備もきちんとされているようだが、旅客営業の成績は芳しくないらしい。

リビングストンからはルサカ方面と反対方向、百六十三キロ北西のムロベジというところまでローカル線が存在し、旅客列車が週一往復だけ運行されている。その切符売場や時刻表はこの駅舎の斜め前の別棟にあるのだが、「三等待合室」と英語で側壁に大書された廃屋のような建物の中は薄暗く、駅員ではなさそうな地元の男性数人が所在なげにたむろしていて近寄り難い。ホームに面した駅舎と同じ旅客用待合施設とは思えない。ザンビアでは北ローデシアと呼ばれたイギリス植民地時代に黒人差別政策が実施されていたが、この廃墟のような三等待合室は、その当時の黒人用待合室だったのではないだろうか。

そのムロベジ行きローカル支線の一部がロイヤル・リビングストン・エクスプレスの運行区間になっているらしいのだが、どちらの駅舎を見ても同列車に関する案内が全くない。一般客車に比して目立つであろう専用の豪華客車や蒸気機関車の姿も、駅構内に全く見えない。もとより、諸外国から豪華列車を目当てにやって来る旅客をこんな崩れかけた三等待合室で接遇するはずなどないのだが、本当に明日の夜に豪華列車の客となれるのか、豪華列車の広告に惑わされてインターネット詐欺に引っ掛かったのではないか、などと一抹の不安を覚えた。

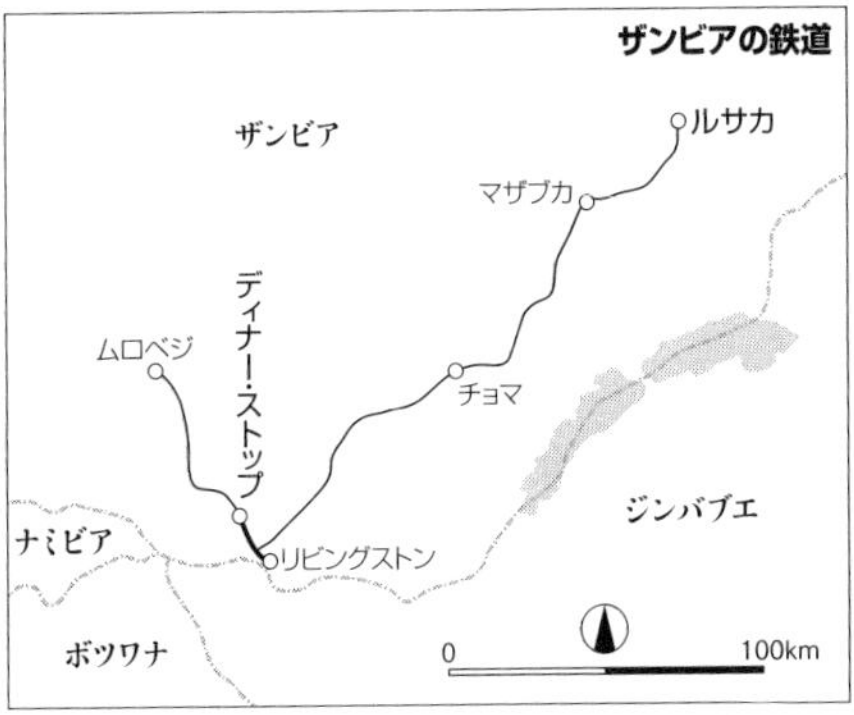

その不安は、翌日の夕方になってようやく解消された。
Tシャツや半ズボンのラフな服装から、日本から持参した未使用のスラックスやポロシャツに着替えて身支度

を整え、宿泊ホテルで待っていた私を、17時前に運行会社が専用車で迎えに来た。ディナータイムを楽しむ大人の列車らしく、乗客には事前に「スマート・カジュアル」というドレスコードが伝えられている。実際には、観光客が大自然の中へ出かけるというアクティブな側面もあるためか、ジーンズでない長ズボンと襟付きシャツであれば問題ないらしいのだが、列車内の食堂車にドレスコードがあるというのは、面倒どころか上等なディナータイムを強く期待させてくれる。

十分足らずで到着したのは、リビングストン駅の南側にある小さな車両基地。その敷地内に、「２０４」の機関車番号を掲げた蒸気機関車が、ダークグリーンの落ち着いた色合いの専用客車五両を従えて停車していた。二〇四号機は一九二八年に建造され、ザンビア鉄道で長く活躍した古参ＳＬとのこと。線路の幅が日本のＪＲと同じ千六十七ミリなので、機関車や客車の大きさには馴染みを感じる。

この専用列車乗場には「ブッシュトラックス・サイディング」という独自の名称が付けられている。「ブッシュトラックス」とはこのＳＬ列車の運行を手掛ける会社の名前であり、「サイディング」とは鉄道の側線や待避線のこと。つまり、「ブッシュトラックス社の専用引込線」とでも意訳すればよいだろうか。ザンビア鉄道の正規の営業路線と一線を画するために、リビングストン駅のそばにわざわざ別の乗場を作ったように見える。

他の乗客がまだ来ておらず私が一番乗りだったので、頼み込んでSLの運転台に上らせてもらえた。火室の中で、炎が勢いよく上がっている。暑い気候の中で火熱を受け続けるSLの機関士は相当な重労働と察せられる。

そのうち、続々と他の乗客が集まってきた。客車の前でボーイからウェルカムドリンクを受け取り、線路沿いの地面に敷かれた細い赤絨毯の上を歩いて四号車の専用乗降デッキから順序良く乗車していく。車内は冷房がよく効いていて、蒸し暑い車外とは別世界だ。

ラウンジカーのソファーに腰掛けた私たちに、列車長が歓迎の挨拶と旅程の説明を行う。運行時刻は約三時間半、ディナーは二号車・三号車のダイニングカーで19時頃から。車内は最後尾の展望車を除いて禁煙で、ワインやビール、ソフトドリンクなど車内での飲み物サービスは無料とのこと。質疑応答では、複数の男性から「自分はベジタリアン（菜食主義者）だが、食事は配慮してくれているのか」といった質問が飛び、列車長が料理名を挙げながら丁寧に説明していた。

その間も、バーと厨房が入った一号車では夕食の準備に追われている。食事の開始までは、乗客は基本的に四号車のラウンジカーと五号車の展望車に滞在することになる。

17時46分、先頭のSLが大きな汽笛を轟かせて、列車は静かに動き出した。市街地へ続くメインストリートを踏切で横断し、民家が建ち並ぶ町外れの道路に沿って直線に進む。これがムロベジ方面への現役路線だとしたら、リビングストン駅から直通する線路がどこかで合流すると思われるが、そういう場所は現れない。

合流線の代りに、線路の左側に古びたSLや客車が並ぶ一角を通り過ぎる。リビングストンの鉄道博物館である。広大な敷地内にイギリス統治時代の貴重な車両が多数並んでいるのだが、大半の車両が野晒《のざら》しなので、保存状態はあまり良くない。

線路沿いに住む子供たちが歓声を上げながら裸足で列車を追いかける光景が十分ほど続き、やがて民家の姿が尽きた辺りで柵の一部がゲートになって開け放たれている箇所を通過。その先の車窓は、人跡未踏のごとき緑の原野が広がる。ゲートを越えた地点からは、モシ・オ・トゥニャという国立公園の自然保護区域になっているのである。

この付近では線路自体が草生してほとんど原野に同化していて、単線非電化の小径が繁みを掻き分けて細々と続いている様子が、最後尾の展望車から眺められる。展望車は後ろ半分が屋外型の開放式展望デッキになっていて、アフリカの大自然との擬似同化を試みる乗客が出入りを繰り返す。老齢の蒸気機関車らしく徐行運転で悠然と走るので、デッキに寄りかかっても転落の危険は感じない。ボーイからグラスに注がれる冷えた白ワインを片手に、夕陽と列車の進行風を浴びながら果てしない大地や原生林をぼんやり眺めていると、遥か遠い日本に置いてきた浮世の瑣事《さじ》などどうでもよくなってくる。

この保護区域内には多数の野生動物が生息しているというので、乗客たちは左右や後方の窓外に注目している。ほどなく、進行方向左側の木立の合間に茶色いインパラの群れを発見。彼らも立ち止まって我が列車の去りゆく姿を見送っている。

早速動物の姿が見えたことで、さらに何か見えないかと目を凝らす乗客が増える。運が良ければ象やキリンが線路際にいることもあるそうだが、日が暮れ始めた原生林は急速に視界が暗くなってきた。


18時26分、再び線路を遮るゲートが現れていったん停止し、ゆっくりとそこを通過して国立公園の保護区域を出た。すると、薄明るさが残る原野が急に切り拓かれて反対列車との行違い施設が現れ、18時34分、そこで停車した。シンデ・サイディングという中間地点である。シンデとはこの付近を流れる河川の名称で、ここで列車の先頭から蒸気機関車を切り離し、側線を経由して編成の最後尾に付け替える作業が行われる。

全区間で唯一、乗客はここで一時的に車外へ出て、その付替え作業を見学したり客車の外観を改めてじっくり眺めたりできる。私たち乗客は、ホームも信号もない薄暮の無人停車場の線路上に降り立って、その様子を眺めている。さらに、周辺には全く人家など見当たらないのに、地元の子供たち数人が母親とともに原野の中から現れて、ＳＬやその周囲にいる私たちをニコニコしながら遠巻きに見ている。

付替え作業を終えた列車は18時51分、今度はＳＬが最後尾から客車を押して原生林の中へと前進を開始。それとほぼ同時に乗客が食堂車へ招かれ、随意のテーブルへ着席したところで列車は再び停車した。リビングストンから十七キロ離れたディナー・ストップというこの列車の折返し地点である。

数少ない一人客の私は、「チェスターフィールド・ダイニングカー」と名付けられた二号車の二人用テーブルについた。チェスターフィールドはイギリスの工業都市名であり、伝統的な英国家具の代名詞でもある。車内の座席はその名の通り、革製の高級ソファーで統一されている。

ちなみに、三号車の名はロンドン郊外の地名を冠した「ウェンブリー・ダイニングカー」で、木製の柱や楕円状の梁《はり》を通路や天井にあしらった古風なインテリアが目を引く。この三号車はイギリスのバーミンガムで製造され、一九二四年にウェンブリーで開催された大英帝国博覧会に展示された後、南アフリカに輸出されて当地で使用されてきた古典車両だという。

いずれの食堂車も、テーブルごとに橙色のランプが優しく灯されている。陽が落ちて車窓が暗闇に覆われていくにつれて、車内全体が徐々にキャンドルライト・ディナーの雰囲気に包まれた。

列車長も給仕を務めていて、トマト味のガスパチョ（冷製スープ）を運んできた。同時にソムリエも通りかかり、出てくる料理に合わせてワインを選んでもらう。その後はブルーチーズと野菜の春巻、野生のマッシュルーム入りリゾット、そしてメインの軟らかい羊肉煮込み、デザートのリンゴのタルトとアイスクリーム……。

キャンドルライトの下で舌鼓を打っているうちに、列車は一時間以上停車していたディナー・ストップからリビングストンへ向けて逆走を始めていた。後ろ向きになって客車を牽引する二〇四号機関車の汽笛が時折、夜空に響き渡る。車内の乗客同士の話し声も乗車当初よりやや大きくなったのは、各テーブルで断続的にグラスを満たし続けたワインの酔いが、客車の揺れとともに車内の旅客全体に回ったからかもしれない。

二時間余りにわたる至福のコース料理を手掛けた女性料理長が、各テーブルでにこやかに挨拶をして回る。世界各地に豪華列車は数多くあるが、食堂車の厨房から料理長が出てきて全ての旅客のテーブルに挨拶回りまでする列車はそう多くない。ディナー・トレインの名に恥じない気遣いぶりである。

窓の外にはリビングストンの街の灯りが見えてきたが、四時間足らずでもう降りなければならないのは、何とも惜しい気がした。野生の動物たちが息を潜める大自然の真っ只中に伝統ある蒸気機関車や古典食堂車を持ち込み、ドレスコードや古風なインテリアで異国情緒を伴う高級感を演出し、欧州各地の料理をアレンジした至高の晩餐を供するホスピタリティーに溢れたアイディア列車が、日本人旅行者にほとんど知られることなくアフリカの片田舎を半定期的に走っている様子に接すると、改めて、世界は広いなと思わずにはいられない。私の知らない楽しい列車が、今日も世界のどこかでのどかに走っているのだろうか。

初出一覧（※いずれも本書への収録に際して大幅に加筆している）

○マチュピチュへの登山列車（原題「ペルーのクスコ〜マチュピチュ線　2つの世界遺産を結ぶ唯一の交通機関（前）（後）」『鉄道ジャーナル』二〇〇七年一月号・二月号）

○クラクフから通勤電車で世界遺産巡り（原題「列車でめぐる三つの世界遺産」『DVDでめぐる世界の鉄道絶景の旅39　ポーランド』二〇一一年、集英社）

○ハワイへ行って汽車に乗る（原題「旅日和　常夏の島ハワイを列車でのんび〜り」『夕刊フジ』二〇〇九年八月十四日付）

○世界最高地点を行くアンデスの鉄道（原題「旅客列車は年3回…世界最高地点を行くアンデス中央鉄道（前）（後）」『鉄道ジャーナル』二〇〇六年三月号・四月号、及び原題「アンデス山中　標高3000mを駆けるナロートレイン　ペルーのワンカベリカ線」『鉄道ジャーナル』二〇〇六年八月号を統合）

○ヒマラヤの国際軽便鉄道（原題「タライ平原の〝国際〟軽便鉄道」『旅と鉄道』二〇〇二年夏の号）

○昭和時代の日本へ（原題「昭和時代の日本へ　台湾郷愁鉄道紀行」『旅と鉄道』二〇〇五年冬の号）

○ビコールトレイン往来記（『旅と鉄道』二〇〇三年冬の号）

○車窓に広がる地雷原（原題「車窓に広がる地雷原　戦乱を生き抜いた傷だらけのカンボジア鉄道」『旅と鉄道』二〇〇五年秋の号）

○ベールの向こうの旅順線（『旅と鉄道』二〇〇四年春の号）
○泰緬鉄道でミャンマーへ（原題「『戦場にかける橋』を越えて　泰緬鉄道でミャンマーへ」『旅と鉄道』二〇〇六年冬の号）
○線路を走る南米奥地のボンネットバス（原題「ボンネットバスが線路を走る　ボリビア奥地に復活した名物列車」『旅と鉄道』二〇〇六年秋の号）
○家族で楽しむキュランダ高原鉄道（原題「旅日和　ケアンズを親子で楽しむ」『夕刊フジ』二〇一一年四月二十二日付）

講談社現代新書　2275

世《せ》界《かい》の鉄《てつ》道《どう》紀《き》行《こう》

二〇一四年七月二〇日第一刷発行

著者　小《こ》牟《む》田《た》　哲《てつ》彦《ひこ》　© Komuta Tetsuhiko 2014

発行者　鈴木　哲
発行所　株式会社講談社
東京都文京区音羽二丁目一二―二一　郵便番号一一二―八〇〇一
電　話　出版部　〇三―五三九五―三五二一
販売部　〇三―五三九五―五八一七
業務部　〇三―五三九五―三六一五
装幀者　中島英樹
印刷所　凸版印刷株式会社
製本所　株式会社大進堂
定価はカバーに表示してあります　Printed in Japan

本書のコピー、スキャン、デジタル化等の無断複製は著作権法上での例外を除き禁じられています。本書を代行業者等の第三者に依頼してスキャンやデジタル化することは、たとえ個人や家庭内の利用でも著作権法違反です。Ⓡ〈日本複製権センター委託出版物〉

複写を希望される場合は、日本複製権センター（電話〇三―三四〇一―二三八二）にご連絡ください。

落丁本・乱丁本は購入書店名を明記のうえ、小社業務部あてにお送りください。

送料小社負担にてお取り替えいたします。

なお、この本についてのお問い合わせは、現代新書出版部あてにお願いいたします。

N.D.C. 686　326p　18cm
ISBN978-4-06-288275-0

「講談社現代新書」の刊行にあたって

教養は万人が身をもって養い創造すべきものであって、一部の専門家の占有物として、ただ一方的に人々の手もとに配布され伝達されうるものではありません。

しかし、不幸にしてわが国の現状では、教養の重要な養いとなるべき書物は、ほとんど講壇からの天下りや単なる解説に終始し、知識技術を真剣に希求する青少年・学生・一般民衆の根本的な疑問や興味は、けっして十分に答えられ、解きほぐされ、手引きされることがありません。万人の内奥から発した真正の教養への芽ばえが、こうして放置され、むなしく滅びさる運命にゆだねられているのです。

このことは、中・高校だけで教育をおわる人々の成長をはばんでいるだけでなく、大学に進んだり、インテリと目されたりする人々の精神力の健康さえもむしばみ、わが国の文化の実質をまことに脆弱なものにしています。単なる博識以上の根強い思索力・判断力、および確かな技術にささえられた教養を必要とする日本の将来にとって、これは真剣に憂慮されなければならない事態であるといわなければなりません。

わたしたちの「講談社現代新書」は、この事態の克服を意図して計画されたものです。これによってわたしたちは、講壇からの天下りでもなく、単なる解説書でもない、もっぱら万人の魂に生ずる初発的かつ根本的な問題をとらえ、掘り起こし、手引きし、しかも最新の知識への展望を万人に確立させる書物を、新しく世の中に送り出したいと念願しています。

わたしたちは、創業以来民衆を対象とする啓蒙の仕事に専心してきた講談社にとって、これこそもっともふさわしい課題であり、伝統ある出版社としての義務でもあると考えているのです。

一九六四年四月　野間省一